2011年

中国交通信息化发展报告

ZHONGGUO JIAOTONG XINXIHUA FAZHAN BAOGAO

中华人民共和国交通运输部

人民交通出版社

内 容 提 要

本书较为全面地报告了2011年全国交通信息化进展情况，对主要成就进行了归纳和总结，对存在的问题进行了分析，也给出了建议，对部、省“十二五”交通信息化发展规划和思路进行了介绍；同时，对全国主要省（区、市）、交通运输部直属单位交通信息化发展状况进行了专题报告，对典型案例进行了展示。

图书在版编目（CIP）数据

2011年中国交通信息化发展报告 / 中华人民共和国交通运输部主编．--北京：人民交通出版社，2012.8
ISBN 978-7-114-09989-2

Ⅰ．①2… Ⅱ．①中… Ⅲ．①交通运输-信息化-研究报告-中国-2011 Ⅳ．①F512.3

中国版本图书馆CIP数据核字（2012）第182580号

书　　名：2011年中国交通信息化发展报告
著 作 者：中华人民共和国交通运输部
责任编辑：黄兴娜
出版发行：人民交通出版社
地　　址：（100011）北京市朝阳区安定门外外馆斜街3号
销售电话：010-84990502、84990710
总 经 销：北京交实文化发展有限公司
印　　刷：北京高迪印刷有限公司
开　　本：889×1194　1/16
印　　张：13.25
字　　数：317千
版　　次：2012年8月　第1版
印　　次：2012年8月　第1次印刷
书　　号：ISBN 978-7-114-09989-2
定　　价：150.00元
（有印刷、装订质量问题，由本社负责调换）

李盛霖部长为31个“十一五”交通运输信息化工作先进单位和32个优秀项目代表颁奖

2011年全国交通运输信息化工作会议北京现场

2011年全国交通运输信息化工作会议南京现场

2011年

中国交通信息化发展报告

ZHONGGUO JIAOTONG XINXIHUA FAZHAN BAOGAO

中华人民共和国交通运输部

人民交通出版社

内 容 提 要

本书较为全面地报告了2011年全国交通信息化进展情况，对主要成就进行了归纳和总结，对存在的问题进行了分析，也给出了建议，对部、省“十二五”交通信息化发展规划和思路进行了介绍；同时，对全国主要省（区、市）、交通运输部直属单位交通信息化发展状况进行了专题报告，对典型案例进行了展示。

图书在版编目（CIP）数据

2011年中国交通信息化发展报告 / 中华人民共和国交通运输部主编 . --北京：人民交通出版社，2012.8
ISBN 978-7-114-09989-2

Ⅰ. ①2… Ⅱ. ①中… Ⅲ. ①交通运输-信息化-研究报告-中国-2011 Ⅳ. ①F512.3

中国版本图书馆CIP数据核字(2012)第182580号

书　　名：2011年中国交通信息化发展报告
著 作 者：中华人民共和国交通运输部
责任编辑：黄兴娜
出版发行：人民交通出版社
地　　址：（100011）北京市朝阳区安定门外外馆斜街3号
销售电话：010-84990502、84990710
总 经 销：北京交实文化发展有限公司
印　　刷：北京高迪印刷有限公司
开　　本：889×1194　1/16
印　　张：13.25
字　　数：317千
版　　次：2012年8月　第1版
印　　次：2012年8月　第1次印刷
书　　号：ISBN 978-7-114-09989-2
定　　价：150.00元
（有印刷、装订质量问题，由本社负责调换）

李盛霖部长为31个“十一五”交通运输信息化工作先进单位和32个优秀项目代表颁奖

2011年全国交通运输信息化工作会议北京现场

2011年全国交通运输信息化工作会议南京现场

《2011年中国交通信息化发展报告》编委会

青海省交通厅　　胡　滨
宁夏回族自治区交通运输厅　　张凌云
新疆维吾尔自治区交通厅　　高江淮
新疆生产建设兵团交通局　　张泽民
大连市交通局　　梁旭山
厦门市交通运输局　　林金平
青岛市交通运输委员会　　赵子义
交通运输部规划研究院　　杨建国
交通运输部公路科学研究院　　郭大进
中国交通建设集团有限公司　　陈　韬
中国船级社　　李科浚
中国远洋运输（集团）总公司　　贾连军
中国外运长航集团有限公司　　王百谦
青岛港（集团）有限公司　　庄开宇
大连海事大学　　陈　鹏

《2011年中国交通信息化发展报告》编写组

组　长： 交通运输部科技司　　邹　力

副组长： 中国公路学会　　巨荣云
交通运输部科技司　　姚俊峰
交通运输部办公厅　　薛超敏

统　稿： 交通运输部科技司　　邹　力　姚俊峰　高　翔
《中国交通信息化》杂志社　　王　涛

编　辑： 交通运输部科技司　　姚俊峰　高　翔
《中国交通信息化》杂志社　　王　涛　孙　婧　李　鹏

成　员： 交通运输部海事局　　韩　伟
交通运输部珠江航务管理局　　林立新
北京市交通委员会　　周　园
天津市交通运输和港口管理局　　祁家林
天津市市政公路管理局　　李　强
河北省交通运输厅　　刘中林
山西省交通运输厅　　苏　敏
内蒙古自治区交通运输厅　　李卓君

	辽宁省交通厅	聂　鹏
	吉林省交通运输厅	王潮海　闫澜波
	黑龙江省交通运输厅	任宏伟
	江苏省交通运输厅	蒋振雄
	浙江省交通运输厅	柴　琳　葛晓锋　江红葵
	安徽省交通运输厅	周正兵
	福建省交通运输厅	林元洪　方炬洋
	江西省交通运输厅	余力克
	山东省交通运输厅	赵方德
	湖北省交通运输厅	杨运娥
	湖南省交通运输厅	刘银生
	广东省交通运输厅	郑顺潮
	广西壮族自治区交通运输厅	赖海华
	四川省交通运输厅	范双成
	贵州省交通运输厅	康厚荣
	云南省交通运输厅	常　征
	西藏自治区交通运输厅	孙　波
	陕西省交通运输厅	马　秦　廖　军
	甘肃省交通运输厅	丁兆民
	青海省交通厅	刘国华
	宁夏回族自治区交通运输厅	裴建成　贾　斌
	新疆维吾尔自治区交通厅	张尚昆　闫晓颉
	新疆生产建设兵团交通局	张　劲
	大连市交通局	牟岩华
	厦门市交通运输局	吴洪钦
	青岛市交通运输委员会	张成荣
	交通运输部规划研究院	马永庆　丁　捷
	交通运输部公路科学研究院	祝宏宇
	中国交通建设集团有限公司	刘　杨
	中国船级社	王立真
	中国远洋运输（集团）总公司	袁爱东
	青岛港（集团）有限公司	曲艳慧
	大连海事大学	李志淮
工作人员：	交通运输部海事局	李　伟
	交通运输部珠江航务管理局	胡　新
	天津市交通运输和港口管理局	邢国华　王　锰

天津市市政公路管理局	赵　阳
河北省交通运输厅	李士良
山西省交通运输厅	侯金铃　张海亮
内蒙古自治区交通运输厅	冯　宇
辽宁省交通厅	郭思媚
吉林省交通运输厅	刘　阳　丁　军
黑龙江省交通运输厅	王志伟
上海市城乡建设和交通委员会	顾　涛
江苏省交通运输厅	陆　毅
安徽省交通运输厅	黄　辉
福建省交通运输厅	庄孝昆
江西省交通运输厅	徐　钊
山东省交通运输厅	王　川
湖北省交通运输厅	王中宝
湖南省交通运输厅	毛莎丽
广东省交通运输厅	徐凌魁
广西壮族自治区交通运输厅	于永昌
四川省交通运输厅	文　静
贵州省交通运输厅	宋联海
云南省交通运输厅	和林钰
西藏自治区交通运输厅	罗述海
陕西省交通运输厅	王继晔　王建辉　李　彬
甘肃省交通运输厅	陈　斌
青海省交通厅	李海洋
宁夏回族自治区交通运输厅	王　芳
新疆维吾尔自治区交通厅	朱　红　蔡明娟
新疆生产建设兵团交通局	武海鹏　袁　林　胡俊杰
大连市交通局	李萌宇
厦门市交通运输局	翁明鸿
青岛市交通运输委员会	黄　河
交通运输部公路科学研究院	周元峰
中国交通建设集团有限公司	孙召春
中国船级社	李洪林
中国远洋运输（集团）总公司	何　峰
中国外运长航集团有限公司	麦　克
青岛港（集团）有限公司	郭乙运
大连海事大学	薛黎明

编 写 说 明

本书由交通运输部科技司组织编写，中国公路学会承编，《中国交通信息化》杂志社承担具体编写工作。

各省（区、市）交通（运输）厅（局、委）、交通运输部直属单位为本书的编写提供了资料。本书有关数据来自对30个省（区、市）的问卷调查。书中交通运输部简称“部”，省（区、市）简称“省”，交通（运输）厅（局、委）简称“厅”。

本书未包括港、澳、台交通信息化建设内容。

本书对相关法律、法规和政策的阐述，可为了解中国交通信息化发展情况提供参考，编写组对可能出现的疏漏和引用内容所引起的后果不承担法律责任，建议读者在使用时以相关的正式文件为准。

目　录

第一章　概述 …… 1

第二章　发展综述 …… 3

一、总体进展 …… 3

二、交通信息化应用水平评价 …… 35

三、年度特点 …… 36

四、问题与建议 …… 37

第三章　专题报告 …… 39

北京市 …… 39

天津市 …… 43

河北省 …… 47

山西省 …… 49

内蒙古自治区 …… 51

辽宁省 …… 52

吉林省 …… 54

黑龙江省 …… 56

上海市 …… 57

江苏省 …… 58

浙江省 …… 60

安徽省 …… 62

福建省 …… 64

江西省 …… 66

山东省 …… 67

湖北省 …… 69

湖南省 …… 72

广东省 …… 74

广西壮族自治区 ……76
四川省 ……78
贵州省 ……80
云南省 ……81
西藏自治区 ……83
陕西省 ……84
甘肃省 ……86
宁夏回族自治区 ……88
青海省 ……89
新疆维吾尔自治区 ……91
新疆生产建设兵团 ……92
青岛市 ……94
交通运输部珠江航务管理局 ……95
交通运输部科学研究院 ……96
中国交通建设集团有限公司 ……97
中国远洋运输（集团）总公司 …… 99
中国外运长航集团有限公司 …… 100
中国船级社 …… 102
青岛港 …… 102
大连海事大学 …… 104

第四章 “十二五”展望 …… 106

北京市 …… 107
天津市 …… 107
河北省 …… 108
内蒙古自治区 …… 109
辽宁省 …… 110
吉林省 …… 112
黑龙江省 …… 113
上海市 …… 114
江苏省 …… 115
安徽省 …… 116

福建省 …… 119
江西省 …… 119
山东省 …… 120
湖北省 …… 121
湖南省 …… 122
广东省 …… 123
四川省 …… 125
贵州省 …… 126
云南省 …… 126
西藏自治区 …… 128
陕西省 …… 128
甘肃省 …… 129
宁夏回族自治区 …… 130
新疆维吾尔自治区 …… 130
新疆生产建设兵团 …… 131
青岛市 …… 132
交通运输部珠江航务管理局 …… 133
中国交通建设集团有限公司 …… 134
中国船级社 …… 135
青岛港 …… 137

第五章 案例集锦 …… 139

一、公路交通信息资源整合与服务工程成果展示 …… 139
二、以数据辅助决策，以信息化实现政务公开 …… 160
三、大型活动与城市交通的共赢 …… 165
四、流动中的经济发展 …… 176
五、工作效率的飞跃 …… 181
六、交通运输的监与控 …… 190

第一章　概述

2011年是《国民经济和社会发展第十二个五年规划》、《公路水路交通运输信息化“十二五”发展规划》实施的开局之年。这一年，各级交通运输主管部门在党中央、国务院的领导下，积极应对国内外形势的新变化，认真贯彻落实中央的决策部署，紧紧围绕“十二五”交通运输发展规划和2011年重点任务，扎实工作，开拓进取，积极推进交通运输科学发展、安全发展，为经济社会平稳较快发展和人民群众安全便捷出行提供了交通运输服务保障，实现了交通运输发展良好开局。

2011年4月，部印发了《公路水路交通运输信息化“十二五”发展规划》（以下简称《规划》），组织开展了规划的宣贯培训工作，《规划》是《交通运输“十二五”发展规划》的重要组成部分，对“十二五”时期公路水路交通运输信息化发展具有重要的指导意义；同时，编制印发了《公路水路交通运输信息化“十二五”发展规划建设推进方案》，明确了“十二五”行业信息化重大工程和试点工程的建设思路、建设内容、推进策略等。

2011年8月，部召开了全国交通运输信息化工作会议，会议采用视频和现场会议相结合的方式，全面总结了“十一五”的成就和经验，分析了存在的问题，并就贯彻落实“十二五”信息化发展规划进行了部署，进一步明确了发展思路、重点工作和保障措施。李盛霖部长出席了会议并作了重要讲话，他强调指出，要加快推进交通运输信息化建设，努力实现从效率到效能、从分散到集约、从封闭到开放的“三个转变”，为加快现代交通运输业发展提供有力支撑。翁孟勇副部长主持了视频会议，高宏峰副部长出席了现场会议并作了总结讲话。会上，对“十一五”交通运输信息化工作先进单位和优秀项目进行了表彰，为18名交通运输部信息化工作领导小组特邀咨询专家颁发了聘书。这次会议的召开对行业信息化发展具有积极而重要的推动作用。

到2011年底，全国公路通车里程达410.64万公里，其中高速公路8.49万公里；全国港口拥有生产用码头泊位31968个，其中万吨级及以上泊位1762个；全国内河航道通航里程12.46万公里，其中等级航道6.26万公里；全国拥有公交专用车道4425.6公里，比上年末增加699.6公里。全国营业性客车完成公路客运量328.62亿人、旅客周转量16760.25亿人公里，比上年分别增长7.6%和11.6%；全国完成水路客运量2.46亿人、旅客周转量74.53亿人公里，比上年分别增长9.7%和3.1%；全国港口完成旅客吞吐量1.94亿人，比上年增长9.8%。全国营业性货运车辆全年完成货运量282.01亿吨、货物周转量51374.74亿吨公里，比上年分别增长15.2%和18.4%；全国完成水路货运量42.60亿吨、货物周转量75423.84亿吨公里，比上年分别增长12.4%和10.2%；全国港口完成货物吞吐量100.41亿吨，比上年增长12.4%；全国城市客运系统运送旅客1165.55亿人（注：交通部统计报告没有该百分比）；全国国道网年平均日交通量为12330辆/日（当量标准小客车，下同），比上年增长3.5%，年平均交通拥挤度为0.42，比上年增加0.01。

交通运输事业的快速发展为交通信息化的发展提供了广阔的空间，信息化的发展又有力地促进了交通运输事业的健康发展。

2011年，围绕协调推动行业信息化发展、推进“十二五”信息化重大工程和重要系统建设、推动信息化基础保障体系建设等工作，我国交通信息化建设和发展水平又有了新的提高，主要取得了以下进展：一是信息化政策法规和标准体系更加完善；二是交通信息化基础设施规模得到进一步扩展；三是交通运输电子政务、智能交通及物流信息化、部省信息化示范等重点项目建设取得新进展；四是交通信息化应用水平逐步提高；五是交通信息化人才队伍得到进一步充实。

2011年，我国交通信息化建设呈现出以下特点：一是发布了《公路水路交通运输信息化“十二五”发展规划》，进一步明确了发展思路；二是各地区、各部门积极探索交通信息化工作的新思路、新举措；三是以信息化示范、试点工程等重要信息系统的建设为依托，信息资源开发利用水平得到了有效提升；四是创新信息化管理机制，交通信息化发展保障环境明显改善；五是交通信息化应用水平不断提高，在促进行业发展中的支撑和保障作用日益凸显。

2011年，交通信息化建设在取得成绩的同时还存在一些问题，需要在今后的发展中逐步加以解决，主要是：交通信息化工作机构设置不完整，管理制度不健全，保障机制有待进一步完善；系统使用不充分，对运用信息化手段优化和规范业务流程、实施综合管理的作用认识不足；信息化发展尚未覆盖交通运输现代化建设全局，信息化与业务管理和服务的融合不足；部门间缺乏信息共享，协调难度高，信息化整体效益和规模效益尚未得到充分发挥；利用信息为公众提供服务的意识和能力还需要加强。

总之，2011年，全国各级交通运输主管部门凝聚信息化发展共识，在“谋好局、起好步”上狠下功夫，积极拓宽信息化管理和服务领域、提升信息化建设效益，取得了新的成绩，为实现“十二五”交通信息化发展奠定了基础。

第二章　发展综述

2011年是《公路水路交通运输信息化“十二五”发展规划》实施的起步年。交通运输部、各地交通运输主管部门以及交通运输企事业单位以《规划》为引领，着力解决信息化发展中的突出矛盾和问题，把支撑现代交通运输业发展作为信息化工作的主攻方向，向《规划》所提出的发展目标稳步迈进。

一、总体进展

（一）信息化相关规划和标准规范

相关规划、政策法规和标准制定与出台是交通信息化发展的重要基础和保障，也是关键的环境要素之一。2011年，部和各地交通运输主管部门在这方面均取得了不同程度的进展，总体而言，基本适应了交通信息化发展的需要。

1. 信息化相关规划的制定

2011年，交通运输部印发了《规划》，组织开展了宣贯、培训工作。编制并印发了《公路水路交通运输信息化“十二五”发展规划建设推进方案》，明确了“十二五”行业信息化重大工程和试点工程的建设思路、建设内容、推进策略等。

各地则根据未来五年交通信息化发展需要开展了相关规划的制定工作，对部出台的《规划》进一步细化和深化，结合当地实际情况提出了“十二五”时期的发展思路。详见表2–1。

部分省厅交通运输信息化相关规划 表2-1

省 厅	交通运输信息化相关规划
天津	《天津市交通运输和港口行业信息化"十二五"发展规划》
河北	《河北省交通运输信息化"十二五"发展规划》
山西	《山西省公路水路交通运输信息化"十二五"发展规划》
内蒙古	《内蒙古交通运输信息化"十二五"规划》（正在研究）
辽宁	《辽宁省"十二五"期间交通信息化发展重点》
吉林	《吉林省公路水路交通运输信息化"十二五"发展规划》（正在研究）
上海	《上海建设交通行业"十二五"信息化发展规划》
江苏	《江苏省交通运输信息化"十二五"发展规划》
	《江苏省交通电子政务建设实施方案（2011-2013）》
浙江	《浙江省交通运输信息化"十二五"发展规划》
	《浙江省综合运输管理信息平台顶层设计》
	《浙江省"十二五"交通运输行业信息安全规划》
	《浙江省交通运输信息化"十二五"发展规划实施意见》
福建	《福建省交通物流信息化专项规划》（已完成）
	《福建省公路、水路交通运输信息化"十二五"发展规划》（已完成）
	《福建省交通运输信息化建设推进方案》（正在编制）
	《福建省港航暨地方海事信息化"十二五"发展规划》（正在编制）
山东	《山东省交通运输信息化"十二五"发展规划》
湖北	《湖北省公路水路交通运输信息化"十二五"发展规划》
	《湖北交通运输光纤数字传输网"十二五"规划》
	《湖北省道路运输和交通物流"十二五"信息化发展规划》
湖南	《湖南省交通运输信息化"十二五"发展规划》
	《湖南省交通运输信息化"十二五"实施方案》（正在研究）
广东	《广东省交通运输"十二五"信息化发展规划》
广西	《"十二五"广西交通运输信息化发展规划》（编制完成，待审批）
四川	《四川省交通运输信息化"十二五"发展规划》
	《四川省交通运输应急体系"十二五"发展规划》
贵州	《贵州省交通运输信息化"十二五"规划》
	《贵州省智能交通发展规划》
	《贵州省物流综合信息平台规划》
云南	《云南省公路水路交通运输行业信息化"十二五"发展规划》
西藏	《西藏自治区交通信息化建设规划（2008-2012）》
陕西	《陕西省交通运输信息化"十二五"规划》
甘肃	《甘肃省交通运输信息化"十二五"规划》（正在编制）
宁夏	《宁夏回族自治区公路、水路交通运输信息化"十二五"发展规划》
	《宁夏公路管理局信息化建设发展规划》
	《自治区"十二五"现代物流发展规划》
新疆	《新疆交通运输信息化"十二五"发展实施意见》

2. 信息化相关标准的制定

2011年，在信息化标准制定方面，交通运输部印发了《第一批需严格执行的交通运输信息化标准》，要求对46个基础性、关键性标准视同强制性标准严格予以执行，组织编印了"标准汇编"（五个分册）；组织五个信息化标准列入2011年行业标准制修订计划；组织开展了交通移动应急指挥平台、城市交通数据元、信息化标准体系表修订等6个标准研究项目；组织召开了4次部办标准技术培训班；经国标委批准，在各部委中率先组织成立了交通领域物联网应用标准工作组；制定发布

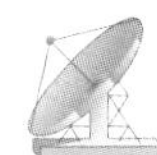

了道路运输车辆卫星定位系统4项行业技术标准，组织召开标准宣贯会并开展标准符合性审查工作；开展了城市客运智能化标准规范体系制修订；制定了船舶电子报告、船长通知、电子海图等重要信息标准；确立了集装箱多式联运电子交换标准体系框架，编制了船舶预报信息电子报文等三项多式联运电子报文标准草案；推动我国专家起草制定的国际标准《ISO18186：货物集装箱－RFID货运标签系统》，通过了国际标准组织的投票和颁布。

2011年，各省厅在交通信息化标准制定方面取得进展，包括对国家、交通运输部发布的相关标准的细化；地方在国家、行业信息化标准的指导下自行制定了标准并进行了相关的研究，如地方公路水路交通运输标准化体系研究、数据库建设与数据交换标准、交通电子政务建设标准、智能交通系统标准、物流信息化标准等，详见表2-2。

部分省厅交通信息化标准　　表2-2

省　份	交通信息化标准
河北	《河北省交通系统信息化建设规范与技术要求》
山西	《山西省公路交通信息基础数据元规范》
内蒙古	《内蒙古自治区公路交通信息资源采集技术要求》
	《内蒙古自治区公路交通信息资源数据交换技术要求》
	《内蒙古自治区公路交通数据库建设技术要求》
	《内蒙古自治区公路交通应用系统开发技术要求》
	《内蒙古交通物流信息化标准》
辽宁	《辽宁省城市公共交通GSP指挥调度平台建设标准》
吉林	《吉林省交通运输数据中心数据元标准》
江苏	《智能公交系统数据挖掘技术与信息服务规范》（正在研究）
	《出租汽车电召服务关键技术与管理规范研究》（正在研究）
	《江苏交通视频联网技术和接口规范研究》（正在研究）
浙江	《车（船）载全球定位系统终端与控制中心通信协议标准（DB 33/T 650-2007）》
福建	《道路运输托运单委外接口规范及单据格式》
	《道路运输托运单状态变化接口规范及单据格式》
	《道路运输电子运单接口规范及单据格式》
山东	《山东省治超检测站信息系统技术规范》
湖北	《湖北省道路运输信息化技术规范》
	《道路运输车辆卫星定位系统平台技术要求》

省　份	交通信息化标准
湖北	《道路运输车辆卫星定位系统车载终端技术要求》
	《省际交通物流公共信息系统数据规范（讨论稿）》
湖南	《湖南省高速公路无人值守及手机钱包联名卡快速通道系统指导意见》
	《工程建设领域项目信息共享数据元规范》
四川	《四川省公路交通数据元标准》
	《四川省公路交通数据交换执行规范》
陕西	《陕西省高速公路联网收费暂行技术要求》
	《陕西省交通运输厅移动视频监控技术要求》
	《陕西省省级交通数据中心数据元标准》
	《陕西省公路交通数据交换技术规范》
	《陕西省省级交通数据中心数据采集技术要求》
	《陕西省公众出行交通服务信息管理办法》
	《陕西省公众出行交通服务信息采集更新技术要求》
	《陕西省公路电子地图管理办法》
	《陕西省公路电子地图及相关基础数据数据更新技术规定》
	《陕西省高速公路网综合监控系统建设指导意见》
甘肃	《甘肃省高速公路联网监控技术标准》
	《甘肃省高速公路联网通信技术标准》

3. 对交通运输部发布的交通信息化标准的评价及建议

从调查反馈的信息来看，各省普遍认为交通运输部发布的交通信息化标准对于指导地方公路水路交通信息化建设、信息化标准的研究制定等具有重大的指导意义，尤其是近年来，围绕电子政务、智能交通、现代物流、信息通信网络等重点领域推出了一批通用性、基础性的行业信息化标准，正逐步形成交通信息化标准体系，对于指导交通信息化发展，规范系统建设具有重要的指导意义，为交通信息化健康发展提供了有力的保障。同时，各地也根据自身情况提出如下建议：

（1）进一步完善交通信息化标准框架，特别是满足部、省、市信息资源整合共享的标准和接口规划，加强国家级、部级现有标准的宣贯，希望相关的信息化规划早日出台。

（2）加强交通信息化标准的实用性，经过实例验证的标准会有更好的效果。

（3）增加智能交通及物联网的建设等方面的指导标准。

（4）在标准的组织推广、使用上加大力度。

（5）对部分内容缺失及修订完善滞后的问题加以改善。

（二）举办全国交通运输信息化工作会议

2011年8月，在我国交通信息化事业发展承前启后的关键时期，部召开了全国交通运输信息化工作会议，这是自2002年以来，部党组就信息化建设和管理专门召开的全行业工作会议。会议采用视频和现场会议相结合的方式，圆满完成了各项议程。会议全面总结了“十一五”成就和经验，分析了存在的问题，并就贯彻落实“十二五”信息化发展规划进行了部署，进一步明确了发展思路、重点工作和保障措施。

李盛霖部长出席会议并强调指出，加快推进交通运输信息化建设，以信息化带动交通运输现代化，是事关交通运输发展全局的重大紧迫任务，必须把支撑现代交通运输业发展作为信息化工作的主攻方向，把解决行业发展中的突出矛盾和问题作为信息化工作的着力点，大力促进业务协同和资源共享，努力实现从效率到效能、从分散到集约、从封闭到开放的“三个转变”，为加快现代交通运输业发展提供有力支撑。翁孟勇副部长主持视频会议，高宏峰副部长出席现场会议并作总结讲话。高宏峰副部长指出，2011年是“十二五”开局之年，总结“十一五”工作成绩，布置“十二五”工作计划恰逢其时，此次会议的成功举办，必将对进一步推进信息化工作起到积极的作用；他强调，各地方、各单位要认真贯彻落实“十二五”规划，保证规划的持续性、严肃性。

江苏省副省长史和平出席现场会议并致辞，国家发改委、工业和信息化部、财政部有关部门负责同志应邀参加视频会议。会上，对31个“十一五”交通运输信息化工作先进单位和32个优秀项目进行了表彰，李盛霖部长为18名交通运输部信息化工作领导小组特邀咨询专家颁发了聘书。

与会代表还就李盛霖部长提出的如何解决行业信息化建设“散”的问题进行了深入讨论，并就组织建设方式、标准化等问题提出了建议，许多省厅和单位随后召开了本单位的信息化工作会议。这次会议的召开对行业信息化发展具有积极而重要的推动作用。

（三）完善信息化管理制度

2011年，各省厅在交通信息化政策、法规制定方面取得进展，内容包括交通运输信息化“十二五”发展指导意见、交通运输企事业单位信息化建设指导意见、各地交通运输信息服务与管

理办法、各地信息化相关部门网站建设与管理办法等。

部分省厅交通信息化管理制度制定情况见表2-3。

部分省厅交通信息化管理制度制定情况　　表2-3

省 厅	省交通信息化政策、法规	省 厅	省交通信息化政策、法规
天津	《天津市交通运输信息化建设管理暂行办法》（正在征求意见）	广东	《广东省交通运输厅正版软件使用管理办法（暂行）》
河北	《河北省交通运输信息化建设管理办法》	广西	《广西交通运输厅网站信息发布办法》（征求意见）
内蒙古	《内蒙古自治区交通运输信息化建设管理办法》（正在研究）	四川	《四川省交通运输厅数据中心数据共享与利用管理办法（试行）》
辽宁	《辽宁省交通厅门户网站共建工作考核办法》	云南	《云南省交通运输信息化建设管理办法》
吉林	《吉林省交通信息化项目建设管理办法》		《云南省交通运输厅政府网站管理办法》
福建	《福建省交通运输厅信息化建设管理办法》		《云南省交通运输厅信息网络系统安全管理办法》
	《福建省交通厅门户网站管理暂行办法》	陕西	《陕西省交通信息化建设项目管理办法（试行）》
	《福建省交通运输厅视频管理办法》		《陕西省交通运输厅公众出行服务信息管理办法》（正在研究）
	《福建省交通运输厅信息系统安全保密制度和信息系统等级保护管理制度》		《陕西省交通运输厅网络与信息安全事件应急预案》
山东	《山东省交通运输信息化建设管理办法（征求意见稿）》		《陕西省高速公路建设项目信息管理平台管理办法》（正在研究）
湖北	《湖北省交通运输厅门户网站信息发布管理办法》		《陕西交通服务热线信息维护管理办法》（正在研究）
	《湖北省公路交通信息资源整合与服务工程数据采集及运行维护管理办法》		《陕西省高速公路路况信息报送奖励办法（试行）》
	《湖北省交通运输视频监控系统建设技术指导意见》	新疆	《新疆交通厅政府网站管理制度》
湖南	《湖南省交通运输信息化建设项目管理办法》（正在研究）		《新疆交通视频会议系统管理办法》

（四）交通运输电子政务

1. 部机关信息化工作加快推进

一是按照国务院办公厅要求，组织完成了部机关和部直属单位正版软件使用情况检查，落实了资金并完成正版软件采购，组织部机关各单位统一安装正版软件，完善了部机关软件资产管理制度；二是完成了部机关300多台办公用计算机等设备的更新；三是开展了部机关综合业务系统需求调研，召开了系统建设前期工作启动会，并详细了解办公厅、政法司、人劳司、国际司、监察局等单位的需求，形成了推进工程建设的有关建议；四是利用交通行业视频会议系统召开了会议80余次，其中突发性会议8次，配合国务院应急平台视频点名及会议19次。

2. 积极开展行业政府网站共建

部组织召开了交通运输政府网站管理工作会议，回顾总结2011年交通运输政府网站工作，分析

面临的形势和问题，研究探讨2012年的重点工作目标和任务，综合评选出部搜救中心等18个交通运输部政府网站共建工作先进单位和李国静等26名共建工作先进个人，予以通报表彰；部委托中国软件评测中心开展了行业政府网站绩效评估，将34个地方交通运输主管部门、7个部直属有关机构和14个直属海事机构网站纳入评估范围，并分别制定了评估指标体系，采取人工采样、模拟用户、系统测试和自查自检等方式进行了综合测评，编制了《2011年交通运输政府网站绩效评估总报告》和各单位网站的《点评报告》。从评估结果可以看出，省厅网站平均绩效同比上升了6%，部直属机构网站绩效同比上升了7%，部政府网站连续4年在部委网站绩效评估中名列第三；完成了所有司局、直属机构和地方共48个子站的改版。

3. 公路治超信息化

2011年，信息化在公路超限超载运输治理中发挥了积极的作用。部分省份公路治超信息系统建设的具体情况见表2-4。

部分省份公路治超信息系统建设情况统计表　　表2-4

省　份	截至2011年底，全省建成运营的公路治超检测站数量（个）	全年检测车辆总数（万车次）	系统信息联网比例（%）	覆盖公路里程（公里）	其中高速公路里程（公里）
河北	92	1128	20	16000	616
山西	155	6953			3000
内蒙古	120	743	0	160000	2874
辽宁	6	2			
吉林	48	68	0	13393.2	
上海	5		20	215	97
江苏	85	16	100	9400	500
福建	34	488	100		
山东	80	10	50	220000	4000
湖北	207	124	80	11017	420
湖南	36	63.3			2649
广东	47	30.4	12		
广西	23	40	100	21483	1775
四川	204	2092.7	51		
云南	76	442.32	20	10276.49	276.49
陕西	294	5620	77.55		3400
甘肃	22	93.3	100	5499	528
宁夏	60	260	0		
新疆	32	44	37		

调查显示，41%的省份认为公路治超信息系统的建设有效提高了治超工作的效率，53%的省份认为对治超工作效率有一定的帮助，6%的省份认为效果难以评价。

4. 道路运输信息系统联网情况

作为在全国推广、示范的项目，2011年，各地除逐步实现部省联网，省内道路运输信息系统联网工作也在扎实推进。

调查显示，已有93%的省实现了省与部道路运输综合管理信息平台的联网。与部联网后实现的数据交换指标统计见表2-5；省、市、县道路运输信息系统联网情况统计见表2-6；省、市、县道路运输信息系统涉及的业务统计见表2-7；省、市、县道路运输信息系统目前投入使用的功能见表2-8。

省部联网后实现的数据交换指标统计表 表2-5

省 份	经营业户（户）	营运车辆（辆）	客运线路（条）	从业人员（人）	稽查人员（人）	道路运输管理机构（个）	共计类别（类）	指标（个）
天津	6	13	9	7		3	5	38
河北	37	47	20	26	30	10	6	170
山西	37	51	29	30	33	13	6	193
内蒙古	26	50	16	31	37	14	6	174
辽宁	26	49	16	30	32	13	6	166
江苏	15	12	11	17	24	13	6	92
浙江	25	47		25			3	97
福建	11	12		9			3	32
湖北	11	12		9			3	32
四川	20	30	25	20	27	10	6	132
云南	11	12		9			3	32
陕西	17	27	11	24	22	4	6	105
宁夏	37	47	20	26	36	10	6	176
新疆	25	49	26	21	31	11	5	163

省、市、县道路运输信息系统联网情况统计表 表2-6

省 份	覆盖的地级市（个）	占地级市总数的百分比（%）	覆盖的县、区（个）	占县（区）总数的百分比（%）	系统注册单位（个）	注册用户（个）	占用户量的百分比（%）
天津			20	100	50	48	96
河北	11	100					
山西	11	100	132	100	300	2000	

续上表

省　份	覆盖的地级市（个）	占地级市总数的百分比（%）	覆盖的县、区（个）	占县（区）总数的百分比（%）	系统注册单位（个）	注册用户（个）	占用户量的百分比（%）
内蒙古	12	100	101	100	13	1684	
辽宁	14	100	92	100	121		
江苏	13	100	179	100	307	5646	100
浙江	11	100	78	100	78	5212	100
福建	7	77.8	70	78.6	99	1606	
湖北	17	100	104	100	145	1500	100
广东	21	100	249	100	318	5316	100
四川	21	100	191	95	197	2538	60
云南	16	100	131	100	206	2985	
陕西	2	18	17	19	12	2	18
甘肃	14	100	86	100	100	100	100
宁夏	5	100	6	80	110	550	20
新疆	18	100	85	100	150	1800	95

省、市、县道路运输信息系统涉及的业务统计表　　表2-7

省　份	系统功能（个）	业务流程（个）	业务功能（项）
天津	10	271	1049
河北	6		
山西	6	30	60
内蒙古	6	32	80
江苏	10	36	51
浙江	3	15	396
福建	7	78	175
湖北	14	8	8
广东	25	298	586
四川	5	12	60
云南	15	40	97
陕西	12	17	29
宁夏	6	8	4
新疆	7	354	515

省、市、县道路运输信息系统目前投入使用的功能情况表　表2-8

省　份	系统投入使用的功能
天津	普通货运业户与车辆管理、危险品运输业户与车辆管理、客运班线线路、业户与车辆管理、旅游包车业户与车辆管理、从业人员管理、站场管理、机动车维修管理、运政执法管理（调试阶段）、驾培、运输服务业、国际道路运输等内容
河北	班车客运管理、普通货运管理、危险货运管理、省内跨市客运线路管理、省际客运线路管理；市内客运线路管理、客运站场管理、营运客车类型划分及装备等级评定管理和运政执法管理等
山西	班车客运管理、旅游车辆管理、普通货运管理、危险货运管理、省内跨市客运线路管理、省际客运线路管理；市内客运线路管理、客运站场管理、源头治超管理、运政执法管理、车辆技术管理等
内蒙古	班车客运管理、包车客运管理、普通货运管理、危险货运管理、省内跨市客运线路管理；市内客运线路管理、客运站场管理、营运客车类型划分及装备等级评定管理和运政执法管理
辽宁	行政许可、从业人员、市场监管、机构人员、查询统计、系统维护、从业人员考试系统、代征税系统
浙江	业务管理41项业务：客运业户管理、班线管理、包车管理、客运人员管理、客运资格证管理、客运车辆管理、客运进站管理、货运业户管理、货运人员管理、货运资格证管理、危险品人员管理、货运车辆管理、货运场站管理、维修业户管理、维修人员管理、维修资格证管理、车辆技术管理、驾培业户管理、驾培人员管理、驾培资格证管理、驾培车辆管理、教练员管理、经理人管理、出租业户管理、出租车辆管理、出租人员管理、出租权证管理、出租失物管理、出租投诉表扬、出租违章管理、出租违章统计、出租IC卡管理、出租执法人员、出租执法机构、业户综合查询、班线综合查询、车辆综合查询、人员综合查询、包车综合查询、场站综合查询、统计报表；行政审批17项业务：申请登记、申请受理、申请撤回、补正材料、许可审核、许可审批、勘验、听证登记、招标登记、许可公告、延期审批、许可会签、省内征询、文书编制、文书送达、申请查询、申请统计；行政执法16项业务：基础信息查询、法律法规资料更新、案件登记、案件办理、案件审批、案件听证、案件监督、强制措施、基础资料维护、执法机构部门设置、审批流程管理、案件查询、案件报表统计、文书编辑修改、处罚权限设置、文书格式修改
福建	业户管理、车辆管理、线路管理、从业人员管理、运政执法管理、企业安全管理、教练员管理
湖北	业户管理、车辆管理、线路管理、票据管理、台账管理、运政执法、从业人员管理、报表管理、安全事故、领导查询、经营权管理、系统管理
广东	班车客运管理、包车客运管理、普通货运管理、危险货运管理、省内跨市客运线路管理、省际客运线路管理、市内客运线路管理、农村客运管理、客运站场管理、营运客车类型划分及装备等级评定管理、运政执法管理、教练员管理、从业人员管理、粤港澳管理、三资企业管理、春运报表统计、票证管理、维修管理、驾校管理、质量信誉考核管理（含维修企业及客运企业）、安全管理、出租公交管理、车辆技术管理、车辆卫星定位管理、综合查询及统计分析
四川	经营业户管理、营运车辆管理、从业人员管理、客运线路及线路牌管理、行政许可管理等
云南	车辆管理、货运管理、客运管理、客运站管理、维修管理、检测站管理、驾驶员培训管理、从业资格管理、法规稽查管理、国际道路运输管理、组织机构管理、系统管理和规划等
陕西	道路旅客运输、道路货物运输、道路危险品货物运输、汽车维修、驾驶员培训、城市客运、搬家运输、汽车租赁、道路运输从业人员、客运站场、货运站场、运政稽查
甘肃	四级道路运输管理系统、视频会议系统、网站系统、车辆GPS监控系统
宁夏	车辆信息发布、车辆信息查询、货源信息发布、货源信息查询
新疆	客运管理、货运管理、机动车维修管理、机动车驾驶员培训管理、国际道路运输管理、从业人员管理、道路运输站场管理

5. 信息安全工作

在非涉密重要信息系统信息安全等级保护方面，交通运输部组织开展了行业信息安全等级保护工作情况专项调研；组织各司局开展了43个非涉密重要信息系统的定级；组织编制了部机关信息安全等级保护工程可行性研究报告；组织开展了交通运输部信息安全检查，并针对存在的突出问题进行了整改，提高了信息安全防护能力。

调查显示，68%的省厅组织开展了信息安全风险评估工作。有些省厅请专业评估机构进行评估，有些开展自评，有些请有资质的第三方进行评估，时间频率从1次/年到2～3次/年不等；也有些省厅不定期地进行了评估。

调查显示，64%的省厅制订了信息安全应急预案或应急协调预案，详见表2-9。

部分省厅信息安全应急预案或应急协调预案制订情况表 表2-9

省　厅	预 案 名 称	省　厅	预 案 名 称
天津	天津市交通运输信息安全应急预案	广东	广东省交通运输信息安全突发事件应急处置预案（试行）
内蒙古	内蒙古自治区交通运输厅交通通信信息保障应急预案	广西	交通运输电子政务网络系统应急预案
辽宁	网站应急预案	四川	四川省交通运输厅网站安全应急预案
上海	各重要信息系统均制订了各自的信息安全应急预案		四川省交通运输厅网络系统故障恢复应急预案
江苏	江苏省交通运输厅门户网站安全应急预案		四川省交通运输厅病毒爆发应急处理预案
浙江	浙江省交通运输厅信息中心奥运期间信息业务应用系统及基础设施安全保障及反恐应急预案	贵州	贵州省交通厅网络与信息安全应急预案
福建	福建交通信息通信突发事件应急预案	陕西	陕西省交通运输厅信息系统安全应急预案
	福建省高速公路信息网络网站安全应急预案	宁夏	宁夏交通信息监控中心网络与信息安全应急预案

调查显示，70%的省厅对信息系统进行过安全测评，详见表2-10。

部分省厅进行安全测评涉及的信息系统情况表 表2-10

省　厅	系 统 名 称	省　厅	系 统 名 称
天津	天津市交通门户网站	广东	广东省交通运输厅办公自动化系统
山西	高速公路联网收费网络安全测评		广东省交通运输厅公众网
内蒙古	公路交通行业综合运行分析系统		广东省港航行政管理综合业务系统
	公众出行服务信息系统		广东省乡镇渡口安全管理信息系统
	公路建设市场信用管理系统		广东省交通档案信息管理中心项目管理系统
辽宁	辽宁省交通厅门户网站	四川	厅网络及信息系统
上海	所有上海交通委机关及直属单位信息系统	贵州	厅门户网站
江苏	江苏省交通运输厅行政权力网上公开透明运行系统	云南	云南省交通运输厅电子政务办公系统
浙江	“浙江交通”网站、行政办公系统		云南省交通运输厅电子公文传输系统
福建	高速公路统一数据中心及综合应用平台建设系统		云南省交通运输厅外网网站
	高速公路办公自动化系统		云南省交通运输厅政务协同平台
	高速公路集中财务管理系统	陕西	涉及全省交通运输系统24个信息系统，开展安全测评
湖南	网站群系统、办公系统及平台	新疆	交通运输厅网站
广东	广东省道路运政管理信息系统		

调查显示，组织过信息安全应急演练的省厅比例基本与2009～2010年度的调查结果持平，约为30%。福建省不定期地组织了网络故障应急演练、卫星通信应急演练、灾害信息系统模拟故障应急演练；贵州省一年一次进行了机房安全事故应急演练；陕西省则分别在2011年3月组织了网络病毒攻击应急演练，5月组织了信息系统等级保护安全防护应急演练，7月组织了网络链路中断应急演练，10月组织了消防应急演练。

调查显示，有54%的省厅在信息系统中使用了数字证书，水平比2009～2010年度有所提升，详见表2-11。

部分省厅使用数字证书涉及的信息系统情况表　　表2-11

省　厅	系 统 名 称	省　厅	系 统 名 称
天津	先行OA办公系统	山东	OA办公自动化系统
河北	电子公文流转交换系统	湖北	湖北省交通政务门户
辽宁	全省交通办公自动化系统	广东	广东省道路运政管理信息系统
江苏	江苏省交通运输厅电子政务内网门户		广东省交通运输厅电子公文交换系统
浙江	浙江省交通运输厅建设市场诚信系统		广东省交通运输厅移动办公系统
福建	福建省港口经营管理系统	贵州	贵州省交通建设市场信用评价信息系统
	福建省交通运输厅办公自动化系统	云南	云南省交通运输厅电子公文传输系统
	交通地理信息管理系统	陕西	数字证书正在建设中，预计2012年建设完成并投入使用
	高速公路集中财务管理系统		

调查显示，90%以上被调查的省份对重要信息系统开展了本地备份工作，详见表2-12。

部分省厅对重要信息系统开展本地备份工作涉及的信息系统情况表　　表2-12

省　厅	本地备份的信息系统名称	省　厅	本地备份的信息系统名称
天津	天津市交通门户网站	江苏	外网数据中心、内网数据中心、专网数据中心
	先行OA办公系统	浙江	“浙江交通”网站、数据中心
河北	公路地理信息系统	福建	高速公路统一数据中心及综合应用平台建设系统
山西	厅办公业务资源网		高速公路集中财务管理系统
	厅门户网站		福建省普通公路养护管理系统
	省高速公路联网收费系统		福建省路况现场采集及技术评定系统
	厅数据中心系统		福建省路政管理信息系统
内蒙古	公路交通行业综合运行分析系统		福建省交通情况调查管理平台
	公众出行服务信息系统		福建省公路信息现场视频采集系统
	公路建设市场信用管理系统		福建省道路运政管理信息系统
辽宁	全省交通办公自动化系统		福建省运输管理局统计报表管理系统
上海	每个信息系统都有		福建省道路运输企业质量信誉考核管理系统

续上表

省 厅	本地备份的信息系统名称	省 厅	本地备份的信息系统名称
福建	福建省农村客运站点和公路运输枢纽场站数据库管理系统	广东	广东省交通运输厅办公自动化系统
	福建省机动车驾驶培训教练员考试网上报名系统		广东公众出行交通信息服务系统
	福建省交通灾害信息系统		广东省交通运输厅公众网
	福建省交通数据中心		交通数据中心系统等所有重要应用系统
	福建省交通运输厅网站系统	四川	所有重要信息系统
	福建省交通运输视频监控系统	贵州	贵州省交通建设市场信用评价信息系统
	福建省营运车辆卫星定位安全服务系统	云南	云南省交通运输厅电子政务办公系统
	福建省地理信息系统		云南省交通运输厅电子公文传输系统
	福建省物流公共信息服务平台	陕西	资源整合、出行服务系统
	福建省治超信息系统		秦岭终南山隧道监控
	福建省公众出行信息服务系统		陕西省交通运输系统电子公文传输系统
	福建省交通运输厅办公自动化系统	宁夏	宁夏交通运输厅政府网站
山东	建设市场诚信管理系统		宁夏交通运输厅办公自动化系统
湖北	湖北省交通运输厅办公自动化系统	新疆	办公管理信息系统
	湖北交通网站		政府网站、组织人事系统
	湖北省交通运输厅邮件系统		交通监控应急指挥中心
	湖北省公路交通资源整合与服务工程项目		交通运输信息资源整合与公众交通出行信息服务系统
湖南	网站群系统、办公系统及平台		

调查显示，有70%的省厅需要对重要信息系统进行同城异地灾难备份，备份类型涉及数据冷备、数据热备、系统备份3种，其中数据热备最多，占到60%。

（五）智能交通系统建设

2011年，部启动了北京等10个省（市）公路水路安全畅通和应急处置系统第一批工程建设前期工作；实施部省路网管理与应急处置平台建设和联网工程，推进了京津冀辽4个省级路网中心与部路网中心平台信息联网工作；组织实施了跨省市高速公路联网收费安全管理与应急处置和服务系统示范工程；完成了交通移动应急通信指挥车相关设备购置招投标工作；推广了ETC应用，制定了《收费公路联网电子不停车收费技术要求》，2011年底，全国启动建设和开通ETC的省份有22个，建成ETC车道3200多条，ETC用户超过200万，非现金支付用户达117万；启动了部省两级桥梁和路面管理系统联网管理研究工作；继续推进营运车辆联网联控系统建设，联合三部委下发《关于加强道路运输车辆动态监管工作的通知》；启动了“交通运输安全生产标准化管理信息系统”的前期工作。

完成了海船船员管理系统改造和海船船员卡建设工程，建立了中国船员基础数据库，完成了内

河AIS岸基网络系统一期工程验收和二期工程实施，基本实现了黑龙江和松花江水系、长江水系、京杭运河、淮河水系和珠江水系以及部分重点封闭水域的AIS岸基网络覆盖。建立了船舶识别号系统，为20余万艘船舶发放了船舶识别号，完成了港口建设费征收管理系统的开发和推广应用；全面实施救捞信息化基础建设工程，开展了救捞系统救助飞行运行管理系统工程的前期工作。

印发了《干线公路通车信息报送制度》，开通了干线公路通车信息管理系统，修订完善了《公路交通阻断信息报送制度》；开展了道路客运售票联网系统建设示范工程前期工作，组织编制了需求分析报告，开展了系统的建设和管理体制研究。

组织启动了“基于物联网的公路网运行状态监测与效率提升技术”重大科技专项。完成《基于物联网的城市智能交通应用示范工程》和《长三角航道网及京杭运河水系智能航运信息服务（船联网）应用示范工程》资金申请报告，并得到国家发改委和财政部正式批复，组织开展了项目启动的前期准备工作，拟订了组织实施方案。

成立了交通公安信息化建设领导小组，召开了交通公安信息化建设专题会议与长江片区专题会议，印发《关于进一步推进交通公安信息化建设的意见》。组织开展了交通公安网上执法考试系统与交通公安人员、车辆、船舶、货物信息系统的建设。

1. 省智能交通系统发展规划与建设

调查显示，已有25%的省编制出台了本省的智能交通系统发展规划，25%的省正在编制当中，33%的省计划编制，17%的省未列入议事日程，见图2-1。

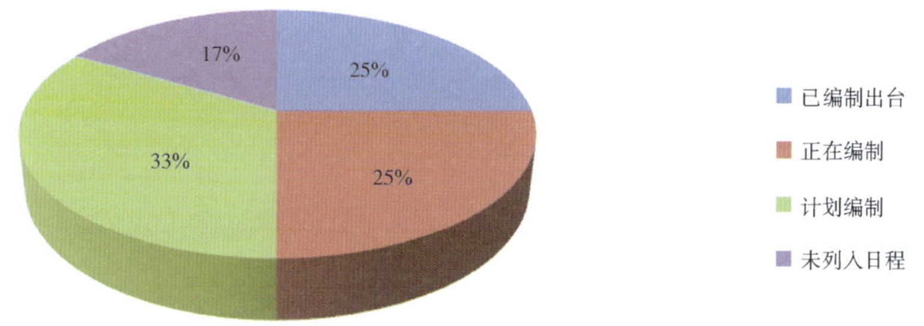

图2-1　智能交通系统发展规划制定情况示意图

调查显示，制定的智能交通系统发展规划范围涉及公路、水路、铁路、民航、城市交通、综合运输系统等多个方面，各种因素所占的比重见图2-2。

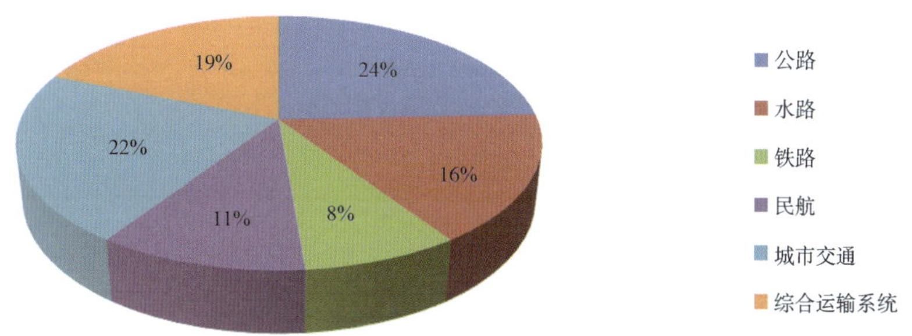

图2-2　智能交通发展规划范围涉及因素比重图

就规划实施情况而言，调查显示，35%的省已建成全部子系统，已进入系统整合阶段或已建成大部分子系统，30%的省仅建成少部分子系统，尚有35%的省还未开始实施规划。

调查显示，69%的省智能交通系统发展规划是省交通信息化规划的一部分，31%的省这两者之间有部分内容的交叉。

就建设模式而言，75%的省子系统由各相关部门按规划要求自行建设，系统整合工作由厅承担；17%的省为专项建设；8%的省前两种模式兼而有之。

就各省建成的智能交通系统的效果而言，47%的省建成的主要子系统已发挥了应有作用；22%的省已全部建成各主要子系统且已发挥作用，但整个系统的效果还难以评价；31%的省主要子系统尚未建成，难以评估。

2. 省交通应急指挥中心建设

调查显示，28%的省已建立、运营省交通应急指挥中心，52%的省交通应急指挥中心正在建设中，12%的省已建立但尚未运营，8%的省还未将交通应急指挥中心列入议事日程，见图2-3。

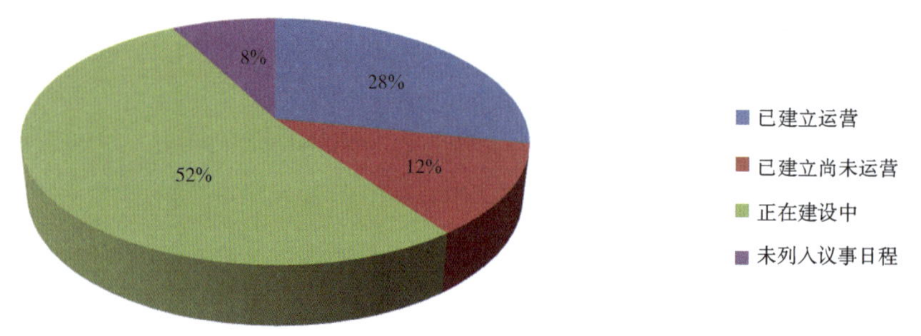

图2-3　交通应急指挥中心建立情况比例图

调查已经建立省交通应急指挥中心的省份，70%的省将交通应急指挥中心设立在省厅信息中心或者高速公路监控中心，30%的省份为独立建设。

调查显示，17%的省交通应急指挥中心的运行机制为高速公路与交警合署办公；18%的省的交通应急指挥中心以高速公路为主、交警辅助；6%的省的交通应急指挥中心是以交警为主、高速公路辅助；59%的省的交通应急指挥中心未采用这三种方式，或者省厅应急指挥中心独立运行，在高速公路路段监控中心设路政、交警、路公司联合值班制度，或者以处理高速公路与城市快速路突发事件为主，并兼有交通战备职能，独立办公，信息与市公安、应急等多部门共享，或者省厅应急办业务牵头单位，厅信息化管理中心负责应急指挥中心的建设、管理、运维以及技术支持等方式。

交通应急指挥中心的信息发布渠道主要集中于高速公路情报板、广播、电视、报纸、呼叫中心以及公众出行网、短消息、手机Wap等方式。

大多省份的交通应急指挥中心的信息互联互通仅局限在国省干线，或者可与省政府所在地的城市交通指挥中心互联。

调查显示，44%的省出台了与交通应急指挥处置有关的政策、措施。例如福建省厅出台福建省高速公路建设突发公共事件应急预案、福建省高速公路运营突发公共事件应急预案，宁夏回族自治区出台了高速公路联网通信系统保障应急预案等。

（六）高速公路信息化建设

2011年，我国高速公路建设继续平稳有序进行，全年高速公路通车里程达到1.1万公里。随着高速公路通车里程的持续增加，高速公路的高效利用和安全性越来越得到社会公众的强烈关注，因此高速公路信息化建设也成为实现这一目标的关键所在。调查显示，在2011年，我国高速公路信息化水平得到了进一步提升。被调查的省份高速公路建设情况以及信息化应用水平见表2-13～表2-18。

1. 高速公路建设情况

部分省份2011年高速公路建设情况以及“十二五”规划里程表　　表2-13

省　份	截至2011年底，累计通车总里程（公里）	2011年新增通车里程（公里）	“十二五”高速公路规划总里程（公里）
河北	4756	449	7000
山西	4000	1000	6300
内蒙古	2874	509	3635
辽宁	3300	244	4960
吉林	2250	400	4500
江苏	4122	63	4700
福建	2480	295	5500
山东	4346	61	6000
湖北	4007	333	6500
湖南	2649	265	5956
广东	5026.268	187.1	6500
广西	2583.047	177.849	6000
四川	3068.81	385.84	6350
陕西	3800	400	5000
甘肃	2599.91	376.45	3600
宁夏	1306	147	1600
新疆	1627	550	7000

2. 高速公路联网收费情况

部分省份2011年高速公路联网收费里程以及比例表　　表2-14

省　份	截至2011年底，联网收费累计总里程（公里）	2011年联网收费新增里程（公里）	联网收费比例（%）
河北	4756	449	100
山西	4000	1000	100

续上表

省 份	截至2011年底，联网收费累计总里程（公里）	2011年联网收费新增里程（公里）	联网收费比例（%）
内蒙古	2874	509	100
辽宁	3300	244	100
吉林	2250	400	100
上海	660	0	100
江苏	3857.64	50.96	93.9
福建	2480	295	100
山东	4291	61	98.7
湖北	3455	147	94.4
湖南	2513	265	95
广东	4827.08	70.75	100
广西	2671.204	176.87	99.18
四川	3068.81	385.84	99.61
云南	2440.31	106.85	89
陕西	3342	400	98.2
甘肃	2599.91	376.45	100
宁夏	1020	700	78

3. 电子不停车收费（ETC）车道开通情况

2011年部分省份ETC系统应用情况统计表（单位：条） 表2-15

省 份	截至2011年底，全省ETC系统开通车道数	2011年计划开通车道数	实际开通车道数
河北	97	42	42
山西	88	96	88
辽宁	50	46	46
吉林	200	46	46
上海	179	61	61
江苏	622	398	398
福建	232	64	64
山东	222	150	150

续上表

省份	截至2011年底，全省ETC系统开通车道数	2011年计划开通车道数	实际开通车道数
湖北	52	15	15
湖南	74	4	14
广东	400	41	41
广西	6	0	0
云南	52	42	42
陕西	162	106	62

4. 歧义性路径识别技术采用情况

部分省份高速公路路径识别技术采用情况表　　表2-16

省份	高速公路路网中是否有歧义路段	采用的路径确认方法	省份	高速公路路网中是否有歧义路段	采用的路径确认方法
河北	是	最短路径法、路径标识法	山东	是	抽样调查法
山西	是	最短路径法	湖北	是	路径标识法
内蒙古	是	最短路径法、路径标识法	湖南	是	车牌识别方式
辽宁	是	最短路径法	广东	是	路径标识法
吉林	是	最短路径法、抽样调查法	广西	是	最短路径法
上海	是	最短路径法	四川	是	最短路径法、路径标识法
江苏	是	最短路径法	陕西	是	最短路径法
福建	是	最短路径法	宁夏	是	最短路径法、路径标识法

5. 计重收费车道开通情况

2011年部分省份公路计重收费系统开通情况统计表（单位：条）　　表2-17

省份	截至2011年底，计重收费系统开通车道数	2011年计划开通车道数	实际开通车道数
山西	897	74	74
内蒙古	556	87	87
辽宁	813	43	43
吉林	348	62	54
江苏	1470	80	80
福建	720	44	44
山东	1300	30	30
湖北	772	772	772

续上表

省　份	截至2011年底，计重收费系统开通车道数	2011年计划开通车道数	实际开通车道数
湖南	577	102	102
广东	1267	1007	1007
广西	516	85	36
四川	805	41	41
云南	588	34	34
陕西	942		
甘肃	436	84	84
宁夏	377	69	69

6. 全程监控及交通事件检测技术使用情况

部分省份全程监控及交通事件检测里程统计表（单位：公里）　表2-18

省　份	全程监控里程	视频监控联网里程	交通事件检测里程
河北	1703	2528.7	763
山西		4000	
内蒙古	293	293	0
辽宁		3300	64.5
吉林		2200	0
上海	660	660	0
江苏	1500	3800	1000
福建	500	2480	5
山东	1500	1500	1500
广东		5026	
湖北	278.88	3455	110
湖南	351	2390	65
四川		630	330
云南	472.3223	100.4548	22.3748
西藏	37	37	
陕西		1700	
甘肃	1800	1800	500
宁夏		1020	0

7. 出行信息服务情况

调查显示，95%的省有高速公路出行信息服务系统，采用的服务方式主要是Web GIS和热线电话以及交通网站、广播电视、手机Wap等。

（七）交通数据中心建设情况

调查显示，截至2011年底，已有43%的省份建立起全省交通数据中心；13%的省份已经建成但尚未投入运营；35%的省份的交通数据中心正在建设当中；另外，尚有9%的省份没有把交通数据中心的建设列入日程。

在交通数据中心的设立上，有80%的省份的交通数据中心设立在省厅信息中心，另外还有20%的省份独立建设。部分省厅交通数据中心及其数据资源库建设情况见表2-19、表2-20。

1. 交通数据中心的建设情况

部分省厅交通数据中心整合的业务系统以及涉及的业务数据情况表　　表2-19

省　厅	整合的业务系统	涉及的业务数据
天津	道路运政管理信息系统	道路运输、海事、水运工程建设
	海事信息系统	
	天津市水运工程建设市场信用信息管理系统	
河北	公路交通信息资源整合系统	公路、运管、港航
	运政管理系统	
	港政航政管理系统	
山西	公路路网GPS采集系统	公路建设、管理、养护、收费、道路运输
	公路基础数据库	
	公路HRP系统	
	高速公路联网收费	
	道路运政管理系统	
	道路运输综合统计平台	
	道路GPS监控系统	
	公路交通量调查统计分析系统	
	交通执法人员车辆查询系统	
内蒙古	公路交通行业综合运行分析系统	公路基础与空间属性数据、项目建设、营运车辆、经营业户、从业人员
	公众出行服务信息系统	
	公路建设市场信用管理系统	

续上表

省　厅	整合的业务系统	涉及的业务数据
内蒙古	公路交通地理信息系统	公路基础与空间属性数据、项目建设、营运车辆、经营业户、从业人员
	运政管理系统	
辽宁	普通公路管理信息系统	公路管理、高速公路管理、运输管理、港口与口岸管理
	高速公路管理	
	道路运政管理信息系统	
	港口与口岸管理	
吉林	公路基础数据库	公路基础、路政管理、道路运输、通行费集车流量、高速公路建设管理
	路政管理系统	
	区域联网售票系统	
	运政平台管理系统	
	高速公路联网收费系统	
	高等级公路建设管理系统	
江苏	交通综合统计系统	基础设置、运输工具、交通运行、经济运行、交通建设、行业管理、交通企业、服务热线、互动平台、行政权力
	联网售票管理系统	
	行政权力系统	
	应急指挥系统	
	“96196”服务热线系统	
	互动平台系统	
	交通年鉴电子化系统	
	招投标管理系统	
	海事签证系统	
	航道过闸系统	
浙江	浙江省交通建设市场诚信信息系统	公路、水路、运营管理、行政许可、行政处罚
	“浙江交通”网站	
	在线教育平台	
	财务集中管理平台	
	人力资源信息管理平台	
	重点营运车辆GPS平台	
	行政处罚系统	

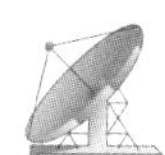

续上表

省　厅	整合的业务系统	涉及的业务数据
浙江	行政许可系统	公路、水路、运营管理、行政许可、行政处罚
福建	统一数据中心及综合应用平台	高速公路、普通公路、港航、运管、交通执法
	高速公路集中财务管理系统	
	路政管理系统	
	日常养护管理系统	
	办公自动化管理系统	
	ETC收费管理系统	
	福建省道路运政管理信息系统	
	福建省路政管理信息系统	
	福建省交通灾害信息系统	
	福建省交通数据中心	
	福建省交通运输厅网站系统	
	福建省交通运输视频监控系统	
	福建省营运车辆卫星定位安全服务系统	
	福建省地理信息系统	
	福建省物流公共信息服务平台	
	福建省治超信息系统	
	福建省公众出行信息服务系统	
	福建省交通综合执法信息系统	
湖北	桥梁管理信息系统	道路运政、高速公路联网收费、桥梁信息
	道路运政系统	
	监测站VPN网络系统	
	高速公路联网收费系统	
	高速公路视频监控系统	
广东	交通综合执法系统	
	道路运政管理信息系统	
	公众出行交通信息服务系统	
	交通建设市场信用管理系统	
	路网综合运行分析和客运班车系统	

续上表

省　厅	整合的业务系统	涉及的业务数据
广东	GPS数据采集系统	
	微波车流检测系统	
	公路建设市场信用管理系统	
四川	公路数据库	公路路网、从业人员、经营业户、营运车辆、建设项目
	运政业务系统	
	统计数据库	
	交通执法系统	
	超限运输审批系统	
云南	云南省交通运输厅政务协同平台	
	云南省交通运输厅电子政务办公系统	
	云南省交通运输厅电子公文传输系统	
	云南省交通资源共享平台	
陕西	高速联网收费系统	高速收费数据、高速出入口交通流数据、营运车辆数据、道路运输经营业户和从业人员数据
	道路运输管理系统	
	收费公路报表统计系统	
	交通量调查统计报表系统	
新疆	公路建设项目管理系统	道路交通信息、公共交通信息、对外交通信息
	运政管理系统	
	养护管理系统	
	路政治超管理系统	
	交通量调查数据	

2. 部分省厅交通数据中心数据资源库建设情况

部分省厅交通数据中心数据资源库建设情况统计表　　表2-20

省　厅	整合营运车辆数（万辆）	整合道路运输经营业户数（万户）	整合道路运输从业人员数（万人）	整合基础类资源库数（个）	整合业务类资源库数（个）	挖掘提炼的主题库数（个）
天津	15	2.4	40	10	15	10
河北	64.8	69	90	4	2	6

续上表

省　厅	整合营运车辆数（万辆）	整合道路运输经营业户数（万户）	整合道路运输从业人员数（万人）	整合基础类资源库数（个）	整合业务类资源库数（个）	挖掘提炼的主题库数（个）
山西	46	22.6	160	5	10	5
内蒙古	38	22	46	5	3	3
吉林	4.1	2.3	15.5	1	5	3
江苏	63	39	128	7	10	40
福建	5.16	5.21	22.5	6	6	5
湖北	5.1	3.4	107	9	5	5
广东	100	80	150			
四川	11.6	69.3	123	4	4	3
云南	57.3	39.17	87.51	15	7	10
陕西	27	12	50	5	9	5

调查显示，50%的省厅已经建立省交通数据采集报送管理制度；45%的省厅正在拟定中；5%的省厅则未把此项列入日程。47%的省厅已建立省交通数据中心系统项目数据标准规范；48%的省厅正在拟定中；5%的省厅未把此项列入日程。大部分已经建成的交通数据中心均可以实现异构数据库互联、跨部门数据共享、跨平台业务协同这三大功能。

（八）城市智能交通系统建设

2011年度，各地继续在城市智能交通系统建设方面加大力度，综合信息平台的集成度进一步提高，各应用子系统的功能不断完善。

调查显示，省府及中心城市已建成的子系统有（以数量多少为序）：公众出行综合交通信息服务系统、营运车辆GPS安全监控及调度系统、城市交通“一卡通”系统、公交GPS运营调度系统和电子站牌系统、出租车运营调度管理与信息服务系统、交通应急指挥系统、公共物流信息平台、客运综合枢纽管理信息系统、交通综合执法管理系统和智能停车诱导系统。

调查显示，部分省府及中心城市交通流实时动态信息采集、处理、分析系统，交通诱导系统，机动车信息管理系统已和公安交管、民航、铁路等部门进行了融合。

2011年，交通运输部采用邀请专家进行方案比选的方式择优确定北京、石家庄、大连、哈尔滨、泰州、杭州、宣城、潍坊、郑州、深圳、重庆、成都、昆明、西安、兰州共15个地级以上城市，试点开展城市出租汽车服务管理信息系统工程建设，并印发了《城市出租汽车服务管理信息系统工程总体业务功能要求（暂行）》，完成了试点工程建设方案（代工可）的批复。试点工程的实施将探索信息技术在加强出租汽车行业科学和规范管理、提高运输效率、保障运营安全、减少城市拥堵、促进节能减排、提升服务水平等方面中发挥的作用，总结出租汽车服务管理信息系统建设模式和运行机制，并形成相关运行管理规范和服务标准，为今后在更多城市推广应用提供借鉴经验。

（九）物流信息化建设情况

2011年，交通运输部组织开展了国家交通运输物流公共信息共享平台调研及平台建设思路研究，完成交通运输物流公共信息共享平台试点工程工可报告审批工作；推进了长江航运公共物流信息平台建设，制订了实施计划，完成了5家企业应用需求调研。

1. 省物流信息化发展规划与建设

2011年度，在被调查的省份里，35%的省编制出台了全省物流信息化发展规划，35%的省正在编制中，24%的省计划编制，有6%的省还未列入议事日程。省物流信息化发展规划编制情况见图2-4、图2-5；省物流信息化发展规划涉及的范围见图2-6。

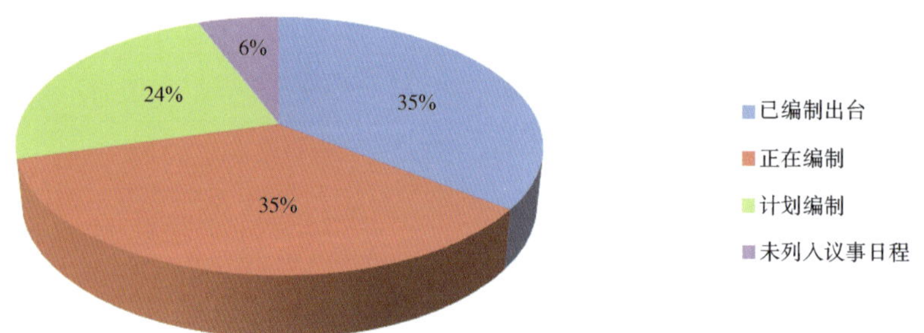

图2-4　物流信息化发展规划制订情况示意图

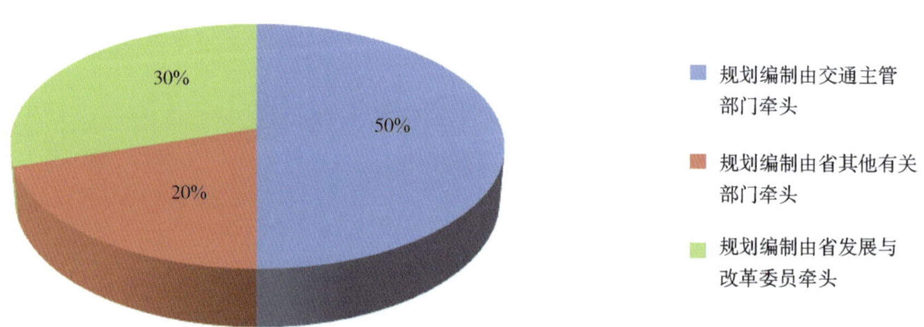

图2-5　物流信息化发展规划编制牵头部门示意图

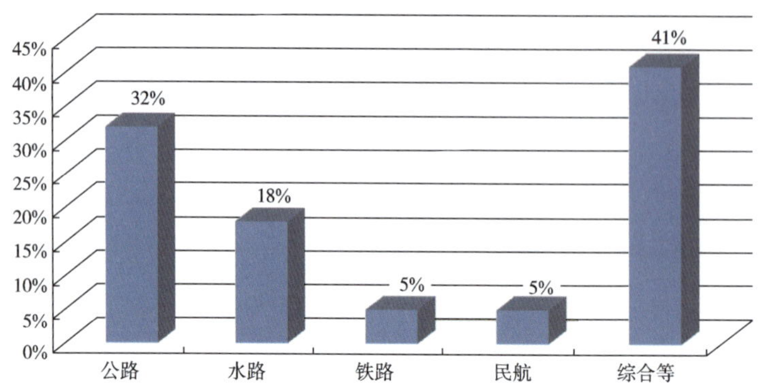

图2-6　物流信息化发展规划涉及范围构成示意图

就物流信息化发展规划实施情况而言，调查显示，33%的省份已经建成物流信息化大部分子系统，31%的省建成少部分子系统，36%的省还未实施物流信息化发展规划。

2. 交通物流综合信息平台建设

从调查结果看，截至2011年底，27%的省已经建成、运营了省交通物流综合信息平台，13%的省已建成还未运营，47%的省正在建设中，13%的省还未列入议事日程。交通物流综合信息平台建设情况见图2-7；交通物流综合信息平台实现的功能涉及多方面，各方面的比重见图2-8；交通物流综合信息平台的各种参与主体比例见图2-9。

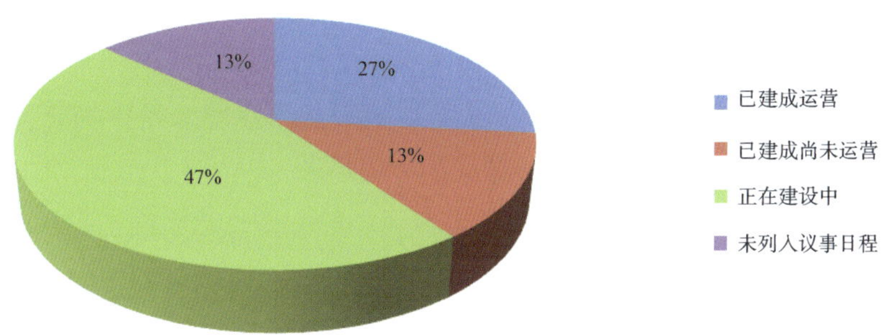

图2-7　交通物流综合信息平台建设情况示意图

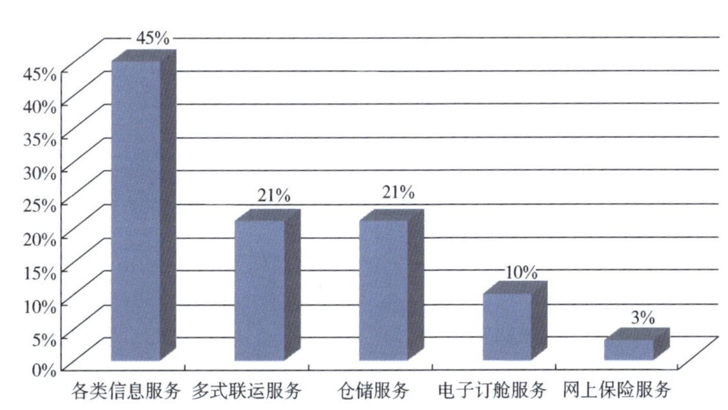

图2-8　交通物流综合信息平台实现功能比重示意图

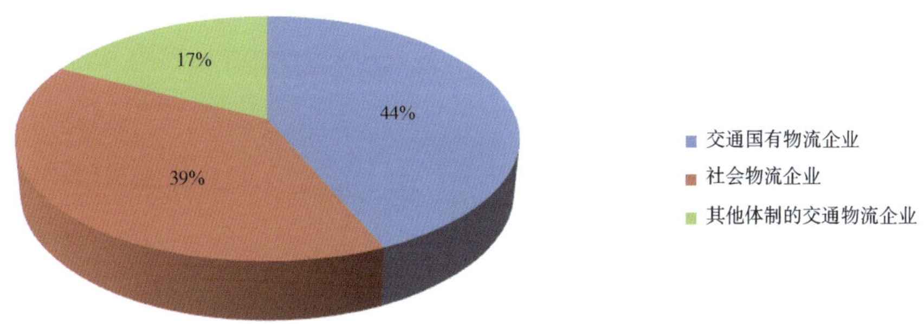

图2-9　交通物流综合信息平台参与主体构成示意图

调查显示，交通物流综合信息平台的功能模块（以数量多少为序）包括：会员管理、信息发布和查询、数据交换、服务管理、物流在线应用管理、交易管理。交通物流综合信息平台的主要系统（以数量多少为序）有：基于通用标准的数据交换系统、物流在线应用系统、在线数据交换系统、决策支持系统、物流计划系统、网络化仓储管理系统、结算管理系统。

就交通物流综合信息平台的建设主体而言，50%以上的受调查省份均为厅运管局，其余省份则各有不同，如湖南为厅联运办、江苏为江苏运联、内蒙古为厅直属信息中心、山东为厅运管处、山西为省物流中心等。

3. 公路运输枢纽信息化建设

据统计，50%的省实现全省统一对公路运输枢纽的信息化进行规划与实施。其中，33%的省正在编制，67%的省计划编制。

调查显示，公路运输枢纽信息化的建设模式主要为场站信息化系统由场站按规划要求自行建设，系统整合工作由厅承担；也有部分省建设模式为专项建设。

就公路运输枢纽信息化的效果而言，26%的省建成的场站信息化系统已发挥应有作用，主要是综合客运枢纽站场、集装箱中转站和现代物流园区（中心）；74%的省场站信息化系统未建成，难以评估。

4. 制约物流信息化快速发展的原因

物流信息化的发展受到很多因素的制约，如何化解这些难题仍然是各地2011年深化物流信息化发展所面临的重要问题。

调查统计，制约物流信息化发展的原因主要有基础信息缺乏、数据采集困难、标准不统一；信息与业务管理脱节，信息共享与交流机制欠缺；国内物流监管信息化水平不高；物流信息服务业法律环境存在空白；标准滞后；信息化系统开发成本高，进展缓慢；企业系统不兼容；物流信息技术开发人才难求等。

（十）重点项目建设情况

2011年，交通运输部开展了以下四大信息化重点工程建设：

1. 安全畅通与应急处置系统重大工程

启动了北京等10个省（市）公路水路安全畅通和应急处置系统重大工程建设前期工作；实施部省路网管理与应急处置平台建设和联网工程，推进了京津冀辽4个省级路网中心与部路网中心平台信息联网工作；继续推进营运车辆联网联控系统建设，联合三部委下发《关于加强道路运输车辆动态监管工作的通知》。

2. 交通出行信息服务系统重大工程

印发了《干线公路通车信息报送制度》，开通了干线公路通车信息管理系统，修订完善了《公路交通阻断信息报送制度》；开展了道路客运售票联网系统建设示范工程前期工作，组织编制了需求分析报告，开展了系统的建设和管理体制研究。在水路客运信息服务体系建设上，调研论证了渤海湾水路客运联网售票系统示范项目；研究制定了长江航运综合信息服务管理办法，启动长江内河

综合信息服务示范工程前期调研工作。

3. 建设和运输市场信用信息服务系统重大工程

启动8个省公路水路建设和运输市场信用信息服务重大工程建设项目前期工作；完善了全国公路建设市场信用信息管理系统，建立了信息数据动态维护与管理机制，已有25个省市运行了省级信息平台，13个省级平台与部实现了互联互通，部级信息平台发布了施工、监理、设计企业资质名录；初步构成覆盖全国建设市场的信用信息网络；印发了《关于进一步加快水运工程建设市场信用体系建设的通知》，已有20个省市建立了省级系统，并实现与部级系统的互联，部级系统已发布相关资质施工、设计、监理的企业名录。

4. 经济运行监测预警与决策分析系统重大工程

启动6个省统计分析监测和投资计划管理信息系统建设项目前期工作；在部级层面组织开展了“交通运输统计分析监测和投资计划管理信息系统（一期）工程”，完成了四川、黑龙江两省的交通运输统计分析监测和投资计划管理信息系统工可报告批复。

此外，交通运输部推进了物联网领域重大科技专项和国家示范工程建设，组织启动了“基于物联网的公路网运行状态监测与效率提升技术”重大科技专项，完成《基于物联网的城市智能交通应用示范工程》和《长三角航道网及京杭运河水系智能航运信息服务（船联网）应用示范工程》资金申请报告，并得到国家发改委和财政部正式批复，组织开展了项目启动的前期准备工作，拟订了组织实施方案。

2011年，各地在政策、资金保障方面加大力度，有力地促进了一大批重点信息化项目的开展。据统计，2011年各省投资建设的重点信息化项目数目繁多，且涵盖多个方面，详见表2–21、表2–22。

2011年部分省厅投资建设的重点信息化项目　　表2–21

省　厅	重点信息化项目名称	项目的技术、应用及经济评价
天津	天津市交通运输信息库	
河北	交通应急指挥中心	技术超前，侧重应用，注重实效，很好地为政府、社会、公众提供了服务，具有较好的社会和经济效益
	省市县视频会议系统	
	科技信息资源共享平台	
	公路交通信息资源整合与服务工程	
	全省运政综合管理平台	
山西	路政及应急指挥调度视音频系统	各项目的建设均采用了先进成熟的技术手段，在实际管理和业务中均发挥了较好的作用，面向社会公众的服务水平和面对应急突发事件的应急处置能力都得到了大幅提高
	高速公路治超联网信息系统	
	道路运输IC卡换发	
	公路客运联网售票系统	
	山西省交通运输“96500”公众服务热线系统	

续上表

<table>
<tr><th>省　厅</th><th>重点信息化项目名称</th><th>项目的技术、应用及经济评价</th></tr>
<tr><td rowspan="2">山西</td><td>山西省交通建设项目工程档案管理业务系统</td><td rowspan="2">各项目的建设均采用了先进成熟的技术手段，在实际管理和业务中均发挥了较好的作用，面向社会公众的服务水平和面对应急突发事件的应急处置能力都得到了大幅提高</td></tr>
<tr><td>省级行政审批电子监察系统联网</td></tr>
<tr><td>内蒙古</td><td>内蒙古公路交通信息资源整合与服务工程</td><td></td></tr>
<tr><td rowspan="2">辽宁</td><td>辽宁省交通科技信息资源共享子平台建设</td><td rowspan="2"></td></tr>
<tr><td>全省交通应急指挥系统建设</td></tr>
<tr><td rowspan="9">山东</td><td>交通应急指挥管理系统</td><td rowspan="9"></td></tr>
<tr><td>交通物流公共信息平台</td></tr>
<tr><td>公路水路建设市场诚信及工程质量信息服务系统</td></tr>
<tr><td>交通运输统计分析监测和投资计划管理信息系统</td></tr>
<tr><td>交通运输科技信息资源共享平台</td></tr>
<tr><td>交通运输行政监察系统</td></tr>
<tr><td>交通运输执法综合信息系统</td></tr>
<tr><td>公众出行信息服务系统</td></tr>
<tr><td>高速公路不停车收费和非现金支付系统（ETC）</td></tr>
<tr><td rowspan="7">江苏</td><td>铁水联运信息服务平台</td><td rowspan="7"></td></tr>
<tr><td>高速公路ETC专用车道建设</td></tr>
<tr><td>交通行政权力网上公开透明运行省市县三级联网工程</td></tr>
<tr><td>交通建设工程项目管理及电子监察系统</td></tr>
<tr><td>交通应急指挥系统（二期）</td></tr>
<tr><td>南京交通主枢纽客运南站综合管理与信息服务系统试点示范工程</td></tr>
<tr><td>泰州市出租汽车信息服务系统试点工程</td></tr>
<tr><td rowspan="5">浙江</td><td>浙江省交通运输厅项目库信息管理系统</td><td rowspan="5">浙江省交通运输厅项目库信息管理系统：通过信息化手段对交通建设项目进行全过程管理，提高对项目的管理力度；重点营运车辆GPS信息平台，通过利用GPS信息对车辆进行全程跟踪管理，有效地加强了车辆的动态管理；浙江交通基础地理信息平台，通过搭建一个基础平台，为全省交通系统提供了一张统一完整的地图；浙江交通OA升级改造项目，有效地提高了行政办公效率</td></tr>
<tr><td>重点营运车辆GPS信息平台</td></tr>
<tr><td>浙江交通基础地理信息平台</td></tr>
<tr><td>公路公众出行服务系统</td></tr>
<tr><td>浙江交通OA升级改造项目</td></tr>
</table>

续上表

省 厅	重点信息化项目名称	项目的技术、应用及经济评价
福建	福建省交通物流公共信息平台	各项目实现对各业务系统的有效控制和管理，大大提高了工作效率，为领导提供决策支持服务，取得了良好的经济效益和社会效益。其中： 福建省交通物流公共信息平台：通过构建协同数据交换中心，实现物流业务协同、数据交换和数据集中存储管理及共享；推广道路运输标准软件，促进与物流企业的信息化对接；应用电子运单标准，为公路、水路、运输经济运行分析提供数据支撑； 省高速公路指挥信息中心建设项目、省高速公路人力资源管理系统项目、ETC客户服务系统（二期）、ETC储值卡和密钥系统设备采购项目、省高速公路统一数据中心多媒体数据采集及建库项目：均已基本完成，并投入运行或试运行，取得显著的经济与社会效益； 福建省交通运输安全监管与应急处置平台省中心平台及省港航局分中心（一期）：整合各类应用系统资源，接入6000多个交通视频信息，初步实现相关应急资源的集中展示，为安全监管与应急处置提供技术支持
	省高速公路指挥信息中心建设项目	
	省高速公路人力资源管理系统项目	
	ETC客户服务系统（二期）	
	ETC储值卡和密钥系统设备采购项目	
	省高速公路统一数据中心多媒体数据采集及建库项目	
	福建省交通运输安全监管与应急处置平台省中心平台及港航局分中心（一期）	
	福建交通电子口岸（一期）	
	港航暨地方海事综合业务管理系统（一期）	
	省市级路网管理和应急处置软件平台（一期）	
	厦门路网管理和应急处置分中心	
	视频会议系统	
	可变情报板	
	应急仓库的监控系统	
	交通情况调查自动观测点建设	
	桥梁隧道的视频监控	
	桥梁健康检测系统	
	福建省道路客运信息系统	
湖北	湖北省交通重点工程管理平台信息系统	采用微软net2008开发工具，数据库以sgl server 2008数据库进行存储，将湖北所有交通重点项目的质量、安全、进度、投资、关键施工点视频监控等内容纳入统一信息系统，实现管理层指令统一下达，各重点项目信息集中上传，使行业管理部门及时高效获取、处理信息，提高管理水平，节约管理成本
湖南	湖南省交通运输厅视频会议系统	有效减少会议的差旅费用，节省时间与人员成本，推动电子政务，交通信息化建设，提高异地机构办公效率。经济评价：经济净现值为998万元（社会折现率8%），经济投资回收期为6年，经济内部收益率为21.34，EBCR值为2.15
广东	广东省交通综合监控中心项目	项目建设以需求为导向，在不增加人力资源、充分利用现有设备的前提下，整合交通监控系统向区域化和网络化以及交通信息服务等方向发展，促进广东省交通行业各部门、各企业信息共享与交换，为确保公路、水路交通的安全畅通，为满足交通行业应急管理提供技术支持和管理手段。目前项目完成了一、二期的建设内容

续上表

省 厅	重点信息化项目名称	项目的技术、应用及经济评价
广西	广西交通信息资源整合与运行监测服务系统工程	
四川	四川省交通运输统计分析监测和投资计划管理信息系统	为进一步提高基层统计和投资计划管理工作的信息化水平，“十二五”期间，交通运输部将在全国开展省级交通运输统计分析监测和投资计划管理信息系统建设，四川省厅被选定为第一批开展试点工程建设的三个省厅之一。按厅要求，厅信息中心具体承担该工程建设工作。已完成了工程的可行性研究报告编制，经交通运输部批准立项； 普通国省干线公路交通流量观测系统/省交通量调查数据中心：项目的建设依托国省干线公路安装的全自动交通量调查设备，实现对公路交通流量及车速数据的连续采集，从而实现对路网运行状况的实时监控，提高路网管理的信息化水平； 桥梁管理系统：在2011年完成系统升级，在原有对桥梁基础信息管理、养护情况及技术状况评价的功能基础上，重点实现桥梁管理系统数据与现有公路基础数据库数据项的共享，并加强数据维护权限管理，从而到达提高数据维护效率，保证基础数据稳定和准确的目的； 高速公路因里程长、跨度大等特点，在紧急事件及交通执法处置中现场人员与管理、决策人员的信息交流和互通成为了能高效、准确完成各项工作的重点和难点。为此，四川省交通运输厅高速公路管理局（高速公路交通执法总队）提出了高速公路应急管理综合应用系统试点建设。试点建设主要从管理、决策人员与现场人员的直接沟通和及时掌握第一手现场情况两方面开展
	普通国省干线公路交通流量观测系统/省交通量调查数据中心	
	桥梁管理系统	
	高速公路交通执法管理软件系统	
	高速公路天翼无线通信系统	
贵州	贵州省交通数据中心	提供可靠数据依据，提高指挥决策水平，缩减中间环节，降低运维成本
云南	云南省公路通行量和客运信息管理与监测系统	通过云南省公路通行量和客运信息管理与监测系统的建设，能够提高行业信息资源的利用率，辅助领导决策者和行业管理人员更加科学地制定各项交通运输发展的政策和措施。此工程还将为社会公众提供及时、准确的交通出行服务，从而引导大众更高效地利用各类交通资源，提高交通运输和公众出行整体效率，降低整体交通出行成本。昆明市出租汽车服务管理信息系统的建设将大大加强出租汽车的管理，使燃油附加费的发放机制更加合理，对出租汽车违法行为实现更加有效监管
	昆明市出租汽车服务管理信息系统	
西藏	拉萨至贡嘎机场公路信息发布、监控系统工程	
	西藏自治区道路运输车辆卫星导航定位系统平台	
陕西	交通行业专网二期工程	交通行业专网二期工程：实现了省厅、20个厅直单位、51余个市级交通单位、近300个县级交通管理单位的联网，全面覆盖省内各级交通管理部门，为今后全省交通各行业开展相关业务提供了可靠的网络基础平台； 陕西省道路运输管理信息系统（二期工程）：实现了许可审批、业务办理、管理监控等工作的省市县三级协同处理，并完成与部道路运输管理信息系统的联网，提升了管理和服务水平； 陕西省高速公路建设项目信息管理平台（阳光工程）：把省厅、各项目法人单位、建设单位有效衔接起来，对全省范围内各高速公路在建项目进行统一管理和数据共享，实现高速公路建设过程的对内公开、对外透明； 陕西省高速公路联网收费治超综合管理系统：形成了完整统一的治超检测和统计分析体系，实现治超信息传递、超限车辆倒查、超限车辆投诉举报管理功能； 世园会城市公共交通智能化服务系统：为公众提供及时、便捷的交通出行信息服务，最大限度满足市民的出行需求，为世园会等全市大型活动提供更加完善的交通保障
	陕西省道路运输管理信息系统（二期工程）	
	世园会城市公共交通智能化服务系统	
	陕西省高速公路建设项目信息管理平台（阳光工程）	
	陕西省公路建设市场信用信息管理系统	
	营运车辆二级维护电子备案监管系统	
	陕西省高速公路联网收费治超综合管理系统	

续上表

省　厅	重点信息化项目名称	项目的技术、应用及经济评价
甘肃	甘肃国防交通战备信息网络建设项目	甘肃国防交通战备信息网络建设项目：搭建了全省国防交通信息网络指挥平台，提高了各级交通战备部门的管理和决策水平，提升了全省国防交通快速反应和应急保障能力
	甘肃省交通战备应急指挥中心建设项目	
	甘肃省高等级公路电子缴费系统升级改造工程	
	甘肃省高速路网智能监控升级改造工程	
	甘肃省高速公路隧道安保系统升级改造工程	
	甘肃省高速公路应急保障系统工程	
	甘肃省高速公路管理设施系统升级改造工程	
宁夏	公路计重收费系统（双秤台）改造项目	在治理货车跳秤、冲秤等方面效果显著，大大减少了货车恶意逃费现象
新疆	新疆交通监控应急指挥中心项目	
	新疆交通运输信息资源整合与公众交通出行信息服务系统工程	
	新疆道路运输管理机构综合管理信息系统	

部分省厅2011年承担国家、部、省信息化试点项目情况表　　表2-22

省　厅	试点项目名称	试点部署单位	牵头实施单位	进展状况
河北	河北省公路交通信息资源整合与服务工程	河北省公路局	河北省公路局	实施中
吉林	吉林省公路交通信息资源整合与服务工程	交通运输部	吉林省交通运输厅	通过试点验收
江苏	长三角内河航道网智能航运信息服务（船联网）应用示范工程	江苏省交通运输厅航道局 江苏省地方海事局 江苏省交通运输厅信息中心		实施中
	江苏省联网高速公路交通气象保障服务系统	江苏交通控股公司		实施中
	江苏省重点运输过程监控管理服务系统	江苏省交通运输厅运管局		实施中
	南京交通主枢纽客运南站综合管理与信息服务系统试点示范工程	南京市交通运输局		实施中
	泰州市出租汽车信息服务系统试点工程	泰州市交通运输局		实施中
浙江	公路水路安全畅通与应急处置工程（部示范工程）	浙江省交通运输厅	浙江省交通运输厅	实施中
	浙江省嘉善县综合交通信息服务平台示范工程（部示范工程）	嘉善县交通局	浙江省交通运输厅	实施中
福建	福建交通信息资源整合与服务工程	交通运输部	福建省交通运输厅科教处	通过试点验收
湖北	湖北省公路交通信息资源整合与服务工程			通过试点验收

续上表

省　厅	试点项目名称	试点部署单位	牵头实施单位	进展状况
湖南	湖南省公路信息资源整合与服务工程	湖南省交通运输厅	湖南省交通科技信息中心	实施中
	京港澳高速公路通道（湖南临长段）恶劣气象条件下安全运行保障技术	湖南省高速公路管理局	湖南省高速公路管理局	实施中
	重点运输过程监控管理服务示范系统工程	湖南省道路运输管理局	湖南省道路运输管理局	实施中
广东	全国道路运输电子证件试点工程	交通运输部	广东省交通运输厅综合运输处	通过试点验收
四川	四川省公路交通信息资源整合与服务工程	交通运输部	四川省交通运输厅信息中心	通过试点验收
	四川省交通运输统计分析监测和投资计划管理信息系统	交通运输部	四川省交通运输厅信息中心	实施中
云南	昆明市出租汽车服务管理信息系统	交通运输部	云南省交通运输厅 昆明市交通运输局	实施中
陕西	交通信息资源整合与服务工程	交通运输部	陕西省交通厅	通过试点验收
	西安市出租汽车服务管理信息系统通	交通运输部	西安市交通局	实施中
	营运车辆重点联网联控	交通运输部	陕西省交通厅运输管理局	
宁夏	宁夏公共物流信息平台		宁夏交通国际物流港	

（十一）人才队伍建设情况

据统计，截至2011年底，被调查的省交通运输系统信息化技术人员总数（含兼职）8400多人；2011年部分省厅信息化职能部门主持开展的技术培训总计达11010人次。详见表2-23。

部分省交通运输系统信息化人员总数及技术培训情况统计表　　表2-23

省　份	人员总数（人）	培训人次（人次）	省　份	人员总数（人）	培训人次（人次）
天津	48	120	湖北	282	850
河北	500	3000	湖南	1400	1600
山西	1050	150	广东	3000	220
内蒙古	70	110	四川	80	680
辽宁	90	500	云南		200
吉林	300	150	西藏	30	30
江苏		600	陕西	350	150
浙江	80	500	甘肃	80	
福建	691	1200	宁夏	34	300
山东	150	50	新疆	250	600

二、交通信息化应用水平评价

2011年，各地交通运输行业核心业务信息化应用水平和信息化对核心业务决策的支持程度都有一定的提高。

（一）核心业务信息化应用水平

调查显示，与上一年度相比，公路建设、养护、管理、运管等核心业务的信息化应用达到中级水平的比例有一定提高，应用水平达到高级的则基本持平；而在水路方面，行业核心业务信息化应用达到初级以上水平的省份接近半数。公路行业核心业务信息化应用水平见图2-10，水路行业核心业务信息化应用水平见图2-11。

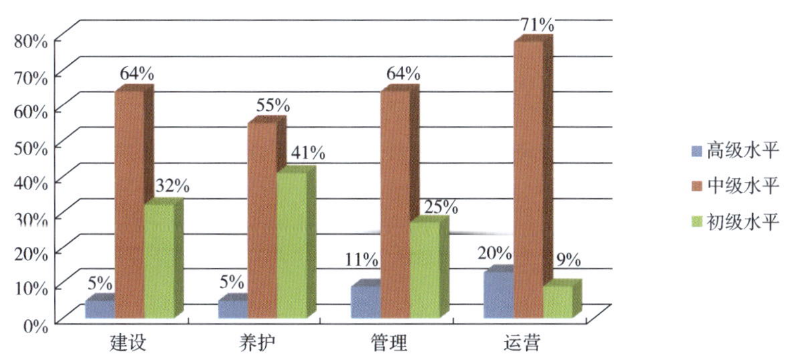

图2-10　公路行业核心业务信息化应用水平

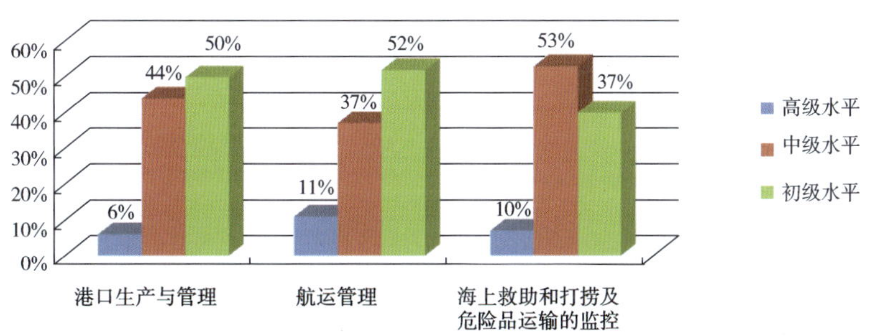

图2-11　水路行业核心业务信息化应用水平

注：核心业务信息化应用水平的分级。

高级水平：主要业务流程全部实现集成化最优控制；中级水平：信息化覆盖50%以上主要业务流程，信息系统统一规划，数据集成度高；初级水平：信息化覆盖主要业务流程，信息系统开发缺乏统一规划，独立应用，数据难以共享使用，存在“信息孤岛”现象。

（二）信息化对核心业务决策的支持程度

调查显示，52%的省信息化对交通核心业务决策的支持程度达到中级水平，即能开展数据分析处理，对各种决策方案进行优选，为决策提供有力的辅助支持；39%的省通过信息资源的开发利用，能为决策提供初步支持。

三、年度特点

2011年，我国交通信息化在发展中呈现出以下特点：

（一）发布《公路水路信息化发展“十二五”规划》，进一步明确了发展思路

在回顾总结“十一五”交通信息化发展成就与不足的基础上，对于如何更好地开展交通信息化工作，部进行了深入探讨和研究，并最终形成，且发布了《公路水路信息化发展“十二五”规划》，为2011年以及今后五年我国交通信息化工作的开展进一步明确了思路。

（二）各地区、各部门积极探索交通信息化工作的新思路、新举措

在发展定位上，坚持“面向业务协同、面向科学决策、面向社会服务”；在发展方针上，坚持“整合、应用、服务、效益”；在发展原则上，“坚持政府引导，市场配置资源”；在发展重点上，围绕“交通运输动态信息的采集和监控、交通信息资源的整合开发与利用、交通运行综合分析辅助决策和交通信息服务”四个方面实现重点突破；在发展模式上，坚持“部省联动、互联互通，政企互动、共建共享，试点先行、示范引领”。实践证明，这些思路和举措符合交通运输行业实际，符合信息化发展的一般规律。

（三）以信息化示范、试点工程为依托，信息资源开发利用水平得到有效提升

截至2011年底，我国交通信息化主管部门相继开展了省级信息资源整合和服务示范推广工程建设，为业务协同管理、公众出行服务和综合分析决策奠定了基础。开展了跨省市高速公路联网不停车收费系统、“数字航道”等示范工程建设，有效地提升了基础设施运行保障能力和服务效率。开展了部省道路运输信息系统联网试点工作，已有29个省（区、市）实现了部省联网；在部分省份开展了全国IC卡道路运输电子证件的应用试点工作；组织开发了部省两级公路水路建设市场诚信及工程质量信息服务系统，进一步规范了交通运输建设与运输市场秩序。所有省级交通运输主管部门通过门户网站提供了交通出行信息服务；“中国公路信息服务网”成为全国公路出行信息发布的重要门户；开展了交通科技信息资源共享平台和交通统计信息系统工程建设，有效地提高了公共信息服务水平。完成了北京东直门综合客运枢纽管理与服务信息系统试点工程建设；支持浙江省开展了物流公共信息服务平台示范工程和中日韩三国物流交换网络建设，在信息化促进综合运输与现代物流发展方面做出积极探索。建设了全国重点营运车辆联网联控系统、水上安全联网管控系统，为服务上海世博会、广州亚运会等重要活动运输和安全保障提供了有效手段；开展了治超信息系统部省站三级联网管理系统、水上安全监督信息系统、海事应急辅助指挥系统、中国船舶远程识别与跟踪系统、船舶船员“一卡通”等工程建设，提高了交通运输系统安全监管和应急反应能力。

（四）创新信息化管理机制，交通运输信息化发展保障环境明显改善

交通信息化建设与管理的组织机构初步建立，省（区、市）交通运输主管部门大多设立了信息化组织管理机构，投入逐年加大，队伍规模不断壮大，人员结构合理性有所改善，专业化水平逐

步提升。交通政务内网、政务外网、行业专网的架构基本形成，行业专网联通了部与41个省厅级单位、90多个大中型港口以及190多个政务信息报送单位。交通数据中心建设初见成效，依托交通信息资源整合与服务工程，初步构建了部省两级交通数据中心框架，形成了一批行业基础数据库。信息化标准体系不断完善，制订了交通信息化标准建设方案，颁布了13个交通基础数据元集、信息资源目录体系总体框架等一系列标准规范和指南。

（五）交通运输信息化应用水平不断提高，对行业发展的支撑和保障作用日益凸显

通过全行业的共同努力，交通运输信息化发展总体框架基本形成，发展进程明显加快，应用逐步深入，资源整合取得重要进展，信息化发展逐步进入整合共享、协同应用的新阶段。沿海主要港口、远洋航运、海事通航管理等领域信息化水平跨入世界先进行列，高速公路联网收费、通信、监控以及内河航道通信等领域与世界先进水平的差距不断缩小，公路管理、港航管理、运输管理、科技教育等领域的信息化应用也取得较好的实效，有力地促进了交通运输行业管理和服务水平的提高。

四．问题与建议

2011年，在交通信息化发展过程中，还存在一些问题，如何解决，仍是各级交通运输主管部门需要下大力气解决的重要问题。

调查显示，交通信息化工作面临的主要问题或困难按重要性排序为：资金缺乏、信息技术人才不足、信息基础设施落后、企业信息人员缺乏专业培训、管理基础落后、缺乏政府支持、领导重视不够、信息安全缺乏保障。

针对这些问题，对交通信息化工作的开展提出以下建议。

（一）要用现代体制管理信息化

“十二五”时期，要改革旧的管理体制，突破那种用行政手段管理、用基础设施方式建设的禁锢，探索出与信息化分层管理有机结合的现代管理体制。要学习借鉴国家“金字工程”、“金盾工程”以及“金卡工程”等工程的成功经验，在进行信息化系统规划和设计时突出系统性、开放性，要使系统能够起到影响全局的作用；要逐步突破体制障碍，形成在投资、建设与管理上自上而下的垂直关系，克服交通信息化分级管理模式存在的弊端，避免交通信息化建设遍地开花，花开之后再进行整合的做法，合理整合利用信息资源，注重系统后期的互联互通工作。

（二）要正确看待标准化

要把标准规范看做是技术准则、行业法规，部级层面加快完善相关的标准，做好重点工程的保障工作，杜绝忽视标准、有标准不执行的现象，真正把标准落到实处。但同时也要看到，一套完善标准的出台是一项艰难的工作，而且，信息化发展日新月异，因此也不能指望出台一套一劳永逸的标准。所以，在国家级别的工程上，要确保依据标准实施，但对于一些区域内的小项目，则可以灵活应对，例如像一些不涉及互联互通的节能照明项目，就没有必要一定等到标准出台才实施。

（三）信息化系统建设要以好用为目标

信息化部门是偏于应用的，不应做原始开发，也不应单纯追求技术的革新，而应依据行业的需求来选择合适的产品与系统，因此，信息化系统不必好看，但一定要好用，要以好用为目标。同时，行业应用的平台应该是开放的，应该和社会融合，以节约社会资源，提升信息化系统的使用效率。

（四）信息化的发展要借助社会资源

在信息化建设中，仅有行政管理的手段是不够的，要设法借助社会资源解决多头建设、多头管理等问题，从而使系统发挥更好的效果。

（五）要明确信息化建设与运维资金的来源

建议将信息化建设资金列入交通基础设施建设专项，用于交通运输部门信息化建设；明确将信息化建设与运维资金纳入各级交通运输部门的财政预算，为向财政争取资金提供政策依据。

（六）继续以示范、试点、推广工程等方式推进行业信息化建设

继续以示范、试点工程的形式引导行业信息化建设，加快缩小信息化基础较薄弱地区与信息化开展较好省份之间的差距。

第三章　专题报告

2011年是“十二五”开局之年，各地及部直属单位在“十一五”建设成绩的基础上，根据“十二五”确定的目标和工作重点，继续深入推进交通信息化发展，在应用基础体系建设、交通电子政务、行业管理、智能交通、物流信息化、公众服务、应急救援等方面取得实效，为推动交通运输现代化发挥了积极的作用。

现将部分省（区、市）及部直属单位2011年交通信息化主要工作报告如下。

北京市

“十一五”时期，北京市围绕构建以“一个共享信息平台、两个数据中心、七大应用领域”为架构的智能交通体系，信息技术广泛应用于各个交通领域，信息服务内容上不断丰富，服务方式不断拓展。重点项目建设如下：

（一）交通运行协调指挥中心TOCC

实现了全市综合交通运输的统筹、协调和联动，建立了常态化综合交通运输协调管理体系，现已整合2800多项数据，接入6000多路视频和13个应用系统；初步建成人车路和环境协调运行的新一代综合交通运输管理系统。具体见图3-1。

（二）北京市小客车指标调控管理信息系统

建设完成了北京市小客车指标调控管理信息系统（www.bjhjyd.gov.cn），实现了指标申请、信息审核、指标摇号、信息发布等重要功能。

（三）地面公交

建成了地面公交智能调度指挥中心、公交救援抢险、枢纽站运营管理调度、乘客信息服务等九大应用系统，地面公交智能调度运营体系基本形成。

建成了大容量快速公交（BRT）智能系统，包括站台和途中监控、车辆智能调度、智能站牌、路口公交信号灯优先等子系统，实现了BRT的“人—车—站—道”一体化，充分发挥了公交优先、合理调度、快速上下、安全舒适、人性化服务等功能。

建设了奥运公共交通运营管理系统，涵盖34条奥运专线、2000辆奥运车辆的运营组织与调度，对重要场馆进行交通仿真，优化了运营组织方案。

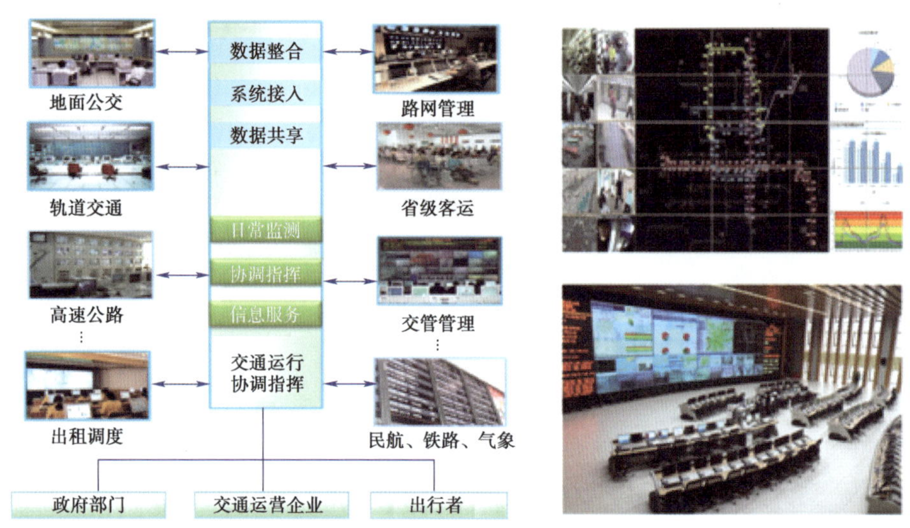

图3-1　交通运行协调指挥中心系统结构图

（四）轨道交通

形成了由中心指挥系统、自动售检票系统、乘客信息系统、综合监控系统等10多个应用系统组成的轨道交通智能化运营体系。

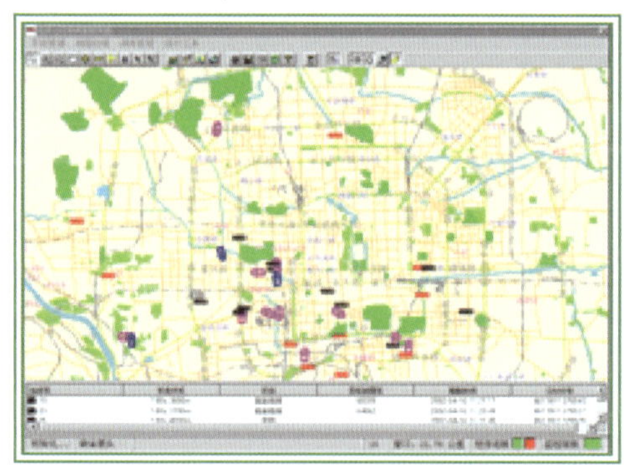

图3-2　北京轨道交通指挥中心

建成了北京轨道交通指挥中心（图3-2），集中设置了14条轨道线路的控制中心，目前已有14条线路（OCC）在指挥中心投入运营，整合了各条线路行车、客流、视频图像等信息资源。

建成了路网票务清分清算管理中心，实现“一票通”、“一卡通”在轨道路网内无障碍换乘和票款实时清分清算、客流数据统一处理分析。

（五）省际客运

省际客运行业建设了长途客运联网售票系统，实现了全市11个客运站和70余个代售点的省际客运联网售票及费用结算，年代售票量约10万张，实现了信息查询、网上订票等信息服务。建成六里桥省际客运信息系统，重点建设了旅客信息服务、站务运营管理、监控指挥等系统，实现了客运车辆站内的全程规范化管理与车辆在途监控和到站预报等功能。

（六）货运

全市3175辆危险化学品运输车辆全部安装了GPS定位设备，建立了2个有规模的企业监控平台，实现了对危险化学品运输车辆的实时监控。

（七）出租车

建成了金银建等5个出租汽车监控调度中心，实现了信息采集、调度、安防和运营管理4项功能。开通了“96103”和“961001”两个叫车电话，总入网车辆3万辆，日叫车服务近8000次。奥运期间提供8种语言（英、法、德、日、韩、俄、西班牙、阿拉伯）在线实时翻译，为各国朋友提供出租汽车指路服务。

（八）停车

停车行业已建成全市停车电子地图，同时建成了王府井大街、西单商业区、崇文门新世界和金融街等区域泊车诱导系统，覆盖83家停车场、7620个车位，设立了170块电子诱导显示屏。

（九）公路管理与服务

建成了集路网监测与管理、业务管理（路政巡查管理、路况巡视管理、交通量管理、统计报表管理）、综合查询与分析、应急值守与处置、公众服务五大功能为一身的北京市公路路网管理信息系统。

（十）政务管理

构建了北京市交通政务专网，初步建设了交通专题电子地图以及全市道路、运输行业人车户、行业执法三大基础数据库；建设了网上审批系统，百分之百实现行政许可和服务事项的一口受理，规范了审批流程。

（十一）应急处置

建成了交通安全应急指挥中心，在全国率先开展省级路网管理与应急处置系统的建设，提高了交通行业应急指挥和快速处置能力。

（十二）数据整合

建设完成了北京市交通行业数据中心，整合了交通委系统资源、交通行业（公交、地铁、“一卡通”等）重要数据资源，建设数据标准规范和信息资源目录、共享交换平台、综合数据库、数据展现系统及典型应用、运行管理系统。

（十三）决策支持

研发了交通运行智能化分析平台，平台集道路交通、公共交通运行监测、规律分析和发展预测于一体，服务于政府制定交通发展战略、规划和行业管理。目前，基于平台的“交通系统运行周报”已经成为主管市长和市政府主管部门掌握交通系统运行状况的基本手段。

（十四）电子收费

建成了市政交通“一卡通”系统，覆盖全市地面公交、轨道交通和部分出租车及停车场，累计发卡4176万张（含员工卡、公园年票卡、学籍卡），活跃卡1278万张。

建成了高速公路不停车收费和停车刷卡收费两种形式的电子收费系统，该系统作为交通运输部区域联网不停车电子收费系统的示范工程已建成365条ETC车道，覆盖全市所有收费站点。

（十五）公众交通信息服务

初步形成基于网站、服务热线、交通调频广播、路侧情报板、动态车载导航仪、手机短信等多种模式、综合性的交通信息服务。具体见图3-3。

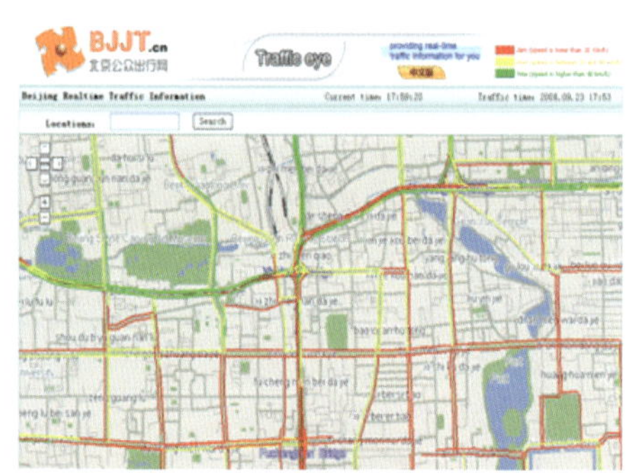

路网交通路况

立交桥交通路况

高速公路交通路况

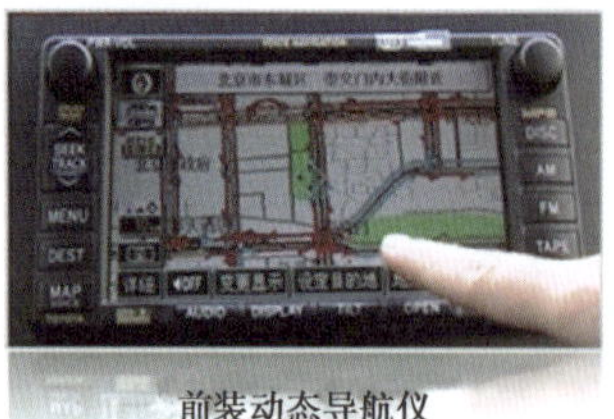
前装动态导航仪

便携式导航仪

图3-3　公众交通信息服务方式图

（十六）国庆保障

建设了国庆游行保障信息系统，制作了群众游行集结疏散地图，800M无线通信保障等工作，为

国庆游行指挥工作提供了支持；按统一部署，修订8项网络和信息安全应急预案，实行7×24小时双人值班，确保了国庆期间网络和信息安全。

（十七）标准规范制定

完成了《卫星导航动态交通信息交换格式》，已通过国家标委会和专家审查，批复国标号（20081470-T-520）；完成了交通运输部《交通信息基础数据元集》系列标准第九部分《建设项目信息基础数据元》和第十三部分《收费公路信息基础数据元》标准；制定了《北京市交通委员会电子政务数据指标体系编码要求》，涵盖了10个信息域、2364个信息项、293个数据字典、11193个数据字典项以及26个编码规则；发布了《出租车GPS车载终端技术要求》、《出租监控调度中心技术要求》。

天津市

（一）市政公路信息化

2011年，天津市市政公路管理局在信息化管理机制建设、信息化应用系统建设等方面取得了长足发展，有力地促进了天津公路建设与管理水平的提升。

1. 建立健全信息化管理机制

（1）完善信息化标准及制度建设。天津市市政公路管理局编制了《天津市市政公路信息化发展宏观规划》，用以明确行业信息化发展方向、指导行业信息化建设。

制定了《天津市市政公路信息化建设项目管理暂行办法》、《天津市市政公路数据管理办法》、《天津市市政公路设施地理空间信息数据采集处理技术方案》、《天津市市政公路基础地理数据处理及建库规范》、《天津市市政公路设施空间数据标准》等一系列的管理制度、工作制度及技术标准，规范了全系统数据的使用与管理机制，确保了数据安全。

（2）积极推进两级中心建设，逐步完善天津市市政公路信息化基础设施信息。经过几年的发展，逐步建成了1个局级信息中心、3个处级信息中心的两级中心架构，确立了全局信息化发展的大框架。建成了局级信息中心——“天津市市政公路信息中心”，负责全局性系统建设和使用、维护，负责整合全局资源，面向局、交通运输部以及社会公众提供辅助决策、应急指挥和出行服务等。

建成了3个处级分中心——公路信息中心、高速路网中心、城市道桥信息中心，各分中心主要结合自身及其下属单位业务管理需要，负责相关具体业务系统的开发、使用和维护。

（3）完成《天津市市政公路信息化“十二五”发展规划》的编制。编制完成了《天津市市政公路信息化“十二五”发展规划》，从指导思想、原则、工作内容、保障措施等多方面，对“十二五”期间的市政公路信息化发展目标和任务进行了规划。

（4）强化安全管理机制、加强安全管理力度。成立了网络与信息安全检查领导小组，对全局的信息安全工作进行统一组织和协调，并于每年定期开展市政公路管理局网络与信息安全检查行动。主要对局属各单位信息安全组织机构的建立情况、信息安全管理制度的落实情况以及应急响应机制的建设情况进行检查，同时，对各应用系统的物理安全、网络安全、主机安全、应用安全、数据安全及备份恢复、系统运维等几大方面进行详细的检测评估，对检查中发现的问题进行汇总、整理，制定相应的整改建议书，限期整改。并对整改不及时的单位进行通报，将检查结果上报领导小组。

2. 加快信息化项目建设，提高行业养管水平

（1）建立地理信息综合应用系统，为行业管理提供决策依据平台。该系统提供了完整的基础地理空间数据和设施管理数据，对日常的规划、计划、养管、建设工程、路政执法以及资产设备等管理工作提供一个高效、快捷的应用工具平台，同时为各级领导对常规管理及突发事件进行辅助决策和应急指挥提供一个决策依据平台。整个系统包括公路道桥设施管理、高速公路管理、数据库管理、配置管理、辅助决策及应急指挥管理、业务管理系统等八大分系统。

其中业务管理系统中还涵盖了规划信息管理系统、计划管理系统、资产管理系统、设施养护管理系统、建设项目管理系统、科技项目管理系统6个子系统。

（2）建立市政公路设施网格化管理平台，实现设施精细巡查、问题快速处置。利用网格化管理理念与技术对包括道桥、排水、公路、高速等专业设施的管理工作进行全方位的整合，建设完成了市政公路设施网格化管理平台，形成了覆盖市区外环线以内八区，市外县级以上公路、高速公路的全市市政公路设施网格化管理体系，实现了监管数据无线采集、监督指挥、综合评价、地理编码、基础数据资源管理、数据交换、移动督办等功能。

（3）加强行业数据及系统整合，实现精细化管理。将“12319”城建热线二级平台与网格化管理平台进行整合，加快了对公众意见与诉求及时有效的反应速度，简化了现有管理的中间环节，切实解决了大量关系群众切身利益的城市管理问题。此外，还完成了与天津市数字化城市管理系统的对接工作，达到准确迅速地获取基层问题信息，强化了问题信息的处理反馈与对问题信息的全程督办，实现城市管理精细化的目的。

（4）加强门户网站建设，提高公众服务水平。遵循统一管理、协同共建的工作机制，对局门户网站进行了升级改版，并更名为“天津路网”。网站针对不同的访客需求设置了公共服务、行业办事和政务工作3个频道。新改版后的“天津路网”集市政公路服务、宣传、办公为一体，为社会公众随时提供更加安全、可靠、广泛、深入，透明、及时的服务。

天津市公众出行服务系统见图3-4。

（5）建设完成高速公路联网电子不停车收费（ETC）系统。完成了天津市高速公路联网不停车收费一期工程——“京津冀区域高速公路联网不停车收费示范工程”，京津冀区域高速公路实现了不停车联网收费。

一期建设工程包括了天津市联网收费清分结算中心、ETC客服总中心、ETC客服网点2处、ETC车道40条、800余条MTC车道及分中心软件的升级改造工作。

（6）实现超限运输信息系统联网，科学整治非法超限。完成了19个超限站点超限运输信息系统联网工作，超限站点现场情况见图3-5。

此系统整体联网实现之后，将会全面提高天津市治超工作水平，提高对非法超限车辆运输的整治

力度，能够及时有效地提供整体治超工作情况的统计分析，同时与全国治超工作形成了联动机制。

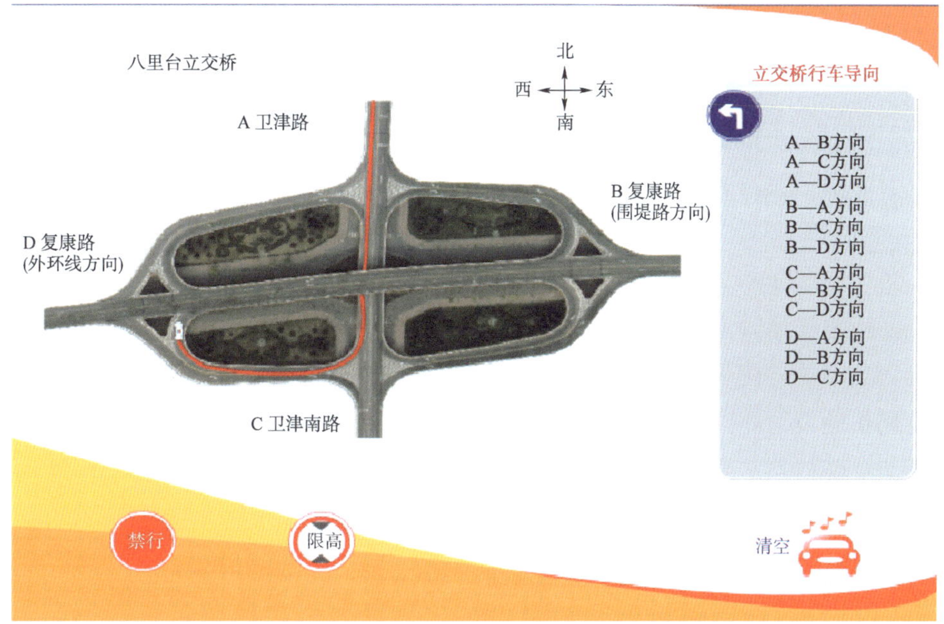

图3-4　天津市公众出行服务系统

图3-5　超限站点现场情况

（7）开展桥梁健康监测系统建设，逐步实现桥梁预警和安全使用。开展了桥梁健康监测技术研究和工程应用工作，先后在永和桥、西河桥、金刚桥、快速路南仓编组站斜拉桥等十数座桥梁上建设实施了健康监测系统。

编制了《天津市桥梁结构健康监测技术标准》，规范了天津市桥梁健康监测系统的建设；将大型结构分析软件，应用于斜拉桥等复杂结构桥梁的病害原因分析中，对桥梁病害产生机理的分析能力得到提升。

（8）完成交通情况调查数据采集与服务试点工程。截至2011年11月底，完成了3个中心机房硬件、网络及软件建设，并调试完毕。该系统的主要功能是：实现天津市公路交通情况调查统计数据的自动上报和汇总，满足公路交通情况调查综合分析的需要；实现天津市区域内公路调查站的部署和动态数据的采集，在天津市域内满足基于交通情况调查交通经济运行分析业务的需要；为天津市公路交通情况调查数据用户提供交通情况调查动态共享数据，提供基础保障。

（二）交通运输和港口行业信息化

天津市交通运输和港口行业信息化建设取得了积极进展，信息化网络架构初步形成，各业务信息化系统建设成效显著，组织管理水平明显提升。截至目前，已经形成了较为完善的信息基础设施，信息资源初步实现有效交换与共享，基本形成全行业统一、开放的信息服务体系，信息化在推动交通运输更好更快发展中发挥了重要支撑作用。

1. 加强信息化管理制度建设

天津市交通运输和港口管理局于2011年初印发了《关于进一步加强信息化建设的意见》，出台了《天津市交通运输信息化建设管理暂行办法》。结合信息中心的成立、公共交通调度指挥中心组建和综合业务网的建设，逐步建设综合交通信息采集、更新和发布体系与管理制度，保障各基层单位能够持续采集交通信息与数据，及时通过畅通的渠道发布到相应的机构中去，满足管理机构决策及公众对交通信息的需求。进一步研究信息化建设中的监理、软件测评、数字认证等问题。

2. 确定了《天津市交通运输和港口行业信息化“十二五”发展规划》

2011年初，《天津市交通运输和港口行业信息化“十二五”发展规划》定稿。该规划进一步明确了全市交通运输行业在今后一段时期，“十二五”期间信息化发展的方向、目标和任务。

3. 成立天津市交通运输信息中心

2011年5月，天津市交通运输信息中心正式成立，将承担全市交通运输信息化建设；负责交通运输系统信息资源的采集、开发和应用管理；承担交通运输系统计算机及信息化培训工作等重要职能。

4. 完成了公共交通调度指挥中心组建任务

2010年11月，天津市公共交通调度指挥中心的组建任务已纳入全年重点工作任务，市公共交通调度指挥中心整合了全市交通信息资源，为人民群众提供统一的交通信息咨询、查询、投诉渠道及优质快捷的交通出行信息服务，是公共交通行业提高交通服务水平的重要手段之一。目前，整体建设及实施方案设计工作已经完成，正在进行项目建设及升级工作。

5. 建成了天津市水运工程建设市场信用信息管理系统

2011年7月，初步建成了天津市水运工程建设市场信用信息管理系统，实现天津市水运工程建设市场征信信息系统与交通运输部的联网。

6. 建立连接了《全国海事信息系统》

2011年1月，完成了连接部海事信息网。目前，该系统已在天津市地方海事局进行全面实施推广，实现了该系统与全国海事信息系统联网。

7. 启用了新版的《道路运政管理信息系统》

在道路运输方面，2011年正式启用了新版的“道路运政管理信息系统”，扩建了“道路运输GPS监控系统”总平台的搬迁工作，建立了区县运管处、所的GPS监控平台，培训了区县运管处

所和运输企业的GPS监控人员，开通了陆上货运交易信息平台。启动天津交通综合业务网建设相关工作。

河北省

2011年是“十二五”的开局之年，河北省交通厅加大了对交通信息化建设的资金投入，通过抓信息化基础设施建设，抓信息管理、应用和服务，有效地提升了交通运输的运行质量、安全水平、通行效率和服务能力，促进了交通运输现代化事业更好更快发展。

（一）编制完成《河北省交通运输信息化“十二五”发展规划》

《河北省交通运输信息化“十二五”发展规划》提出了指导河北“十二五”交通运输信息化发展的“111365”工程，即建设完善“1”个覆盖全省省市县三级交通管理机构各个节点、互联互通的立体交通通信网络；建设完善“1”个全省统一的交通信息资源体系；建设“1”个全省统一的交通监测感知网络；整合完善“3”个基础支撑平台（全省统一的GIS平台、GPS管理与服务平台、视频监控管理平台）；建设覆盖全省交通行业的“6”大综合业务管理系统（公路、运输、高速公路、港航、铁路、城市客运）；建设完善面向行业管理部门、从业企业和社会公众的“5”大综合管理与服务平台（电子政务工作平台、交通应急指挥调度平台、公众信息服务平台、行业综合运行分析平台、交通行业信用综合管理平台）。

规划明确了2011～2015年河北交通信息化建设的思路、目标、任务；细化了重点工作的建设内容、进度安排、资金匡算等，对引领“十二五”河北交通信息化建设起到了非常重要的作用。

（二）编制完成《河北省交通运输信息化建设管理办法》（试行）

管理办法中明确了信息化建设项目立项、计划、建设、财务、运维、安全等各个环节的工作程序，规范了信息化项目的建设流程，使信息化建设项目管理工作有章可循，有据可查。

（三）大力推动政务内网、政务外网和行业专网建设

全省高速公路通信系统骨干传输平台建设，使通信容量提高了5～10倍，为视频监控、联网收费、电子不停车收费、应急指挥、多路径识别、公众出行信息服务等提供了有力保障。

省厅对电子政务内网进行了升级改造，增加了10条与厅直单位的物理链路，并充分利用省政务内网（与互联网物理隔离）与各市局互联，建立起真正意义上的电子政务内网，提高电子政务网络使用的安全性。

（四）推进电子公文流转交换系统建设

2011年，省厅在对电子公文流转交换系统进行完善、升级的同时，积极营造环境，加大电子公文流转交换系统的推广使用力度，部分市局、厅直单位相继开发完成了电子公文流转系统，实现了与省厅电子公文系统无缝对接。

（五）加快交通应急指挥中心建设

2011年，省厅积极推进交通应急指挥中心建设，土建工程与应急指挥中心软硬件系统同步建设实施。目前，交通应急指挥总中心软硬件系统的前期设计与招标工作已经完成。交通应急指挥中心是集日常监管、突发事件预警、评估、确定方案、指挥调度、动态监测、辅助决策、应急资源调配、应急指令下达和事后处置于一身的信息平台，建成后的交通应急指挥中心将上接交通运输部应急指挥调度中心和河北省政府急指挥调度中心，下联11个设区市交通应急指挥中心，形成上下贯通、左右衔接、互联互通、信息共享、集中高效、安全畅通的河北交通应急体系。

（六）推进全省高速公路电子不停车收费（ETC）工程建设

河北省高速公路ETC系统是交通运输部“京津冀区域高速公路联网不停车收费示范工程”的重要组成部分，也是省厅2011年重点建设任务。到2011年底，河北省高管局建设完成并开通ETC专用车道35条；ETC客服网点10个；完成了一、三片区MTC车道改造；完成了一、三片区ETC清分结算系统。

（七）推动省市县视频会议系统和远程指挥调度系统建设

2010年，完成了省市视频会议系统建设，系统利用率较高，提高了工作质量、效率和应急指挥能力。2011年，按照信息化发展规划，省厅采取省市共建的方式，加大了资金投入，全省半数以上的县建设完成了省市县三级视频会议系统。

（八）加快行业信息化发展，逐步深入应用，整合资源

省级公路数据中心、公路建设项目管理平台以及公路综合运行分析系统、路政管理信息系统、公路综合养护管理系统、公众出行信息服务系统、路网管理与应急指挥系统等十一大系统建设，有效提高了公路养护和管理的效率与水平；全省运政综合管理平台和全国重点营运车辆联网联控公共服务系统省级平台建设，建立了监控管理、数据分析等信息系统，并与交通运输部通信信息中心平台和省内8家GPS运营平台实现了联网和动态数据传输，实现了对道路运输业户、营运车辆、从业人员的统一管理，加强了对省内危货运输和部分客运车辆的动态监管监控。港航信息化建设完成了基础网络系统、视频监控系统、港口信用信息管理系统。铁路信息化建设完成了日常信息管理系统和铁路规划信息系统。城市公交信息化建设部分城市实现了公交车收费电子化、生产调度信息化、运营管理自动化。

（九）进一步提升了为政府、社会和公众服务的能力

河北省交通运输厅网站群建设，为交通运输从业人员、企业以及社会公众提供政务信息公开、在线行政许可等“一站式”服务，有效提升了全系统行政效能；建设并开通了河北交通公众出行网、高速公路客服电话“96122”、短信息服务平台、调频（FM99.2）交通广播、路况信息网、高速公路服务区路况信息显示系统，及时发布气象、路况、交通流量等动态信息，提升了行业公众信息服务水平和公众出行效率；积极推进高速公路电子不停车收费（ETC）工程建设，实现了京津冀区

域高速公路联网不停车收费；在全省10个城市设立了电子不停车收费客服网点，建成59条电子不停车收费车道，用户近3万个，大大提高了高速公路收费站通行能力。

山西省

2011年是“十二五”开局之年，也是山西省交通运输信息化理清发展思路，抢抓发展机遇，加快发展步伐的关键之年。

（一）制定“十二五”行业信息化发展规划

山西省交通运输厅编制出台了《山西省公路水路交通运输信息化“十二五”发展规划》，提出了信息化发展的指导思想、发展目标、主要任务和政策措施。

（二）扎实推进重点工程建设

公路综合管理系统、运管综合管理系统、高管综合管理系统分别开展了设计方案研究和初步设计。电子政务、公众服务、指挥调度、市场监管、业务管理、决策分析6个公共服务平台和数据中心初步设计已进入设计阶段。同时，结合业务和信息技术发展趋势，对“1166”工程相关建设内容进行了完善与配套项目的设计与实施。

（三）提高行业管理信息化水平

1. 治理超载超限信息化系统建设

开展了公路治超信息系统联网工程建设，完成了《山西治超信息系统联网工程可行性研究》和《山西治超信息系统联网工程初步设计》的编制与审批工作，以及项目施工招标工作，目前已开始实施建设。

在高速公路领域，全面完成了治超联网一期工程建设。建立了覆盖全省高速公路134个治超站点、15个路段治超办与省治超办的三级治超联网管理系统，通过对各个治超站点信息的汇聚、交换与共享，实现了对超限运输车辆的实时全过程监控、联防联控及倒查稽查功能，基本实现了高速公路治理超限超载的电子化管理。

结合全省IC卡道路运输证换发和推广应用，制定了IC卡道路运输证应用于货运源头治超管理工作的技术标准，规范了道路运输源头科技治超工作。阳泉市采用IC卡电子货单，进行源头治超管理。晋中市实现了货运源头、治超站点和市治超办之间的视频监控联网，有效提高了治超管理工作的实时监督与有效管控能力。

2. 道路运输信息化顶层设计

由山西省交通运输厅牵头，浙江、辽宁、湖南、江苏、陕西、甘肃六省交通运输厅协助，代部起草了《关于道路运输信息化顶层设计的意见》。开展了《理论架构》、《技术架构》、《业务与应用架构》、《企业调研》4个专题研究，完成了《关于道路运输信息化顶层设计的意见》的起草。

3. IC卡道路运输证换发

在完成“山西省IC卡电子证件密钥中心”和“IC卡换发系统”的开发与建设后，全省全面启动IC卡道路运输证的换发工作。2011年，全省IC卡道路运输证换发数量达到39.5万张，以全年需年审营运车辆数据41.4万辆为基数，全省IC卡道路运输证换发比例达到95.5%。

4. 交通建设项目工程档案管理业务系统建设

建设完成了《山西省交通建设项目工程档案管理业务系统》，实现了档案综合管理和过程管理的信息化。系统的建设完成和推广应用实现了公路建设项目档案管理全过程数字化管理，保障了建设项目档案的及时性、完整性和规范性管理，大大提高了工作效率，降低了档案管理人员的劳动强度；实现了工程档案文件的数字化，提高了档案存档的安全性与便捷性，为档案文件的查阅、调用以及综合开发利用提供了良好的信息平台。

5. 行政审批电子监察系统联网

完成了省级交通运输行政审批电子监察系统的联网，实现了省交通路政大厅、运政大厅和海事大厅与省行政效能办之间的数据和视频监控信息传输，为提高了行政审批监督力度，进一步提高了行业行政效能。

（四）提高信息化公众服务能力

1. 升级改版山西交通网

升级了山西交通网，加强了信息公开、在线办事、公众互动、网站管理等方面功能。针对网站改版，先后制定了《山西交通网管理办法（试行）》，并建立了《山西交通网日常监测提醒单》和共建共维情况通报机制，加强了网站管理，提高了网站运行能力和管理水平。

2. “96500”交通运输客服热线“一号通”

实施了全省交通运输统一客服中心建设，整合了高速公路“96565”、道路运输管理“96566”和交通征稽“96567”呼叫中心热线，开通了全省交通运输统一服务热线号码“96500”，实现了全省交通运输“一号通”。经过整合，通过统一的“96500”热线即可对相关交通运输业务进行查询、咨询、建议、投诉，实现了资源整合，节约了运营成本，方便了社会大众。

3. 关注网络舆情，服务领导决策，服务社会公众

通过交通运输各级管理部门和单位门户网站、出行信息网、官方微博，及时面向社会公众提供各类交通运输政务信息和出行信息服务；通过不定期刊物《互联网信息》以及山西省交通网厅长信箱、投诉建议和网络信访模块，实时掌握网络舆情，解决网民合理诉求，网上各项受理事项实现了100%办结；通过不定期发行《山西省交通运输信息化工作简报》，面向不同管理部门和行业内各有关单位积极宣传行业信息化建设发展动态，促进信息共享和经验交流，推动行业信息化发展。通过多渠道、全方位、多领域、多角度的信息服务，为公众提供了良好的信息获取和信息互通平台，取得了显著效果。

（五）全面提升突发事件信息化应急能力

建设完成了山西省交通运输厅路政及应急指挥移动视音频系统（一期）。基于先进的3G无线网络通信技术、数据传输技术、视音频处理技术，搭建了虚拟专有无线视音频网络，构建了省级监控中心。为市交通运输局、各市公路分局、运管局（处）、高速公路各管理路段共70余辆路政车辆配置安装了视音频监控设备，配发30余套单兵设备和120余台手持终端。

内蒙古自治区

2011年是内蒙古自治区交通运输信息化深入发展的一年。自治区交通运输厅将信息化应用进一步渗透和融合到交通运输管理和服务各个领域，有效地提升了交通运输系统服务水平。

（一）信息资源整合与服务工程通过竣工验收

“内蒙古公路交通信息资源整合与服务工程”于2010年11月进行了预验收。2011年，根据预验收专家意见对工程进行了进一步的完善，并完成了第三方测试报告和竣工决算审核报告，以及再次对工程相关验收材料的进行整理、编制和汇编成册工作，完成了工程总结报告及汇报演示幻灯片的制作等工作。9月，“内蒙古公路交通信息资源整合与服务工程”通过竣工验收。

（二）完成全区交通运输行政执法人员和执法证件管理系统的部署工作

内蒙古交通厅信息中心于2011年5月印发了《关于进一步做好交通运输行政执法人员和执法证件管理系统推行工作的通知》，下发了“全区交通运输行政执法人员和执法证件管理系统中数据及照片采集要求”、“全区交通运输行政执法人员和执法证件管理系统数据采集表”。已完成系统部署，正处于完善阶段。系统的建成将实现与交通运输部管理信息系统的衔接和数据上传。

（三）完成“内蒙古交通科技信息资源共享子平台”项目工作大纲编审工作

2011年初，信息中心承担了自治区交通科技共享平台的开发与实施项目，并及时编写了可行性研究报告和方案以及项目工作大纲，分别于“内蒙古交通科技信息资源共享平台开发与实施”项目可行性研究报告评审会上和“内蒙古交通科技信息资源共享平台开发与实施”项目工作大纲评审会上顺利通过了专家评审。

（四）积极推进交通应急指挥中心和物流信息平台建设

先后重新调试了视频设备连接中存在的各类问题；调整了机柜中服务器和视频终端的位置；标注了设备间的连接线序；分配了几个交换机网络功能；测试和制作了指挥中心的网络结构图；定位了视频信息点等。最后安装和调试后续增加的监控系统，实现了对指挥中心九项内容的监控。

逐步开展和推进物流信息平台相关工作。进行了为期一周的平台培训工作，使参与运维的工作人员对平台的软件功能、结构以及硬件设备进行学习，对各省物流平台的运维方法进行了了解，并就将来平台的运维模式进行了探讨。

初步确定为以物流园区为基础，以大型物流企业为重点，以多省共建为优势，以市运管部门的年终考核为手段，逐步推广自治区公共物流信息平台的使用和建设。

为了提升应急指挥的作用，拟将高路公司的现有的各类监控数据，接入厅数据中心。通过数据整合工作，将该监控数据应用于应急指挥中心，以完善应急指挥中心的功能，同时为公众出行信息服务网等对外服务系统提供数据源。

（五）完成“内蒙古交通”门户网站改版方案的编写工作

对内蒙交通运输厅门户网站进行再次升级、改版。

厅政务内网视频点播系统的页面进行改版工作。新改版的视频点播系统页面内容更加丰富，设计更加合理，栏目内容安排更加具有系统性，查找浏览更加高效、便捷。设计色彩清新淡雅，整体风格活泼严肃。

设计制作了“交通运输行业人事人才统计调查专栏”，专栏根据交通运输部统一要求设计，以蓝色调为主，风格清新、明快。设计制作了“工程建设领域项目信息公开专栏”、“内蒙交通运输厅节能减排专栏”，整体设计以绿色为主，突出节能减排的专栏特色。设计了“内蒙交通运输厅战备处战备信息内部专栏”。栏目内容全面、翔实，涵盖厅战备处各个方面的工作。

（六）编写完成《内蒙古自治区交通运输厅交通通信信息保障应急预案》及信息化建设项目书

根据《内蒙古自治区交通运输厅关于下达应急预案编制修订计划任务的通知》（内交发[2011]181号）要求，编制修订完成《内蒙古自治区交通运输厅交通通信信息保障应急预案》。

按照自治区交通信息化“十二五”总体规划，完成了“内蒙古交通运输统计分析监测和投资计划管理信息系统工程项目书”、“内蒙古交通运输云数据中心建设项目书”。

（七）加强全区交通高清视频会议系统建设

高清视频会议系统由原来覆盖到盟市交通运输局到现在覆盖到全区旗县交通运输局，并连接到交通运输指挥中心。信息中心于2011年3月举办了全区交通高清视频会议系统培训班，参加培训的技术人员100多人，培训班取得了预期效果。

辽宁省

2011年是“十二五”的开局之年，辽宁省在网站、应急指挥、业务管理等多方面的系统建设都取得了显著的成绩。

（一）网站建设

采用TRS平台，自建了交通门户网站，并为全省各市交通局、港口局和厅直单位建立了28个子站。2011年，在门户网站建设中调整了网站版面，将信息查询系统、行政许可、在线办事系统、应

用系统等特色栏目按功能重新划分区域；增加了“高速公路行车指南”、“高速公路网命名编号图”、“高速公路路线总表”等服务信息；开辟了“十二五”规划专题、工程建设领域项目信息公开专题等，开发了新的公路路况地图发布系统；开发了“资质证件查询”服务系统；新开发的“交通科技信息资源共享平台”、“科技项目申报系统”及“科技项目管理系统”等应用系统已经在网站上开始应用。

改版了交通厅内网网站，改版后的内网网站一级栏目将达到25个，丰富了网站内容。其中强化重点工程信息发布，该栏目按照高速公路、普通公路、道路运输、港口建设及其他等分类展示相关工程信息。按市局和厅直单位分设了“行业新闻”发布专栏，使各单位信息发布情况一目了然，便于及时了解和掌握各单位工作动态。增加了交通风采栏目以图片方式宣传交通成果。新版内网网站还增加了“信息发布统计排名”，即时公布统计结果。

（二）交通应急指挥信息系统（一期）

初步实现了高速公路、普通公路、公路路政治超检测、大连港口、高速公路建设及移动视频图像的采集、调取功能，完成厅机关三楼会议室网络布线设计、工程实施及硬件测试和投影展示，并部署了桌面方式的应急视频监控、视频会商系统。

（三）公路路网管理共享平台（一期）

开始着手建设公路路网管理共享平台。重新升级了全省电子地图，在地理信息平台上将业务数据与电子地图相结合，叠加了动态交通运营信息，实现了整个路网分布、基本状况和运营状态等情况的直观展示，以及静态交通资产管理，为下步建设“路网管理与应急处置”系统打下了基础。

（四）完成了全省交通GPS平台建设

该平台实现了“两客一危”车辆的试试定位、跟踪、预警，以及轨迹回放、数据记录和统计功能，提高了车辆监管能力。普通公路、高速公路、公路路政等部门的专业车辆也接入该平台，在业务管理中得到了应用。

为加大GPS在交通系统中的应用力度，还开展了“城市公交指挥调度系统研究”。目前通过试点已完成了全省城市公交GPS指挥调度平台的建设方案和技术标准，并完成了试点市的公交指挥调度平台的方案设计和系统建设，应用效果良好。

（五）开发了科技共享平台

开发了“全省交通科技共享平台”，完成了“科技项目管理系统”，实现了交通厅计划任务书录入与申报、交通厅项目进度汇报、验收申请、鉴定申请与成果录入；完成了西部项目和联合攻关项目基本信息录入、进度汇报、用户的注册。完成了“科技项目申报系统”，实现了科技项目的在线申报。完成了“科技信息服务系统”，进行了科技项目、科技人员、科技成果、科技基础信息（实验室、实验设备、试验系统）的原始数据的采集，实现了科技信息资源（交通厅项目、西部项目、联合攻关项目、科技成果、科技机构等）、科技管理（管理办法、申报、获奖）、科技动态、公告通知、图片新闻、技术交流、标准规范与资料下载等。

（六）进一步完善了业务管理信息系统

“普通公路管理信息系统”完成了“交通量调查系统”、“公路综合管理系统”等业务内容，建立了对静态数据、动态数据、路面评价、路面决策展示功能的综合查询平台，初步满足了全省路网管理的需要。

“道路运政管理信息系统（三期）”完成了《需求规格说明书》和原型设计的方案、系统详细设计和编码，对原运政系统“行政许可子系统”、“代征税子系统”、“行政处罚子系统”、“从业人员子系统”、“市场监管子系统”、“机构与人员子系统”、“系统维护子系统”、“培训及维修无纸化考试系统”进行了升级改造。下阶段继续开发“公交车管理子系统”、“出租车管理子系统”、“信誉考核子系统”、“数据交换子系统”、“查询统计子系统”、“在线移动稽查子系统”等。

“质量安全管理信息系统（二期）”主要围绕全业务上网、流程化管理、增加安全监管子系统、增加信用评价、材料产品抽检、考试管理等功能，同时拓宽信息渠道，增加与其他业务系统之间的数据交换功能和短信平台功能，引入条码技术，提高工作效率等方面，推进质量与安全监督工作的数字化、规范化、科学化。目前已完成了高速公路材料抽检模块、考试管理模块及质量监督模块、短信平台的编码和单元测试工作。

（七）完成“公路建设市场信用评价”、“水运市场信用评价”两个系统的推广应用

该系统部署完毕，经过试用、修改和完善，现已经开始应用。

吉林省

2011年，吉林完成了2011年交通运输信息化建设目标和任务，在提高政务办公效率、提高公众服务能力、规范行业标准、保障信息安全和提高应急处置能力等方面取得了突出的成绩。

（一）总体状况

1. 信息资源整合工程通过验收

2011年，“吉林省省级公路交通信息资源整合与服务工程”主要对公路运输方面的7个基础数据元集、13个不同类别的信息化标准规范进行了编制和校订，并就建成系统的运行管理和维护、数据交换与共享机制的建立编写了技术文件；就系统的功能、性能、安全等方面进行了第三方的试验检测，并通过最终验收。

2. 门户网站、办公系统日常维护和管理工作圆满完成

除省厅政务内网及门户网站外，省厅直属单位和地市级以上交通运输局已有门户网站或网页，并且大部分单位都已建成局域网，满足日常办公的需要。各级机构网络全部实现联网。

与移动公司达成合作意向，以移动公司投资建设，我方承担部分服务费用的方式搭建了呼叫中心和短信平台。

省厅网站全年共更新、发布各类信息1727条；向省政府网站报送有交通特色的信息863条；更新交通运输部省厅子站等信息1241条。配合厅机关有关处室认真做好“网络舆情”监控工作，共催报信息651次，采集信息248条，答复网民留言586条，实现了与网民的良好互动。

3. 信息系统开发与应用更加广泛

（1）公路信息系统建设。建成或应用了吉林省路政管理信息系统、吉林省运政管理系统、吉林省公路养护管理系统、吉林省公路超限超载信息管理系统、吉林省路政管理系统、“12122”呼叫服务系统、吉林省高速公路服务热线“12122”系统、“96698”维修稽查热线、吉林省高速公路公众信息服务网站、公路管理局网站政务公开系统、吉林省高速公路监控系统、吉林省高速公路通信管理系统、吉林省高速公GPS车辆监控系统、吉林省高速公重点营运车辆卫星定位系统、吉林省高速公客运联网售票系统。

（2）水路信息系统建设。吉林省船舶动态监控系统在省局、长春净月、南湖、吉林渡口、松花湖、松原查干湖、松花江大桥、六家子码头等地方以互联网或专线的方式得以应用。船舶登记系统、船舶检验管理系统、船员管理系统、水路运输管理系统这些系统在海事部门得到应用。

（二）重点工作

1. 制定信息化规划、标准和政策法规

制定《吉林省公路水路交通运输信息化“十二五”发展规划》，用以指导省交通运输信息化“十二五”期间的工作，建立全省交通数据中心标准规划及相应的政策法规，用以保障及标准的实施。

2. 整合建立了全省交通数据中心

交通运输部部署的示范工程推广工程项目“吉林省公路交通信息资源整合与服务工程”已通过最终验收，一个数据中心、三个应用系统投入试运行。本次工程共整合了近6个业务系统，已整合的业务系统包括：公路基础数据库，路政管理系统，区域联网售票系统，运政平台管理系统等系统，高速公路联网收费系统，高等级公路建设管理系统，涉及公路基础、路政管理、道路运输、通行费及车流量、高速公路建设管理等业务数据；整合了全省4.1万辆营运车辆、2.3万道路运输经营业户及15.5万道路运输从业人员等基础数据，形成1个基础类和5个业务类的整合资源库，挖掘提炼出3个主题库。初步建立了省交通数据采集报送管理制度和省交通数据中心系统项目数据标准规范。

3. 高速公路信息化建设取得成效

截至2011年底，全省高速公路累计通车总里程2250公里，全部实现了联网收费。

在省高速公路监控中心的基础上，设立了交通应急指挥中心，与高速公路交警合署办公。其信息通过高速公路情报板、广播、电视、报纸、公众出行网和短信息发布，交通应急指挥中心互联互通仅局限在国、省干线。

全省电子不停车收费（ETC）系统开通200条车道；2011年计划开通46条车道，实际开通46条车

道。全省公路计重收费系统开通348条车道，2011年计划开62条车道，实际开通54条车道，高速公路实现了视频监控联网。热线电话、网络、广播信息服务的方式出行信息服务系统。

4. 省运输管理局建立交通综合执法管理系统

省局和各市州建成交通综合执法管理系统。执法管理系统的功能设计满足了交通综合执法活动的信息管理需求，实现执法活动中的任务安排、组织调配、案件登记、操作记录、信息查询、统计和分析等功能，并与其他运输管理信息系统、业务受理办理信息系统、考试中心信息管理系统相联，执法管理系统的应用使不同的工作人员能够有效地获得不同的业务信息。

公路客运联网售票系统扩充项目，已经实现全省视频会议到县，三级客运站联网售票等。

5. 省船舶动态监控信息系统建设

吉林省船舶动态监控信息系统二期工程建设在长春和松原市进行试点，同时船舶动态监控信息系统三期工程开始投资建设。

黑龙江省

2011年黑龙江省交通信息化完成了以下主要工作：

1. 成立全省交通运输信息化工作领导小组

为了有效推动行业信息化建设的有序推进和协调发展，组织成立了由厅领导和各业务局共同参与的全省交通运输信息化工作领导小组，全面指导全省交通运输信息化建设，决定重大事项和解决重大问题。

2. 修改和完善了全省交通运输信息化“十二五”发展规划

经过近半年的反复修订，《黑龙江交通运输信息化“十二五”发展规划》于2011年7月份正式通过评审验收。同时，又组织编制了行业和基础性信息系统的建设子方案。

3. 编制4个重点建设项目建设方案

根据2011年全省交通运输信息化预算安排，组织编制了交通安全运行监测与应急处置平台、交通公众信息服务系统、公路基础地理信息系统和电子政务服务系统4个项目的系统建设方案。

4. 开展交通基础通信网络建设

依托高速公路光纤建设交通运输专用网络，勘察网络节点571个，编制了专网工程工可研和施工图设计。与中国电信黑龙江分公司签订了战略合作协议。

5. 启动交通运输统计分析监测和投资计划管理信息系统试点工程

2011年3月，黑龙江被交通运输部确定为首批3个示范省份之一，成立了工程建设领导小组，编制了工可研报告和工程初步设计，并通过专家评审。

6. 开展出租汽车服务管理信息系统示范工作

哈尔滨市被列为交通运输部城市出租汽车服务管理信息系统建设试点单位，同时在全国范围内推广应用。

7. 推进GPS动态行使记录仪安装应用工作

目前，全省已累计投入资金6034万元，企业用户476个、运管机构136个、公安交管部门28个均安装GPS动态行驶记录仪监控平台，危险品运输车已安装GPS动态行驶记录仪5444台，安装率为98%；旅游车已安装1181台，安装率为99%；班线客车已安装12487台，安装率为81%，为交通安全监管平台提供数据支撑。

上海市

"十一五"以来，建设交通行业信息化应用重心由满足内部管理的需要逐步转向满足社会的需要，应用功能由支撑单一业务处理转向支撑综合业务应用，信息化应用项目的规模、层次、能级不断提升，基于网络环境的信息化应用系统彼此互联较为普遍、集成度也越来越高。

（一）"十一五"建设交通行业信息化工作回顾

一方面，建设交通行业坚持以资源整合和共享为目标，结合参与、组织国家和本市信息化重点工程的实施，通过各个层面的交流沟通和协同配合，先后建成了城市网格化管理信息系统、交通综合信息平台、房地产信息平台、水务信息平台、ETC系统等一批应用水平高、效果显著的信息化应用项目，形成了一批跨系统、跨行业、跨地域的信息化应用系统。同时，还形成了一批面向社会服务的信息化应用系统，如公共交通"一卡通"、轨道交通"一票通"、城建热线"一线通"、建筑建材业管理"一门通"、政务信息"一网通"等。

另一方面，建设交通行业信息化的标准规范建设也得到了进一步的加强，先后编制了覆盖城市地理空间、地下空间、交通运输、水务、园林绿化、房地产等领域的37个标准规范；借助本市公共网络基础设施资源，建设交通行业大多数单位均建设了内部局域网，46%的单位接入了市公务网，77%的单位接入了市政务外网，还有部分单位接入了800M数字集群政务共网；随着资源整合与信息共享的推进力度不断加大，部分信息资源的共享与交换已进入到了跨部门、跨系统、跨行业层次，从而为本行业的信息化应用提供了强有力的数据支撑和保障。

（二）2011年交通运输领域信息化重点项目

1. "智慧城市建设三年行动计划"推进工作

2011年是《上海市推进智慧城市建设2011–2013年行动计划》的启动年，其中上海市城乡建设和交通委员会单独牵头或与其他委办共同牵头推进的项目共17项，配合推进项目共15项。其中，涉及交通运输行业信息化建设的主要包括：交通综合信息应用服务工程、高速公路电子不停车收费系统二期工程、上海国际航运中心门户网站建设等项目。上海市城乡建设和交通委员会成立推进领导小组和办公室，认真梳理并确定每个项目的主要内容、当前进展、节点目标和承担的工作，形成有效的推进机制，明确工作推进措施，建立起例会、简报和月报表制度。

2. 科技信息资源共享平台建设

组织开展了市建设交通科技信息资源共享平台建设，本着集约化建设的原则，确立了平台的建设目标，拟建设一个以科技管理和科技服务为主线，以科技项目过程管理为重点，同时满足交通运输部、住建部和市科委的要求，涵盖科技项目、科技成果、科技人力资源、科技基础条件、科技文献、科技咨询、科技动态等内容的科技信息资源共享平台。建设内容包括建立科研项目、科技成果、科技人力资源、科技基础条件、科技文献和科技活动6个资源数据库，以科研项目全生命周期管理为重点，建设科研项目管理、科技成果管理、科技动态管理、人力资源管理、科技基础条件、科技文献管理6个子系统和1个门户网站，完成现有管理职能范围内的科技信息资源存量信息入库，实现与交通运输部平台的数据交换。

江苏省

2011年，全省交通运输系统对照“十二五”信息化规划目标，紧扣交通运输发展主线，按照“省市统筹、部门联合、业务综合、区域联动”的总体要求，扎实开展推进各项工作并取得良好的实效。

其中，ETC专用车道建设实现对联网高速公路收费站的全覆盖，提前完成“十二五”规划目标，ETC系统和客户规模、技术水平和各项运营指标均位居全国前列；铁水联运信息化建设取得实质性突破，实现了港口与铁路生产调度数据的在线交换与应用；对外合作取得重要进展，与荷兰基础设施和环境保护部在内河航运信息化管理等领域进行了深度合作。江苏省交通运输厅被交通运输部评为交通运输行业信息化工作先进单位，江苏省高速公路联网不停车收费（ETC）系统、江苏交通服务热线“96196”系统被评为交通运输行业信息化优秀项目，“江苏交通”政府门户网站获得省政府优秀政务网站称号。

（一）完成江苏交通运输“十二五”信息化发展规划研究

结合省《国民经济和社会发展信息化“十二五”规划》、部《公路水路交通运输信息化“十二五”发展规划》、《江苏交通运输“十二五”发展规划》的要点，对《江苏交通运输“十二五”信息化发展规划》进行了修改完善、征求意见和评审，并向全省交通运输系统编制印发了规划纲要。还根据规划组织完成了《江苏省交通电子政务建设实施方案（2011–2013）》研究编制工作。

（二）开展了铁水联运信息服务平台建设

以海铁联运为突破，以连云港港为试点，会同铁路、港口等部门组织完成了多式联运信息化总体技术架构、铁水联运信息服务平台建设方案及铁水联运信息服务平台软件功能研发与试运

行，并在支撑铁路水运运输业务协同、提升运输与作业效率方面取得了实质性的突破；组织建立了多式联运信息平台的运行主体——江苏运联信息股份公司，为多式联运信息服务平台的建设发展奠定了基础。

（三）加大高速公路ETC专用车道建设和客户发展力度

组织编制开放式公路收费站ETC系统营运管理协定与账务结算办法，协调南京二桥和长江隧道等开放式收费站建成开通ETC专用车道，实现了ETC对过江收费通道的全覆盖；会省财政厅共同推进市级机关车辆安装使用ETC车载装置；会同长三角区域各省（市）协调推进福建、浙江两省ETC并网。至2011年底，全省共建成开通ETC专用车道约622条，实现ETC专用车道对路网所有收费站的全覆盖，提前完成“十二五”ETC车道建设规划目标，苏通卡客户超过22万个，自营服务网点达27个，银行服务网点达920个，ETC车道流量占比在13%左右，ETC通行费结算额占通行费总收入的9.12%。

（四）深化与公安交管信息资源共享合作

会同公安部门开展了共享技术与管理规范课题研究，确定了双方交换内容、周期及机制，以此为基础签订了《公安交通运输部门信息资源共享合作框架协议》；组织完成公安、交通信息共享工程项目可行性研究，并顺利通过省政府电子政务办组织的省级机关电子政务项目立项评审；围绕协同治理客运车辆超载、高速公路违停上下客等违法违章行为开展了96196投诉语音、短信与110平台共享交换的专题研究。

（五）统筹推进城市公共交通信息化建设

结合江苏实际梳理提出城市公共交通信息化统筹建设思路，并在此基础上组织开展了智能公交数据采集交换规范、出租车电招信息服务规范、全省公共交通“一卡通”等课题研究，同时围绕全省出租车电召号码统一问题开展了专题研究，拟采用专用号码实现跨地域“一号叫车”服务。

（六）协调推进船联网项目研究与建设

配合部科技司推进船联网应用示范工程建设方案论证与优化，完成项目资金申请报告江苏省相关建设内容的研究编制；编制完成江苏省建设任务工程可行性研究报告，建立了组织保障机制，明确了工作分工；组织开展了《海事移动3G智能综合业务系统平台》、《船舶超限检测系统》、《内河干线航道网通信网络规划研究》等配套课题研究；跟踪RFID等标准制订开展了相应的应用分析研究。

（七）协调推进电子政务与信息化示范工程建设

配合交通运输部在南京召开全国交通运输信息化现场工作会议。交通行政权力网上公开透明运行省市县三级联网工程、交通建设工程项目管理及电子监察系统建设、交通应急指挥系统（二期）等项目建设取得重要进展；南京交通主枢纽客运南站综合管理与信息服务系统试点示范工程基本完成建设任务；泰州市出租汽车信息服务系统试点工程建设进展良好。

（八）组织开展了中荷内河航运信息化管理技术交流合作

根据中荷部级交通运输合作框架协议，经交通运输部水运局协调安排，省厅就内河航运信息化管理技术等领域合作事宜，与荷方进行了互访交流，并与荷兰基础设施和环境保护部公共工程和水利管理总司共同签署了《内河航运信息化管理等领域合作框架协议》；围绕协议约定，双方开展了合作方案深化编制工作。

浙江省

2011年，浙江省交通信息化的主要工作概括为："一个引领、四个推进、提高四种能力"，即以省交通运输信息化"十二五"规划为引领，推进交通物流信息共享平台、船联网、视频监控、信用管理等行业管理平台，推进交通网站公众服务平台进一步提升，推进信息化基础应用平台建设，提高信息化服务交通转型发展的能力、提高信息化统筹协调和集约发展的能力、提高信息化对加强行业管理和服务社会公众的能力，促进各项工作健康持续发展。

（一）推进交通运输行业管理平台建设

1. 推进国家交通运输物流公共信息共享平台的建设

2011年，省厅以国家交通物流信息公共服务平台为基础，组织编写了《交通运输物流信息交换基础网络与应用服务技术研发及示范应用》，申报成为国家重大科技支撑项目《区域物流资源共享服务平台研发和应用》的核心，这是物流公共信息服务平台应用方向的第一个国家重大科技专项，是省厅积极推进部省共建国家交通物流公共信息服务平台成果的体现。

2. 推进"国家物联网应用示范工程——长三角航道网及京杭运河水系智能航运信息服务应用示范（船联网）"

2011年，省厅积极推进船舶综合监管系统和综合数据平台的应用，综合利用GPS/RFID/GIS/AIS等技术，建立支持跨部门、跨区域、可视化、智能化的船舶综合监管系统。在现有数据交换和综合数据库平台基础上，扩展行业信息资源管理，实现整个港航业务信息资源的标准化规范化管理，达到全省联网、动态更新、加密传输、统一身份认证和授权访问，提供统一、便捷、安全的信息资源共享环境。

3. 推进城乡统筹综合交通建设

2011年，省厅与交通运输部规划司、嘉善县委县政府共同起草完成《嘉善县综合交通信息服务平台示范工程可行性研究报告》，并组织省市县三级交通运输信息化专家对工可进行内部评审，现已上报交通运输部。

4. 完善重点营运车辆GPS信息平台

省厅进一步修改完善省重点营运车辆GPS信息平台，推进运政系统数据清理工作，加快道路运

输业务数据中心开发，完善各级运管机构与重点道路运输经营企业的网络互联，加强对营运车辆运政数据同步、运营商数据上传交通运输部的管理。

5. 完善视频监控系统

全省建立了1个省高速公路运行监控中心和30个路段监控中心，实行视频监控系统的联网运行。在高速公路主线、互通立交、隧道、收费站广场、服务区等重要区域布设摄像机，对特大桥梁、长大隧道和重点区域实行全程监控，目前，浙江在建成通车的3400多公里高速公路上共布设了3000多台摄像机。

开展“数字航道”建设。在杭州、嘉兴、湖州、舟山、绍兴内河骨干航道、码头布设了近300余个视频监控点，14000余艘内河船舶安装了GPS终端，一期投入建设的42个RFID读点已经建成，6000余艘内河船舶安装了RFID。

将全省一级客运站重点位置的视频接入省市道路运输市场秩序监控平台，目前已完成系统开发和11个地市的接入，共接入25个客运站。

此外，还开展了省级办公自动化基础平台的升级，提高行业办公效率。建设市场信用评价系统建设，提高行业信用水平；组织实施交通项目信息管理系统，提高项目科学管理水平；组织实施“浙江省港口管理系统”项目的前期等项目。

（二）深化网站及公众出行服务平台建设

2011年春运期间，省厅网站推出的春运专栏，日浏览量达到79万人次。截至目前，在省政府对各厅局的网站实时测评中，浙江交通网站10个月都是第一名。在交通运输部的评选中，省厅第七次被评为交通运输部政府网站共建第一名。

1. 进一步完善浙江交通网站的服务功能

开发基于移动终端的出行系统，拓宽公众访问渠道；尝试开通“行在浙江”的微博，与网站同步发布出行信息；发布全省大比例尺的交通地图及部分地市的高清卫星影像；建设质监造价、监理行业协会、交通教育研究会、咨询公司、全省工程建设领域项目信息公开等行业特色板块，推进政务信息公开；完成网上报名考试管理系统、考务管理系统、网上培训以及会议管理系统；完成网站搜索平台建设，方便公众查询。通过搜索平台，各市交通局网站的信息、重要业务系统都可以在省厅网站上进行一站式搜索，方便用户。

2. 不断推广电子不停车收费系统（ETC）的应用

目前，全省已在126收费站建成ETC车道，覆盖率达到42%，全省81%已通高速公路的县均开通了ETC车道。设立ETC服务网点60个，发展不停车用户7万户，ETC车辆的日均流量达3万辆次。

3. 完善道路客运综合信息服务系统

通过招标组建了运营团队，推动长途客车联网售票和网上售票工作。新开通温州、台州、舟山等一级客运站和德清、临安等二级站的联网售票功能，覆盖11个地级市近30家主要客运站，较好地满足了公众日常出行尤其是客流高峰期的购票需求。2011年“十一”前，日最高售票量达到496张。

4. 启动出租汽车服务管理信息系统的试点示范开发工作

出租汽车服务管理系统系统是交通运输部“十二五”信息化重大试点工程，浙江作为试点省份之一，建设方案已经通过部的批复。2011年在积极推进试点建设。其中，杭州作为部试点，湖州作为省试点。目前，两地初步设计已通过专家评审，正在进行招标。

5. 着手研究公交纳入管理后的公交出行信息服务系统

绍兴2011年启动公众出行服务网公交频道、路况信息报送系统、公交信息手机查询平台的建设。其中，手机查询平台还同绍兴县运管GPS系统、市公交集团GPS系统的数据接口衔接工作。同时还启动了公交站台数字化管理，对绍兴市、县辖区内的所有公交站台进行统一数字编码。

此外，还做了新版“96520”语音服务系统的推广和功能完善工作，实现了新系统在全省11个地市的全覆盖和省市两级的数据同步和交换。“96520”的年受理量达150万人次。

（三）加快推进智慧交通系统建设

2011年，省厅积极支持、引导各级交通运输单位开展智慧交通建设。宁波市交通委已经成立了智慧交通建设领导小组，制订并下发了《关于推进智慧交通建设的实施意见》，提出建设智慧交通路网、智慧交通装备、智慧交通出行、智慧交通物流、智慧交通管理五大目标体系，提出2011年16项重点任务，并纳入市交通系统各单位的年度重点工作目标。截止12月中旬，宁波市智慧交通政府性投资与社会化投资共计完成1.05亿元，占全年计划投资总额的117%。

安徽省

2011年是“十二五”开局之年，也是安徽交通运输信息化工作全面启动之年。安徽省交通运输厅按照“立足应用、需求引导、整体推进、重点突破”的原则，加快推动行业科技信息化的技术研究和广泛应用，进一步提高交通发展科技技术含量，提升交通各领域的管理水平与服务质量。

（一）信息网络覆盖范围进一步扩大

安徽省交通通信网络在已有基础上进行了延伸、扩充和升级改造。省公路局基于运营商SDH线路，组建了公路行业专网，省运管局和省地方海事局利用互联网搭建了行业VPN专网，基本覆盖了省、市、县三级行业管理部门和主要企事业单位。同时，以高速公路南、北网IC卡联网改造工程为切入点，完成全省高速公路收费系统联网，实现与长三角区域高速公路电子收费系统联网运营。

（二）信息化应用程度进一步提高

完成了公路建设管理、养护管理、运政管理、客货运管理、危化品运输管理、客运联网售票、出租车管理、船舶登记管理、船员管理、渡口信息管理、船舶检验管理等一大批业务系统建设，并得到推广应用。完成了省级公路交通信息资源整合与服务工程、科技信息资源共享平台和道路运输信息系统联网工程建设。完成了路政、运政、水运网上审批系统建设，实现了交通行政许可、审批

项目在线受理、并联审批、一站式服务。建设了交通行政权力网上公开透明运行、交通综合统计信息、协同办公等系统。

（三）行业监管能力进一步提升

初步完成了省级交通应急指挥中心和省市两级路政监控中心建设；建立了重点营运车辆GPS联网监控平台，实现了对长途班线客车、旅游客车、危险品运输车辆等的监控，全省一、二级客运站实现了视频监控联网。部分地市建设了出租车GPS监控中心，提供运行轨迹跟踪、营运里程与收入统计、信息发布、报警等服务。完成了南淝河水上交通管理系统，初步实现了南淝河水域搜救、巡航、监控一体化。基本建成了全省重点港口、码头、渡口视频监控系统和GPS船舶监控系统。

（四）行业公共服务体系进一步完善

对“安徽交通”政府门户网站进行了改版升级，更加突出政务公开、网上审批和办事功能。建成了交通出行信息服务网站，其出行向导、实时路况、出行参考、交通旅游等栏目的推出较好地满足了公众出行的需要。开通了运政服务热线“96333”、高速公路服务热线“96566”和交通服务热线“96369”，为公众提供综合信息查询、投诉举报、遇险报警等服务，安徽省海事部门也开通了水上救助热线“12395”，使水上交通事故救助工作更为快速、有效。部分地市建立了客运联网售票系统，实现了同城一、二级客运站的联网售票；安徽省高速公路电子不停车收费系统实现与上海、江苏、江西、福建联网，初步实现一卡通行长三角。同时着力开展全省物流信息平台的搭建。

（五）高速公路ETC技术进一步推广

加强ETC车道和客服网点建设，完善ETC客户服务体系，充分发挥ETC规模效益。2011年，增建高速公路ETC车道96条，目前60个收费站建有110条ETC车道，全省高速公路ETC收费站覆盖率超过40%。完成了合肥、芜湖、滁州、阜阳、安庆、六安、蚌埠、芜湖等地市ETC客服中心的建设任务，进一步拓展了ETC客户服务体系覆盖范围。在全省范围内开通银行代理业务网点65个。截至11月底，全年高速公路电子收费充值额、交易额分别为2.98亿元和3.51亿元，较2010年同期增加15.36倍和8.98倍。

（六）路警联合指挥体系建设进一步深化

2011年11月23日，安徽省交通信息中心完成了全省高速公路视频监控联网系统、路况信息报送系统以及路网运行监测等系统建设任务，实现高速公路气象服务与预警系统、高速公路联网收费系统的接入，完成6个路警联动试点路段与省路警中心系统对接，其中公路方面，已接入高速公路视频3259路，全省12个国家一类治超点、59个省二类治超站、70多辆移动执法车、2个一级公路收费站、61个连续式视频交调点及部分重要公路卡口共约700路视频，同步实现对高速公路联网收费车流量和车型数据实时分析；道路运输方面，完成全省23个一级客运站、59个二级长途客运站视频的接入，实现6340辆危险品车辆、9419辆班线客运车辆、1217辆旅游包车车辆的数据联网；水路方面，完成省内主要港口、码头视频监控系统的接入和整合，初步实现与合肥海事局、安庆港口管理局、六安海事局、马鞍山船舶检查站四地视频监控系统的对接；民航方面，实现了合肥骆岗机场候机大厅、安检和旅客通道等视频信息的接入。

同步拟定了路警联合指挥业务体系、工作流程、议事决策机制、协调联动机制以及应急预案等方案，联合省公安厅、省气象局正式印发了《安徽省路警联合指挥中心运行方案》、《省路警联合指挥中心信息报送工作实施方案》等。目前，已实现路政、值机、监控等人员24小时联合值守，交警人员即将进驻。春运期间，对主线和省际收费站进行重点监测，实时关注气象灾害预测预警信息，编制路网监测春运专报，通过“96369”服务热线、手机短信、网站等多种方式向社会发布路况信息，路警联合指挥工作已初显成效。

（七）信息化标准与科研进一步加强

发布了《安徽省公路信息化系统开发规范》、《安徽省公路运输管理系统GPS通信协议》、《安徽省公路信息化数据库建设规范》、《安徽省高速公路联网收费暂行技术要求》等地方标准。积极开展《物联网在交通数据采集中的技术研究》、《安徽省高速公路多路径识别关键技术研究》等一批服务交通信息化的项目研究。

福建省

2011年是“十二五”的初始之年，福建交通运输信息化工作按照厅《打好五大战役大干开局之年全力实施“十大工程百个重点项目”推动福建交通跨越式发展实施意见》的要求，重点实施交通物流、安全应急、路网管理、道路客运、综合执法、港口管理、规划辅助决策及质量管理等8大系统建设，继续推进交通信息化向前发展。

（一）完善顶层设计，推进专项规划的落实

开展交通运输云平台、综合执法、城市公共交通、交通安全监管与应急处置等一系列信息化规划建设推进方案编制，完善福建省“十二五”交通运输信息化规划体系，从顶层设计统筹行业信息化建设，确保信息化建设的架构统一，互联互通。其中《福建交通物流信息服务工程服务工程建设方案》通过省数办组织的联合审查，交通物流公共信息平台、交通综合行政执法系统等12项信息化项目通过省发改委立项及省数办组织的初步设计专家评审，信息化项目管理进一步规范。

（二）交通运输安全监管与应急处置信息化初见成效

建成交通安全监管与应急处置平台省级中心，整合接入全省高速公路、普通公路、港口、地方海事、运输站场以及重点桥梁、隧道、治超站、施工工地6000多个视频监控资源，建成全省统一的交通安全视频监控系统中心平台，实现视频监控资源共享；高速公路监控中心完成升级改造，进一步缩短了高速公路重大事件的应急处置时间；完成港航分中心场所建设，整合接入福州、厦门等沿海和内河视频监控和船舶定位信息；建成普通公路应急仓库监控系统并在福州等4地市运行，乌龙江

大桥普通公路桥梁健康检测系统投入运行，实现桥梁健康动态监测，6座大桥和2座隧道完成视频监控系统的监控点布设，8个可变情报板完成部署。

（三）公路管理信息化进一步加强

建成高速公路服务区自助式出行信息服务系统，不停车收费系统参与四省一市联网工程，实现闽通卡ETC车辆、长三角高速公路ETC车道车辆在对方车道顺利通行；交通量及路况管理等信息系统全面推广应用，完成普通公路路网管理平台第二批53个自动化观测站及厦门路网分中心设备招标并开始安装调试；全面完成公路治超全省联网工程，实现省、市、站三级联网并与部平台对接。

（四）道路运输信息化进一步深入

交通物流公共信息平台开通，重点开展“一套标准、一个中心、两类应用、两大服务、六项保障”等内容建设，完成数据交换中心、政府监管及信用管理系统、网站等建设和应用。该平台已对接了14家大型物流企业，推广普货、集装箱等标准物流软件，日单据交换量达5万条，电子运单交换量达800条；平台同时通过试点实施标准化的货运枢纽节点专业信息服务，为三明公路港打造信息化平台，使公路港货物日吞吐量由建港初期的1.2万吨提高到1.8万吨，实载率从87%提高到96%。客运公共信息系统进入二期建设阶段，完成服务器等硬件设备招标，完成了系统软件开发并在漳州试点运行，初步实现客运联网售票服务。

（五）港航管理信息化全面推进

港航暨地方海事综合业务管理系统基本完成港口设施保安与安全管理系统等模块的开发，进入硬件招投标阶段；港口经营信息管理系统部署应用，各港及省级系统试运行正常，实现港口基础信息更新及报部等功能；湄洲湾港口管理信息系统建设进一步深入，其中机房和网络基础设施建成投入使用，综合业务管理系统、引航调度系统完成招标并全面进入开发阶段，办公自动化系统试运行。

（六）行业管理信息化进一步深化

福建完成交通门户网站改版并上线运行，实现网站群站点资源整合和应用统一管理，丰富门户资讯内容，提供全文检索功能，提高网站安全性能。交通建设质量安全监督信息管理系统完成系统开发，投入试运行。完善交通建设工程信息管理系统，实现与部公路、水运建设市场信用信息管理系统的数据交换，在网站增设项目信息公开专栏，提供相关信息服务。省市县三级交通主管部门视频会议系统实现互联互通，县级交通局网络改造工程完成建设，基层信息化条件全面完善。

（七）公路交通信息资源整合与服务工程通过验收

工程于2007年11月启动，开展信息网络资源、公路信息资源等整合，重点建设数据中心、全省营运车辆卫星定位安全服务系统、交通地理信息公共服务平台及公众出行信息服务等系统建设。2011年10月，工程通过部组织的专家验收。

江西省

2011年作为“十二五”的开局之年，全省交通信息化工作紧紧围绕江西交通发展战略和信息化建设发展规划，以科学发展观为统领，以创新发展为理念、以交通信息化带动交通现代化为目标，努力构建信息资源的整合与共享机制，认真探索适应交通信息化发展的体制机制，不断推进交通信息化的建设步伐，交通运输信息化建设的各项工作取得了较快发展。

（一）积极建设以电子政务为主体的交通运输行政管理和服务系统

（1）江西省交通运输厅积极完善网上办事功能，深入推进网上审批和电子监察系统工作。现已初步完成网上审批和电子监察系统项目建设。

（2）加强网站建设管理，不断提升机关信息化服务水平。已初拟了《江西交通信息网网站管理办法》，并完善了《关于进一步规范江西交通信息网公众留言及公众邮件办理工作的通知》等制度。按照网站建设要求，积极做好网站日常管理维护和安全保障工作。同时，做好江西交通信息网公众留言工作。获得“2011年江西省优秀政务网站”。

（3）不断完善政务公开与信息报送机制，深入开展政府网站绩效评估工作。规范网站政务信息公开工作，不断完善政务公开与信息报送机制。同时，加紧做好与交通运输部、江西省信息中心有关单位的政务信息报送工作，并初拟《全省交通运输行业政府网站绩效评估工作方案（初稿）》等制度，明确了责任，健全了机制。

（4）进一步完善内容涵盖“规划公开”、“招标公开”、“设计公开”、“征地拆迁公开”、“参建单位管理公开”、“变更公开”、“质量监督公开”、“安全生产监督公开”、“竣（交）工验收公开”、“资金使用公开”、“奖罚结果公开”、“投诉受理公开”等高速公路建设各个方面的“十二公开”专网的推广，并强化日常监控及内容更新。

（5）截至2011年12月，已完成省厅、省公路局、南昌市公路局、畅行公司以及康大高速的OA制作、培训工作并已正常上线，最终将使省厅与各厅直单位直至各地方业务局在同一平台上进行办公。

（二）建设交通运输出行服务系统

江西省公众出行服务网的建设与投入使用，全面提升了江西省交通运输厅对公众的服务能力。截至目前，江西省公众出行服务网累计访问量达540多万人次，通过江西省公众出行服务网路况信息发布4669条、新浪微博粉丝数量达到20余万，发布微博信息2996条、短信报告2960条。

（三）江西省公路交通资源整合与服务工程通过竣工验收

江西省公路交通资源整合与服务工程坚持了集约、服务和实效的理念，针对江西省交通运输管理和服务的突出问题，强化了需求分析，整合共享了全省公路交通等信息资源，初步建立了省级交通数据中心和信息资源整合共享平台，形成了交通信息资源管理和服务体系。

省厅开发完成的公路交通综合应急指挥系统、公路交通综合查询与分析系统和公众出行服务系统，在行业监管、应急指挥、决策分析和公众出行服务等方面取得了良好的实际应用成效。同时，

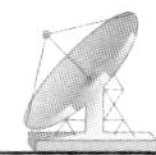

被江西省计算机协会评选为“2011年度江西省信息系统优良工程”。

（四）加快建设交通运输监测管理、应急处置保障系统的步伐

截至2011年12月，新增设外场道路监控摄像机95套，按智能交通系统建设已达2697公里里程计算平均约5.448公里设置了一处，已达到省《智能交通建设总体方案》中规定的平均每6公里一处的要求。

已新增多要素气象检测仪32套，能见度检测仪32套。

江西省交通运输厅与江西省气象局、江西省公安厅交警总队就“国家气象信息中心编写的《江西省高速公路气象监测预报预警工程项目建议书》”达成了一致意见，已获省发改委批复。

省厅目前已实现通过光纤传输，省政府应急办、交通部路网中心可以查看8路视频图像，省港航军代处可以查看4路视频图像；省港航局可以查看全部交通视频图像；通过外网发布，省交警总队可以查看全部高速交通视频图像。

（五）起草并发布了一批符合实际的交通信息化发展政策及规划

完成了《江西公路水路交通运输信息化“十二五”发展规划》、《2011—2012年江西省交通运输信息化工程可行性报告》的起草编制工作，首次将交通运输系统网站群、移动办公系统编入《“十二五”》发展规划中，进一步提升了全省信息化发展水平。同时，对全省2010—2012年交通运输信息化项目进行了统筹规划和安排，完成了《江西省交通运输信息化系统建设（2010—2012年）工程费用估算表》的编制及相关文稿的编写并完成了厅应急指挥监控中心新大楼智能化系统建设费用的匡算。根据《江西交通2010–2012年信息化工可》和《江西交通“十二五”信息化规划》，督促各相关单位信息化项目按计划实施。省公路局编制完成了《江西省公路养护综合管理平台初步设计文件》、省公路路政总队编制完成了《江西省江西省公路路政管理信息系统建设方案》、省高投集团编制完成了《江西省高速公路投资集团有限责任公司信息化建设总体规划》、赣粤公司编制完成了《江西赣粤高速公路股份有限公司信息化（2011–2013）工程可行性研究》、省运管局编制完成了《江西省道路运输车辆卫星定位系统政府监管平台建设方案》、畅行公司编制完成了《畅行公司信息化平台项目说明》等。

山东省

2011年是“十二五”规划的开局之年。山东省交通运输厅在广泛调研分析的基础上，围绕支撑和服务“十二五”山东交通运输发展的总体目标，研究制定了《山东省交通运输“十二五”信息化发展规划》，并制定了配套的《山东省交通运输厅信息化“十二五”建设实施方案》，明确了信息化工作的发展思路及重点任务，全面启动了信息化建设年活动，扎实推进信息化建设，为“十二五”开好头起好步打下了坚实的基础。

（一）进一步明确发展方向和任务目标

2011年制定下发了《关于加快推进交通运输信息化建设的意见》、《山东省交通运输厅信息

化建设“十二五”发展规划》、《山东省交通运输厅信息化“十二五”建设实施方案》等指导性文件，提出了“十二五”发展的宏观思路、总体目标、重点任务和实施措施，同时确定今后五年将建设“11842”工程。

（二）扎实推进信息化改革

调整充实了全省交通运输信息化领导小组。厅长任信息化领导小组组长，各位副厅长任副组长，厅机关各处室、厅各专业局主要负责同志和山东高速集团分管负责同志任成员。

成立全省交通运输信息化专家咨询委员会。从交通运输部规划司和科技司、部规划院、信息中心、省政务网络中心、省科学院、山东大学、省政务网络中心等单位选聘了12名从事信息技术研究、管理方面的信息化专家，组成了第一届交通运输信息化专家咨询委员会。

建立了信息化重点项目组织实施机构体系，成立了信息化重点项目实施办公室。

强化信息化制度规范建设。组织编制了《山东省交通运输信息化建设管理办法》、《山东省交通运输信息化建设安全管理办法》、《山东省高速公路路况信息采集发布考核管理办法》等规范性文件征求意见稿。强化标准化工作宣传力度，下发《关于转发〈关于印发第一批需严格执行的交通运输信息化标准目录的通知〉的通知》。

积极拓宽信息化投资渠道。提出了交通信息技术服务企业化运作模式的初步思路，编制了交通信息服务公司筹建初步方案。初步提出了提取高速公路通行费作为全省交通运输信息系统运维资金的方案。

探索信息化项目建设新模式。以交通运输部示范工程“交通运输统计分析监测和投资计划管理信息系统”和推广应用“工程交通运输科技信息资源共享平台”为试点，将两系统通用基础软硬件抽取，在信息化重点项目“交通运输应急指挥管理系统”中提供相关资源进行共享应用，可有效减少重复建设，降低投资。

（三）积极推动以信息化手段促进科技防腐工作

把科技防腐工作纳入《山东省交通运输信息化“十二五”发展规划》和《山东省交通运输厅信息化“十二五”建设实施方案》，同时把科技防腐作为2011年全省交通运输信息化建设年活动开展的重要内容之一。在全省交通运输信息化建设领导小组领导下和信息化重点项目实施办公室协调下，由驻厅纪检组（监察室）和科技处牵头成立交通运输行政监察系统建设项目部，按照《交通运输行政监察系统建设工作方案》，依据各处室和单位职责，结合系统基本构成，明确各成员单位职责分工和建设任务。

完成了电子政务外网联网工作，按照《关于加快电子政务外网联网工作保障全省科技防腐系统联网运行的通知》文件要求，组织技术人员对各项要求逐项落实，按计划实现了省厅与省政务外网的接入。

积极推进交通建设市场信用信息管理系统应用，目前从业单位信用信息管理子系统和信用评价管理子系统均已建成，已有1780家企业纳入系统管理，其中施工单位1410家、监理单位106家、试验检测单位83家、勘察设计单位65家、招标代理机构41家。

加快交通建设电子招投标业务系统建设，经6个月试运行，应用该系统已进行公路、水运类项目招标604个，部分项目已经通过系统顺利完成招标工作。在此期间，通过各单位的需求反馈，项目逐

步进行完善及调整，使该项目更适应目前交通建设市场的招标工作流程。

强化网上政务大厅和行政权力网络运行系统建设，省厅外网网站设立在线办事栏目，提供行政许可项目的办事指南和办理流程，开通交通建设市场信息信息管理系统、交通工程评标专家库管理系统、交通工程计量支付管理系统等网上办事功能。

加强政府信息公开管理系统建设，省厅网站设立信息公开栏目，包括机构职能、政策法规、规划统计等13个子栏目，基本涵盖省厅政务公开信息内容。

加强政府大厅视频监控系统建设，配合省信息中心完成政务大厅视频监控设备安装调试工作，相关功能运行正常。

（四）积极开展出行信息服务

进一步完善网站平台，增加出行GIS服务、短信点播、微博、广播电台播报等新功能，完成全省示意图、主要线路、出入口、互通立交等示意图的校验、出图、添加水印、信息发布等示意图相关工作，重新绘制全省示意图1张、主要线路示意图（含线路简图和线路走向图）28张、出入口示意图300张、互通立交桥示意图44张、服务区示意图88张，保障了信息更新的及时、准确性。

“96669”热线平台升级，热线日最大服务能力达到2万人次，增加新的信息查询方式，服务能力进一步增强，全年共受理出行咨询58445人次，其中高速公路路况咨询为87%，日高峰话务量（12月5日）为4430人次。

对智能手机应用程序进行两次升级，出行系统iPhone手机客户端3.0版本发布，服务功能进一步完善，网络下载量稳步提升。

积极开展路况信息微博发布。2011年2月14日，新浪微博开通，截至年底发送信息数11786条，关注达到54097余人。10月26日，完成与人民微博、腾讯网的“一家发送，三家展示”的桥接，制定《出行平台微博值班制度及考核办法》，为微博运营维护提供了制度保障。

强化路况播报联动，2011年12月3～7日，山东省持续罕见的大雾天气，出行系统积极为公众提供实时路况，共计与山东交通广播人工连线17余次，为社会公众安全便捷出行提供了保障。

（五）认真做好重点业务信息系统建设

确定了交通应急指挥管理系统、办公自动化（OA）系统、交通物流公共信息平台、公路水路建设市场诚信及工程质量信息服务系统、交通运输统计分析监测和投资计划管理信息系统、交通运输科技信息资源共享平台、交通运输行政监察系统、交通运输执法综合信息系统、公众出行信息服务系统、高速公路不停车收费和非现金支付系统（ETC）10个年度重点业务系统，目前各重点业务信息系统正按照确定的工作计划安排稳步推进。

湖北省

湖北省交通运输厅高度重视信息化工作，坚持以科学发展观为统领，按照湖北交通先行跨越年的要求，加快交通信息化的建设步伐，为推进湖北交通跨越式发展提供强力支撑。

（一）编制规划，引导交通信息化发展

编制完成了《湖北省公路水路交通运输信息化“十二五”发展规划》、《湖北交通运输光纤数字传输网“十二五”规划》；完成湖北交通信息化、智能化战略研究工作；完成道路运输和交通物流信息化发展规划和有关研究报告的编写工作。

（二）整合资源，促进交通信息共享

湖北省公路交通信息资源整合与服务工程于2011年11月5日顺利通过竣工验收。

推广工程实施和建成运行，改变了信息孤岛化、部门化的状况，有效地整合了信息资源，提高了公路信息资源开发利用的水平：以数据整合为基础，构建全省统一的数据交换平台，建成了湖北交通省级数据中心；以需求为导向，强化数据资源的挖掘与利用，开发综合决策分析应用系统，提高行业管理决策的科学性；以信息共享为基础，加强了信息资源跨部门、跨行业的关联应用；以服务为宗旨，满足公众需求，拓展公众出行信息服务方式。

（三）推进四大平台建设

1. 完善门户网站服务平台

在网上开辟专题专栏，在湖北省交通运输网站及交通部子站发布信息近万条；按照省、部共建的网站考核评分标准，有针对性提出改进解决方案；加强对转发新闻的审查，加强网络舆情的监测；召开厅机关子站栏目联络员座谈会，加强信息更新维护和信件回复督办力度；采取技术措施，保障门户网站安全稳定运行。

2. 着力推进湖北省交通运输监控平台建设

完成了《湖北省交通运输监控平台工程可行性研究报告》的编制，12月完成了湖北交通运输监控平台工程的初步设计。

建成湖北水上搜救应急管理系统一期工程。包括应急指挥系统、视频监控系统、GPS监控系统和指挥平台。实现了对全省海巡艇和运政艇的实时定位及指挥调度，对重点航道、水域、码头的监测监控，为建立湖北省水上应急指挥中心奠定了基础。

建设了高速公路安全监管与应急处置平台，通过应用路政移动视频监控系统和GPS指挥调度系统，结合“湖北省高速公路远程视频监控稽查系统”，整合了各路段的视频监控系统，实现了高速公路视频图像的共享。

3. 积极推进科技征费平台建设

建设了湖北省高速公路电子支付和不停车收费系统，所有收费站口实现电子支付。搭建了ETC 3G无线营销网络。全省30个收费站建成不停车收费车道（ETC）52条，覆盖率约为14.9%；成立了32个高速公路电子支付客服中心，电子支付客户突破2.4万，预存通行费金额1.47亿元，每天有近8000车次通行ETC车道。

针对路网环环相扣的网状结构形成了合理的清分模式，保证通行费清分的公平、公正，完成了

武黄、绕城、大广北和大随高速公路标识站的建设。

4. 全面推进湖北物流公共信息平台建设

建成启用湖北省物流公共信息平台一期工程（诚信系统），目前注册企业达到了1152家，在册车辆数3144辆，物流机构管理人员130个，企业入网率接近30%。同时《平台发展战略及总体建设方案》已经完成，为启动平台二期建设工作提供了依据。

稳步推广TMS普货运输管理软件湖北专版。采取向上海博科资讯股份有限公司买断版权的模式，封装具有湖北省行业特点的“TMS普通运输管理软件湖北专版”，在全省推广企业18家，鄂州大通互联物流、咸宁安欣物流、武汉民生物流依靠软件基础功能搭建了符合自身业务特点的运营平台，取得良好的经济和社会效益。

（四）建成推广了一批交通专业应用系统

2011年，建成并推广应用了全省公路治超监控系统、湖北省交通建设市场诚信信息系统、武汉城市圈道路客运市场视频监控系统等一批交通专业应用系统，进一步提高了行政效能。

1. 建成了全省公路治超监控系统

系统覆盖全省所有治超站点，路政巡查车通过GPS系统将动态路况图像传输到监控中心，监控中心通过IP网络电话与各治超点保持联系，形成了信息采集、分析、处理和指挥调度为一体的治超监控系统。

2. 建设湖北交通建设市场信用体系信息系统

湖北省交通建设市场包括高速公路、普通公路、农村公路以及水运交通建设领域。通过建立湖北交通建设市场征信制度，明确交通建设市场从业各方主体信用评级考核指标，制定湖北交通建设市场从业单位信用评价运用制度，开发和推广应用包含信用信息征集、信用信息整合、信用评分、信用信息发布等功能的湖北省交通建设市场诚信信息系统，建立完善统一、公平竞争、规范有序的交通建设市场，促进交通建设市场健康稳定的发展。

2011年，已经完成工程建设领域项目信息公开子系统和信息用信息评价子系统，目前27家重点工程建设项目建设信息已经在网上对公众公布。

3. 建设武汉城市圈道路客运市场视频监控系统

天门、孝感、仙桃、黄石、鄂州城区道路客运市场视频监控系统已经建设投入使用，武汉、咸宁、黄冈、潜江城市道路客运市场视频监控系统近期有望建成，届时将实现武汉城市圈视频监控全覆盖。此外，襄阳、荆州、恩施、十堰城区道路客运市场视频监控系统建设也开始启动建设的准备工作。

4. 切实提升已建设应用系统的应用服务水平

按照交通运输部统一部署，推广应用了船员管理信息系统、船舶“一卡通”系统、船舶检验发证管理信息系统（VIMS5.0）、水路运政管理信息系统、基于GIS的湖北省内河航道管理信息系统。以“部省联网”工作为重点，提高道路运政管理信息系统的服务能力；以安全监管为重点，配合全国重点联网联控工作，进一步完善和扩展信息平台功能，提升卫星定位信息平台社会服务能力。不断完善和扩展高速公路联网收费系统、高速公路电子稽查系统、高速公路联动处置信息系统和高速公路养护管理系统等的功能，提升高速公路的管理和服务水平。引进了MMTS移动智能快速检测系统，积极推进预防性养护，对全省高速公路进行了全面的路况检测，提高了路面的检测效率和质量。

湖南省

2011年是全面实施湖南省交通运输信息化“十二五”发展规划的开局之年，交通运输信息化建设在湖南省交通运输信息化“十二五”发展规划及统一的顶层设计的基础上有序地开展，取得了一定的成绩。

（一）编制与发布《湖南省交通运输信息化“十二五”发展规划》

《湖南省交通运输信息化“十二五”发展规划》是国内第一个基于物联网、云计算、数据挖掘、面向服务架构等现代信息技术的行业信息化规划，既能够充分体现“四个交通”理念，又合理考虑交通运输厅现有职能职责需求，同时又具有很好的可操作性，为今后一段时间内湖南交通运输信息化建设明确了方向，起到引领作用。

（二）稳步推进交通信息化建设任务

1. 将规划项目与“数字湖南”项目库和交通部规划项目库紧密衔接

将“十二五”规划所确定的十三大重点建设工程全部完成入库工作，成为“四千工程”项目子库“数字湖南”项目库的重要组成部分，使湖南省“智慧交通”完全融入湖南省信息化体系，更好地服务“数字湖南”建设。同时将规划的项目纳入交通部项目库体系，确保了智慧交通前期工作有效的开展。

2. 制定了信息化建设规范制度

制定了《湖南省交通运输信息化“十二五”实施方案》、《湖南省交通运输信息化建设管理办法》，以规范信息化建设和管理，明确职责分工，有序推进工作开展；制定了《湖南省交通运输信息化“十二五”投融资计划》，以促进智慧交通工程建设资金落实，保证项目顺利实施，体现信息化投融资计划的可行性和合理性。

3. 加大落实力度，合理分解规划

加大《湖南省交通运输信息化“十二五”发展规划》落实力度，合理分解目标，调整人员和分工，改进工作方式，2011年下半年顺利启动智慧交通建设前期工作，取得了一定的成效。

4. 建设公众出行交通信息服务系统

公众出行交通信息服务系统第一期工程“湖南省公路电子地图网上查询服务系统”于2011年初在省交通运输厅政府网站开通，向社会公众提供交通出行信息服务，主要内容包括：全省（包括高速公路、国省道干线公路、县道乡道农村公路）1:25万公路电子地图；县道以上的公路路况信息，包

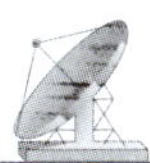

括交通事故、灾害性气候、公路毁损等突发性路况信息，以及施工、养护等计划性路况信息，路况信息按阻断、警示等不同种类的信息；客运站场及班线信息查询，包括全省三级以上客运站及班线的查询；提供气象、省内主要旅游景点等交通出行辅助信息服务，为公众出行提供方便高效及时的信息服务。

截至2011年，已建ETC车道68个；监控中心集联网监控、信息采集、指挥调度于一体，通过出行信息服务网、服务热线、短信平台、与媒体互动播报、道路可变情报板等方式全方位服务高速公路；完善了计重收费方式、绿色通道分段计费、车牌识别技术实行路径识别，完成14个识别点建设并投入使用。同时运用船舶自动识别、船舶交通管理、全球卫星定位、低极轨道搜救卫星、高频、甚高频、卫星通信、视频监控等多种技术，加强了对公路水路基础设施和运输装备的监测监控。

5. 交通应急保障信息系统建设初具成效

整合了省内已有的监控资源，形成统一监控平台。目前接入了湖南省高速公路管理局、湖南省海事局、长沙市交通局、株洲市交通局的视频监控信号共1400余个。通过平台在省厅、各局、各分中心三级级联部署，实现全省资源联网共享，各级部门可根据需要通过统一的客户端调用其权限范围内的视频资源。视频资源中不同技术标准的系统可通过适配接入服务器直接接入交通运输统一监控管理平台，实现资源整合联网。平台可实现3G/GPS无线车载前端、单兵及手机监控接入。平台可对运载工具行驶路线或人员所经路线进行轨迹跟踪，并对现场视频进行实时采集上传。

（三）交通施工生产安全监控系统取得新突破

对特大桥隧质量安全实施信息化监控，现已完成了矮寨大桥和赤石大桥全景展示及视频监控系统试点工作。同时对怀通高速的江市特大桥、南岳高速的大源渡湘江大桥、张华高速的醴水特大桥和猛洞河特大桥等四座特大桥梁进行全过程视频监控，掌握工程进展，实施安全监控。特大桥隧施工全景展示平台见图3-6。

图3-6　特大桥隧施工全景展示平台

海事部门建成VHF水上交通安全监控系统，在湘江中下游（衡阳至城陵矶）和洞庭湖区水域建设一个布局合理的VHF安全通信网，实现对这一辖区水域事故多发区、航行密集区的VHF安全通信覆盖，VHF覆盖区内无线可通率达到95%以上，能够为这一辖区的水上搜救和安全监管工作提供方便、可靠的通信手段。

（四）完善行政许可网上办理系统，加快交通运输执法信息平台建设

根据省政府办公厅《关于加快推进全省网上政务服务和电子监察系统建设的通知》要求，完成厅机关与省专网的联通，将厅行政许可项目和非许可项目的梳理结果上报省政府办公厅。待省政府网上政务服务和电子监察系统正式上线后，即可直接联通使用。

（五）大力提升交通内外网服务质量

1. 提升服务意识，政务信息有新亮点

截至2011年12月20日，厅门户网站共更新信息3457条，较去年同期增长134%。向省政府信息公开平台报送信息1527条，上半年报送数量位列省直单位第一名。向部办公厅上报政务信息514条，向省委、省政府上报527条。发布低温凝冻天气公路路况及交通信息52期。发布防汛抗灾公路动态信息28期。收到依申请公开事项12件，已办理答复9件，3件正在办理中。省政府门户网站转来公众问答事项5件，已全部办理答复。

截至2011年10月，被上级部门采用政务信息170多条，已远远超过去年全年的采用数。根据交通部办公厅信息通报，省厅政务信息工作在全国交通运输系统排名已由去年的第十位跃升至今年的第五位。在省委、省政府办公厅的政务信息考核中，交通厅政务信息评分也排在省直厅局单位前列。

2. 网站建设创新理念

（1）省厅信息中心负责改进厅机关办公内网，开发了“项目审批网络登记和督办系统”，现已处于试运行阶段。该项目为提高服务质量和办文效率，有效地督促项目审批，促进项目审批公开将起到重要的作用。

（2）先后制作了十几个工作专题栏目，特别是“打造四个交通、服务四化两型”专题，紧密结合交通运输“十二五”工作和年度重点工作内容，被交通运输部网站收录，成为交通运输部门户网站首页的唯一一个地方专题栏目；配合省公路水运工程项目施工招标新办法制定，建立“合理定价评审抽取法实施办法”专题；

3. 网络维护强化管理

随着信息化快速发展，根据“十二五”规划中对云计算概念的引入，加强对云的安全防范，通过Gentry、数据隔离、缓存管理、Vlan等技术，对数据进行保护，通过用户、设备等的管理方面规避安全风险。顺利通过省保密局的网络安全检查。

广东省

2011年，广东省交通运输信息化发展总体框架基本形成，信息化发展进入了创新研发、整合应用和综合服务的新阶段。

（一）加强交通运输信息资源的整合和利用

已在全省范围内初步建立了交通运输数据中心，整合了公路数据库、交通量调查、道路运政、港航行政管理、港口管理、微波车流检测、公众出行、科技项目管理等近20个系统。利用交通虚拟专网资源，整合建立了省厅和21个地级以上市交通运输局（委）、琼州海峡轮渡运输管理办公室的高清视频会议系统。全部完成了部信息化示范推广工程“广东省公路交通信息资源整合与服务工程”建设任务，建成了“一个网络、一个平台、一条示范路段、一个中心、五个综合应用、三大体系”，于2011年底通过了交通运输部的验收。

（二）公众网站群发挥了便民服务窗口的重要作用

厅公众网站具有政务公开、行政执法、办事指南、公众互动、政策法规、便民服务等栏目。建立了以厅公众网站为门户，各级交通行政管理部门为分支的省交通公众信息网站群。目前，包括省厅，直属单位，地市交通部门在内的70个公众网站已全面开通。网站群紧紧围绕“便民利民、服务社会”的宗旨，大力推进政务公开工作，积极开展与交通运输部的网上共建活动。

（三）交通运输智能化应用初见成效

高速公路联网收费和不停车收费取得成效。目前，推出的粤通卡累计已发卡超130万张，广东已有80多条高速公路全部纳入联网收费，联网总里程达到4800多公里；开通电子不停车收费系统车道400条，电子不停车收费系统车道数占收费站的比例超过30%。广州市建成了包括公用信息发布、公交线网规划、智能公交、智能出租、呼叫中心、联网售票、羊城通、客运监控、危运监控、散体物料监控等系统的智能交通平台；深圳市建成了包括交通信息采集、政府决策支持、交通出行信息服务、公共交通运行协同、道路交通运行协同、枢纽客流物流信息服务、交通安全与车辆安全、数据管理与分析挖掘等模块的智能交通体系。广州、深圳两市的智能交通平台取得了良好的应用效果。

（四）安全监管和应急保障能力大幅提高

通过建立省级营运车辆卫星定位监管系统，将各地市卫星定位平台与省运政系统对接，对县（区）以上长途客运班车、道路危险货运运输车辆、旅游包车、重型货车和汽车列车、建设施工单位散装物料车、驾驶培训教练车六类重点车辆进行卫星定位动态监管。依托省交通集团监控中心，分期接入琼州海峡轮渡运输监控系统、高速公路监控视频、地方高速公路监控视频，并建立移动视频监控系统。

（五）继续提升行业管理信息化水平

1. 省道路运政管理信息系统建设成效显著

省道路运政管理信息系统已建成并完善了道路运政管理信息和企业联网中心服务两大管理信息系统，建成了省道路运输管理信息网和省道路运输政务信息网两大门户网站，全面构建了全省卫星定位数据联网监管系统和电子证件应用系统两大道路运输相关应用系统，建成有线和无线两套专用运政网络，初步形成了建设与运营、安全和标准三大保障体系，并初步实现了全省公交“一卡通”。

2. 开展省交通运输行业安全生产管理信息系统项目建设

通过系统建设，进一步建立和完善交通安全生产事故报告制度；以可视化的方式，为领导提供全省的交通安全事故和三类人员信息的统计报表，实现事故和三类人员信息的查询、分析；建设全省交通安全生产隐患数据库，实现隐患的登记、监督、查询和整改验收等功能。

（六）完善公众信息服务

建设了“广东省公众出行信息服务系统”，通过公众出行服务网站、移动智能终端、短信服务平台和多媒体查询终端等多种方式，提供电子地图、出行路况、客运班次、交通快讯、出行常识等交通信息，提供出行建议。组建了“一卡通”公司，整合珠三角地区现有公交智能卡系统和资源，广州、佛山、肇庆、江门、汕尾5座城市实现公交卡联网，为实现全省交通一体化奠定了基础。广州、深圳等经济发达城市建立了城市智能交通平台，整合城市交通基础数据，监控城市公交车、出租车、客运枢纽、停车场、城市道路等运行状态，预测交通流量，发布出行信息，实施交通诱导，提高了城市公共交通管理与服务水平。

（七）继续加强信息安全工作

包括做好日常信息安全值班检查；在厅远程办公自动化系统中全面推广应用数字证书；建设厅信息安全综合监控及评估系统等。

（八）大力推进广东省交通综合监控中心建设

目前省综合监控中心完成了一、二期的建设内容。

厅综合监控中心一期项目主要建设内容包括：按“大中心”的建设理念，完成了交通运输虚拟专网、交通厅政务外网、交通集团临时监控中心之间网络的互联互通，并搭建了厅综合监控中心统一登录平台，将视频监控系统功能直接延伸至每台用户终端，实现了全省按需调看；完成了集团和非集团高速公路收费站监控视频信号的接入；为18个交通运输局（委）配置了移动视频监控终端并投入了使用，大大弥补了固定监控视频的不足，增强了机动灵活性，有效扩大了视频监控范围。

厅综合监控中心二期项目主要建设内容包括珠三角主要地市的部分客运站场和沿海主要港口现有监控视频信号的接入；单兵移动视频监控设备建设范围扩大至全省各地市交通运输局（委）；为清远等四市和厅综合执法局配备了车载移动视频监控设备；开展了水运和航道视频监控系统建设试点工作；配套采购了34台手持终端，实现了视频移动监看。

广西壮族自治区

2011年，广西组织开展了“十二五”广西交通运输信息化发展规划的编制工作，围绕交通重点工作，明确了“十二五”交通运输信息化发展目标、建设内容及推进措施，为推进广西交通运输信息化规范管理、加快发展、构建现代化交通运输管理体系明确了方向。

（一）继续推进和完善道路运输管理信息系统开发建设

对各市运管处及所辖区所进行数据清理和数据迁移工作，完成了13个地市运管处（除南宁市运管处）以及14个市运管处辖区内89个县（区）运管所的运政业务数据的清理和迁移，涵盖道路旅客运输、道路货物运输、道路危险货物运输、机动车驾驶员培训、机动车维修、站（场）服务、出租车、公交运输、运输服务业等各项数据，其中交通运输部要求上报的32个指标项平均合格率为98%以上。

（二）推进道路运输车辆动态监控管理系统开发建设

大力推进广西道路运输车辆动态监控管理系统的开发，建设自治区级政府监管平台，通过整合道路运输和交通管理部门信息数据，实现覆盖全区道路运输车辆、驾驶员的交通违法、事故等静态信息和车辆车载终端动态数据信息的综合管理，为自治区道路运输、交通管理及安全生产监督等政府职能部门提供信息服务。

（三）推进不停车收费（ETC）系统研发实验

2011年1月开始ETC系统内部试运行工作，为了保障内部试运行顺利开展，高速公路管理局编制了《广西高速公路ETC试运行管理暂行办法（试行）》，组织了参与试运行工作的车辆、公司驾驶人员的技术培训，为系统全面建设提供科学依据和实践经验。同时，拟定了《广西高速公路电子不停车收费（ETC）系统建设总体实施方案》，与商业银行签订了非现金充值业务合作合同，为审批实施建设做好准备工作。目前，ETC系统在3个试点收费站总计6条ETC车道进行试验运行，实现了ETC车道的基本功能及车辆通行、数据上传、结算、清分。

（四）开展广西高速公路干线通信及二义性路径识别规划研究和广西高速公路联网系统标准及规范研究

2010年，自治区高速公路管理局开展广西高速公路干线通信及二义性路径识别规划和广西高速公路联网系统标准及规范研究。2011年8月，协作单位提交了两课题的中期报告并通过了评审。9月、11月，完成了联网收费系统IC读写器和监控系统兼容性测试工作，取得了一定的成效。目前，协作单位根据评审意见基本完成规划方案的修改完善工作。

（五）开展综合监管与应急指挥系统的研究

开展高速公路综合监管与应急指挥系统的研究，通过运用信息化手段，建立高速公路智能化管理平台，规范了高速公路各项日常业务处理，减少中间环节，提高工作效率，降低生产和管理成本，节约资金；通过高速公路综合系统的开发，对养护运营投资、收入及资金使用情况的监管和分析，加强自身经营管理，控制成本，提高经营服水平；建立计算模型，对高速公路运营数据资源进行开发分析，为研究制定适合广西高速公路近期和中期发展战略，提供科学决策依据。同时，为了统一广西高速公路客户呼叫中心“96333”服务工作，提交了《广西高速公路客户服务中心系统实施方案》（送审稿）。

（六）完成了基于GIS技术的高速公路综合信息管理系统的开发

开发完成了以MapServer WebGIS平台为基础、基于GIS技术的高速公路综合信息管理系统，实现了图库互查、分层显示地图、地图定位、距离测量等功能；建立了地图空间属性库相关联的公路业务属性信息数据库，在高速公路上各种设施实现采集数据的前提下，能够及时反映高速公路维修、拥塞、事故等各种信息，及时向公众提供出行服务。

（七）完成了广西水运工程建设市场信用信息管理系统的开发

该系统包括用户管理、企业基本信息管理、良好行为管理、不良行为管理、网站发布、数据接口等模块，全面记录参与广西水运工程建设的各责任主体的基本情况和信用信息，并通过网站公布经审核信息。系统利用交通运输部的相关接口标准将企业的信用信息上传到交通运输部水运工程建设市场信用信息管理系统，实现对市场主体行为进行社会监督、政府监管和责任主体自我约束的目的。

（八）加强业务应用系统的维护，保障政务服务

2011年，厅电子政务年度计划和专项经费下达和签订了交通运输厅门户网站建设、公众出行地理信息系统、厅机关办公自动化服务、公共政务信息发布、厅机关业务系统维护、厅信息网络维护、政务信息处理、信息安全防范、治超管理和治超数据交换9个项目或合同，安排经费110.5万元，对现有的业务应用系统进行维护和改进。

四川省

2011年，四川省交通运输信息化工作紧紧围绕全省交通工作中心任务，各项目标任务进展顺利。

（一）做好“十二五”交通运输信息化发展规划的编制

结合交通运输部提出的“十二五”信息化工作的发展思路，按照厅交通运输“十二五”发展规划的总体要求，组织开展了四川省交通运输“十二五”信息化发展规划的编制工作，充分发挥信息化对改造传统产业、发展现代交通运输业的支撑和保障作用。

（二）做好交通运输行业信息化重大工程建设

1. 公路交通信息资源整合与服务工程通过验收

工程整合共享了公路交通等信息资源，开展了富有成效的数据质量分析工作，建立了信息资源管理和服务体系。为政府监管、决策分析和公众出行提供了有力的支撑，取得了良好的应用成效，并在灾后重建工作中发挥了重要作用，初步形成了四川省交通运输行业信息化长效发展机制。

2. 做好公路水路交通应急指挥及抢险救助保障系统工程的实施

开展了四川省公路水路交通应急指挥及抢险救助保障系统工程建设。完成了工程可行性研究报

告编制，通过了省发改委的立项审批（川发改基础[2011]172号）；工程进入了信息系统设计和施工建设阶段。

3. 做好“四川省交通运输统计分析监测和投资计划管理信息系统”前期工作

做好了交通运输部试点工程“四川省交通运输统计分析监测和投资计划管理信息系统”的前期工作，完成了工程的可行性研究报告编制，经交通运输部批准立项，完成了工程初步设计编制，并经厅审查通过。

（三）继续深化信息化业务系统应用

1. 加强基础设施运行监测与监控系统的建设

做好全省公路数据库更新维护工作，实现了全省交通公路数据库基础数据共享。完成全省桥梁管理系统升级，在原有对桥梁基础信息管理、养护情况及技术状况评价的功能基础上，重点实现桥梁管理系统数据与现有公路基础数据库数据项的共享。

2011年，建成184个全自动连续式交调站点，初步实现普通国省干线公路交通量数据采集、数据传输的自动化，数据精度大大提高，初步形成普通国省干线公路交通流量观测系统，交调数据中心框架基本形成，初步实现对路网运行状况的实时监控。

完成路面使用性能指数（PQI）民生工程目标管理工作，强化路况使用性能监管。实现了对国省干线公路路况数据的自动化快速检测，包括路面破损率、平整度等指标，数据客观真实地反映了全省公路技术状况。

编制完成《四川省高速公路联网电子收费系统总体技术方案》等一系列用于指导协调ETC一期工程测试及整改、完善。

航务海事行业信息数据基本建立。初步建立了航道数据库、跨河桥梁通航数据库，为航务海事信息化奠定了良好的基础。

2. 加强公路水路交通运输管理服务系统建设

加强了公路水路运输经营业户、从业人员、营运车辆、船舶等重要基础数据库的建设。对运政数据库中的运输业户、营运车辆、从业人员数据项进行了全面核查、清理。

目前四川省船员数据库已实现全国联网。初步建立起船舶数据库、船员数据库、水运企业数据库，建立了行政执法数据库和水上交通事故数据库。

建成了全省公路建设市场从业企业和从业人员数据库；完成了工程建设领域建设项目信息公开和公路建设市场信用评价管理系统建设工作，在厅外网建立了“工程建设领域建设项目信息和信用信息公开共享专栏”；做好了四川省交通建设市场信用管理系统的管理和维护。

开展了超限运输审批系统、全省交通执法人员及执法证件管理系统、全省高速公路交通执法业务管理系统、全省高速公路无线语音应急通信系统的建设工作。

完成四川省高速公路交通执法业务管理软件系统建设。实现从外业交接到案件办结的高速公路交通执法业务全过程信息化、网络化办理。

组织编写了《四川省道路运输企业信息化建设指导意见》和《四川省客货运站信息化建设规

范》，现已完成征求意见稿。

3. 加强交通安全监管系统建设

进一步加强道路运输车辆动态监管。

继续推广码头视频监控系统，强化水上交通安全监控手段。

开展AIS系统（船舶自动识别系统）建设工作。长江四川段、岷江、嘉陵江、渠江已纳入部局AIS岸台网络建设一期、二期规划。2011年，岷江宜宾至乐山段三个基站已经建成，四川AIS数据分中心也建立在即。

启动水上交通安全风险评估系统。按照水上交通风险源分类编制系统数据元，建立数据属性，理顺数据关系。

4. 加强行业公共信息服务平台建设

对厅门户网站栏目构架进行了调整，完成改版工作。新门户网站强化了网上办事、信息服务、互动交流、宣传等功能。

建立了“四川交通公众出行服务网”，面向社会公众提供四川路网、旅游交通、路径策划、自驾出行、客运出行、综合查询等各类信息服务，及时发布准确、可靠的路况信息。以可变情报板、网站、手机Wap网站、微博、广播、热线电话等多种方式向不同出行人群提供多层次、全方位的出行信息服务。设立全省路况信息专用服务电话，通过四川交通广播发布实时路况信息。

贵州省

2011年是“十二五”规划的开局之年，贵州省在行业信息资源开发利用、行业基础管理应用、重点领域建设以及信息安全保障体系建设等方面取得了较大进步。

（一）展开省级交通数据中心建设，提高信息资源开发利用水平

根据“贵州省干线公路运行监测与信息服务系统工程”项目要求，进行省级数据中心建设。通过整合公路基础管理、运输管理、交通建设、视频监控等数据，建立基础数据库与主题数据库；整合公路地理、高速公路沿线设施（服务区、收费站等）以及基础地理数据，建立交通地理信息平台；实现行业信息资源的交换与共享，实现全省共建共享“一张图”。

该项工作目前完成的有：协助部规划院完成项目工可报告、初步设计方案的编制与评审，并通过部批准立项；对已实施类似项目的省市进行考察学习，同时展开对建设案例的学习与研究，编写项目建设调研大纲；根据项目建设领导小组要求，组织编写完成《数据中心初步设计》方案。

（二）进行行业管理系统建设，提高行业管理效率和水平

为提高厅政务办公效率，展开厅政务办公系统建设。目前已完成以下工作：对国土资源厅、审计厅、中烟集团贵州公司、中国电信贵州公司等进行办公系统建设调研，编制项目实施方案并组织完成招标工作；负责系统开发建设管理，进行沟通、测试、协调、培训等工作；推动系统部署并投

入试运行。

继续展开交通运输执法人员及证件系统运维工作：进行证件数据审核处理，目前已完成5426张证件的制作与发放；协助厅法规处与部通信信息中心进行系统功能、流程的改进与完善；展开执法车辆档案管理系统的开发并投入使用，实现对全省607辆执法车辆的档案信息化管理；负责系统应用及运维支持。

根据交通运输部的有关要求，展开省治理超限运输管理信息系统建设调研工作，并根据相关处室意见，编制完成项目建设方案。

（三）围绕行业监管、决策支持与服务公众，进行重点领域建设

为规范从业单位市场行为，继续做好“贵州省交通建设市场信用平台”有关工作：完成平台四期建设总结，并通过厅评审，明确由中心负责该系统的运行维护；依托平台信息，建立贵州省交通建设项目信息公开平台并实现与省工程项目信息公开专网的链接；完成与部公路局、水运局的数据接口建设。目前，根据数据中心建设的总体需求，对平台业务、数据及技术架构进行重造，并进行项目管理系统建设。目前系统对全省400多家从业单位与8000多主要从业人员信用进行评价、发布与管理，为交通建设提供了有效的管理工具。

依托整合的交通数据资源，建立行业综合查询和分析系统，实现对公路管理、道路运输管理、高速公路建设重要统计指标的综合信息查询和分析，为交通管理提供辅助决策功能。目前已完成系统建设方案编制。

为更好地为公众提供出行信息服务，将在目前“贵州省公众出行信息系统”的基础上，丰富服务内容，提高服务质量，建立呼叫中心、广播电台和短信服务。目前已完成系统建设方案编制。

（四）展开安全体系建设，保障信息安全

根据厅信息化“十二五”专项规划及交通运输部示范推广项目要求，结合实际情况，展开厅信息安全体系建设，目前完成以下工作：编制《贵州省交通运输行业信息安全体系建设（一期）》方案，并申请获得2011年省级信息化专项资金；通过实地及资料调研、学习，进行《安全体系》实施方案编制工作。

（五）其他

继续加强厅及有关单位的门户网站建设维护工作。完成了厅网站的改版建设，对信息发布管理后台进行优化，对版式栏目进行调整；结合工作重点热点建设专栏、专题12个，进一步加强对交通运输工作的宣传，打造公众服务信息平台。

云南省

2011年，云南省交通运输厅荣获“十一五”全国交通运输行业信息化工作先进单位；同时，云南省交通运输电子政务综合协同平台荣获“十一五”全国交通运输行业信息化优秀项目。通过不断

努力，2011年云南省的交通运输信息化工作在行业综合管理领域、信息服务领域、公路领域、水路领域、道路运输领域等都取得了较大突破。

（一）行业综合管理领域

1. 进一步完善了组织机构建设

云南省交通运输厅党组对信息化工作高度重视，配齐了厅信息中心的领导班子，充实了工作人员，明确了厅信息中心在行业信息化中规划、管理、业务指导的职责，强化了它在信息化项目上审核、把关的职责。

2. 交通运输行业“十二五”信息化发展规划编制完成

为了促进行业信息化的快速健康发展，编制完成了《云南省公路水路交通运输信息化“十二五”发展规划》。该规划现已正式下发执行，将对全省交通运输行业信息化工作起到重要的指导和引领作用。

3. 三个管理办法起草成稿

针对全省交通运输行业起草了三个管理办法，分别是：《云南省交通运输信息化建设管理办法》、《云南省交通运输行业网络管理办法》和《云南省交通运输行业信息安全管理办法》，待审定后下发，将为有序推进行业信息化建设工作奠定基础。

（二）信息服务领域

1. 电子政务协同平台建设和外网网站群改版成效显著

云南省交通运输厅政务协同平台建设顺利进行，现已完成厅机关8个处室和运管局、航务局、质监局、造价局子门户，以及所有厅领导直通车的建设工作，进入试运行阶段。此平台将成为全省交通运输行业信息资源整合和共享的门户和窗口。还进行了云南省交通运输厅外网网站的改版工作，改版旨在增强互动性，提升社会服务功能。改版完成之后，此网站在全国网站中的排名已经稳步上升。

2. “一张图”整合工作有序展开

“一张图”是全省交通运输统一的公路水路电子地图，目前，已实现全省农村公路和国省道数据库的两库合一。首批在运管局、航务局、质监局、造价局、路政总队部署了数据采集前置服务器，开始五大类资源库的数据整合。

3. 应急处置与公众出行项目启动

云南启动了应急处置与公众出行项目，开始了一期工程的招投标工作。通过此项目能够为公众出行提供及时、准确的服务，有效提高突发事件的应急处置能力。

4. 移动应急指挥车项目建设正在开展

移动应急指挥车的招标工作已经完成，应急指挥车辆即将就位，这将对突发事件的处置起到有效的帮助。

5. 短信平台投入使用

短信平台是云南省交通应急处置与公众信息服务系统的重要支撑，同时也是交通信息资源整合工程的重要基础，目前短信平台的开发已基本完成，实现了短信及彩信的收发功能，便于消息的及时传递。

6. 公路通行量和客运信息管理与监测系统开始启动

云南省公路通行量和客运信息管理与监测系统建设项目正式立项，通过此系统的建设，能够提高行业信息资源的利用率，辅助领导决策者和行业管理人员更加科学的制定各项交通运输发展的政策和措施。此工程还将为社会公众提供及时、准确的交通出行服务，从而引导大众更高效地利用各类交通资源，提高交通运输和公众出行整体效率，降低整体交通出行成本。

7. 部试点示范工程建设

在试点示范工程上，云南省积极争取的“昆明市出租汽车服务管理信息系统”通过交通运输部立项，成为全国首批15个试点城市之一。

（三）公路领域

云南省公路局建设完成了覆盖全局18个州市公路管理总段和126个县级公路养护段的广域网；公文传输系统、视频会议系统在以上公路管理总段和县级公路养护段推广应用。公路数据存储备份系统的建设完成有力保障了公路数据信息的安全。

省路政总队建立了覆盖19个支队、206个大（中）队的路政业务专网，并对部分大队（中队）和治超站点的VPDN专线进行了升级改造，搭建了路政中心承载平台，路政业务管理系统全面推广应用，指挥管理系统建设和移动执法（路政通）系统研发应用继续推进。

省公路开发投资有限责任公司应急指挥中心建设进展顺利。建设完成后，该中心将于2012年正式启用。

（四）水路领域

完成了部海事局专网建设和省航务局广域网专网系统建设。航务海事综合业务平台、内河船员管理系统、船舶登记系统、视频会议系统在全省18个州市海事局（含2个直属海事局）推广应用。

（五）道路运输领域

完成了国际道路运输信息管理服务系统建设任务，并顺利通过了鉴定验收；完成了道路运输信息综合服务平台第二阶段的系统架构建设工作，以及道路运输移动稽查关键技术开发研究试点工作；GPS监控系统荣获省科技进步三等奖。

西藏自治区

西藏交通运输信息化的建设和发展，实现了加快发展稳步推进的同步；取得了工程建设快和质量也达标的同步；达到了建应急工程和理顺运维机制的同步。由于西藏特定的地理、自然、气候条件，西藏交通运输信息化的建设和发展必须切合西藏的实际。由于西藏地域广、公路灾害多、分布范围广大、持续时间长，全区公共通信覆盖率底，加之灾害发生地区和路段大都没有公共通信设施，即使现有的公共通信设施也有可能在灾害发生的同时损毁，西藏的公共通信网无法实现应急通信保障，提高在第一时间的应急反应能力是西藏交通信息化建设的当务之急。因此，西藏交通运输信息化的建设和发展也是紧紧地围绕西藏交通运输应急保通、抢险救灾的实际，以交通应急通信、交通应急保障、应急通信服务实现联动来规划、建设和发展。

2011年初，完成了《西藏自治区交通应急联动与服务系统初步设计》的审查工作。在时间紧、任务重的情况下，经过1年5个月的艰苦努力，通过可研、设计、审查、招标和工程实施阶段，于2011年7月之前提前完成了西藏第一条高速公路上《拉萨至贡嘎机场高速公路信息发布、监控系统工程》的建设。2011年底，在交通运输部和中国交通信信息中心的援赠下，经过46天的紧张工作，建设完成了"西藏自治区重点营运车辆动态信息公共服务平台"并正式开通，西藏是全国最后一个实现了并入全国各省、区、市重点营运车辆动态信息数据上传并实现全国各省市区车辆动态数据共享，不仅满足了重点营运车辆安全生产、动态监管的实际需要，同时在反恐怖、维稳冲突中都能发挥重要作用。

陕西省

2011年是"十二五"开局之年，陕西省在做好"十一五"交通信息化目标任务收尾工作的同时，认真谋划陕西省"十二五"交通运输信息化发展大计，编制完成了《陕西省交通运输信息化"十二五"发展规划》，"十二五"交通运输信息化建设将在统筹规划下有序展开。

2011年，全省交通运输行业在"统筹规划、资源共享"的理念下，信息化工作呈现出良好的发展态势：建设和整合业务应用系统，提升厅机关政务管理信息化水平；稳步推进业务管理系统建设，行业信息化发展水平明显提升；统筹规划设计，促进协调发展。

（一）厅机关信息化建设情况

1. 陕西省交通运输厅政务协同平台

通过搭建省厅政务协同平台，实现机关办公现代化、信息电子化、管理决策科学化，减轻工作人员负担，有效处理、协调各部门之间的工作，大幅提高厅机关的行政办公效能；通过建立省厅政务统一门户，统一权限管理和单点登录，实现厅机关政务工作和已有业务系统的集成，实现数据和权限的整合，并可为今后的各项政务工作提供可扩展的系统开发平台。

2. 陕西省交通运输厅投资计划与统计管理系统

该系统的建设实现了省市两级投资计划与统计信息的网络化管理及实用的汇总和统计分析功能。实现厅综合规划处对厅直单位和11个市区交通运输局进行计划任务下达、固定资产投资统计报表上报及省厅审核的功能，实现项目计划数据和实际完成情况进行报表化和数据导出，以方便相关部门及领导对交通投资计划与统计信息的快速获取和比较分析。

3. 厅机关涉密专网建设

2011年省厅对厅机关办公系统、各业务系统、网站等进行了安全检查，并对对厅机关各处室计算机及涉密载体进行保密安全检查；对涉密计算机涉密等级进行重新划分，对厅机关涉密检查结果进行整改。

4. 厅机关门户网站改版

对厅门户网站进行改版，在原门户网站增加“阳光工程”版面，对外公开省高速公路在建项目的建设信息和公路建设市场的信用信息。

（二）行业信息化建设情况

1. 全面建成陕西省交通行业专网

2011年陕西省完成了专网二期工程的建设，实现了省厅、20个厅直单位、51余个市级交通单位、近300个县级交通管理单位的联网。目前全网承载电子公文传输系统、视频会议系统、道路运输管理系统、公路路政管理系统等业务信息系统。

2. 完成陕西省道路运输管理信息系统（一期工程）

该系统全面覆盖了全省各地市运政管理业务，在加快行政审批、提高管理工作透明度、提升数据报送效率和准确性方面发挥了显著效果。该系统为领导决策提供了翔实的数据基础，也为今后物流公共信息平台等系统的建设提供了准确、可靠的数据资源，实现了许可审批、业务办理、管理监控等工作的省市县三级协同处理，并完成与部道路运输管理信息系统的联网，提升了管理和服务水平。

3. 建设陕西省高速公路建设项目信息管理平台（阳光工程）

阳光工程总体分为内部管理平台和外部信息发布平台，内部管理平台主要满足省厅对高速公路建设项目管理的需要，外部平台向社会公众公布项目信息及诚信信息。平台围绕公路建设相关管理业务，把省厅、各项目法人单位、建设单位有效地衔接起来，实现对全省范围内各高速公路在建项目的统一管理和数据共享。通过对各在建项目的数据进行统计、查询、分析等功能，为公路建设管理决策提供良好的辅助支持信息，实现高速公路建设过程的对内公开、对外透明。

4. 建设公路建设市场信用信息管理系统

该系统在满足目前信用信息管理需求的同时，将可以不断增强和改进系统功能，使之涵盖勘察设计、施工、监理、试验检测等从业单位，能够为信用监管、征集、发布和奖罚服务，促进公路建设市场诚信体系建设，实现信用信息全国共享、互通。目前该系统已搭建完成，实现了与阳光工程的数据交互、对外发布信用信息、企业基本信息填报和信用信息查询等应用功能。

5. 营运车辆二级维护电子备案监管系统

该系统结合营运车辆二级维护工作过程的现状，实现了对维修企业、营运车辆、从业人员和证照等要素的全方位的监督和管理，有效地杜绝倒卖“二保”卡、合格证的现象，切实提高“二维”

质量，全面提高营运车辆二级维护的保养质量和效率，提高车辆技术状况，减少事故隐患和交通事故的发生。该系统已开发完成，并在试点地区展开应用，效果良好。

6. 公路客运票务信息服务系统

该系统由站务管理、窗口售票、自助售票、网络售票、电话订票、检票结算等子系统组成，涉及站务管理、调度、售票、进站、检票、出站稽查、结算等各个站务作业环节。同时，可以向省厅门户网站提供票源信息，实现票务资源共享，为旅客提供全方位、多渠道售票业务。其中，网上在线售票、站内自助售票（支持现金及银联卡）在西北地区尚属首家，处于同行业领先水平。

7. 西安市出租汽车服务管理信息系统

西安市出租汽车服务管理信息系统包括七大业务应用系统，即监控指挥系统、电召服务管理系统、综合运行分析系统、企业在线业务管理系统、服务质量监督考评系统、信息发布管理系统、“一卡通”刷卡付费管理系统。

8. 陕西省高速公路联网收费治超综合管理系统

通过收费与治超系统的联网，将原有独立于高速公路各收费站的治超检测系统纳入统一联网平台之上，建立了全省高速公路超限检测管理系统，形成了完整统一的治超检测和统计分析体系，实现治超信息传递、超限车辆倒查、超限车辆投诉举报管理功能。

甘肃省

2011年，交通运输行业信息化建设主要包括公路管理应用系统、运输管理应用系统、水运管理应用系统、高速公路管理应用系统和路政管理应用系统。

（一）公路管理

全面完成了局域网改造工作；完成了人事劳资管理系统、公路养护业务管理系统、收费综合业务管理系统、综合业务管理系统、应急信息管理系统、出行服务系统六大公路管理信息系统应用软件的自主研发工作，且均已投入应用；建成了省级交通量调查中心；引进了隧道数据库软件；建成了全省国省干线多媒体地形沙盘。

（二）道路运输管理

1. 稳步推进项目建设，拓展信息网络覆盖范围

完成了甘肃国防交通战备信息网络建设项目和甘肃省交通战备应急指挥中心建设项目，搭建了全省国防交通信息网络指挥平台；完成了交通信息资源整合项目中厅网站的改版工作；根据交通运输部的要求，对全省现有道路运输车辆GPS监控系统进行了升级、完善，完成了省级道路运输车辆动态信息监管平台建设。

组织实施了IC卡智能管理系统建设项目，扩展了IC卡电子证件的应用功能；结合省厅对全省交

通资源整合项目的验收测试工作，对项目各系统进行了功能完善；对未建设视频监控系统或未接入省应急指挥中心的一级客运站提供技术指导和支持。

2. 加大信息技术推广，提升行业信息化应用水平

组织全省运管机构对标准协同式四级道路运输业务管理系统进行了数据清理工作，重点解决了数据重复、营运车辆与经营业务数据关联缺失等问题。

通过加快道路运输证IC卡电子证件的发放，实现甘肃道路运输证件电子化管理。目前，全省车辆IC卡电子证件已发放23398张，从业人员IC卡电子证件已4332张。

在加快办公自动化系统应用的基础上，进行了移动办公系统的开发与试用，即将实现内部通信、文件流转的网上处理和手机处理，进一步提高行业办公的便捷性、及时性。

在进行车辆动态信息监控平台建设的同时，调整推广应用思路，制定相应规范、标准，大力推广符合交通部标准的卫星定位系统，实现了车辆监控的联网联控，推动了甘肃省营运车辆安全监控的全面普及，提升行业安全监控管理的效能。

3. 加强系统协同应用，扩大信息技术应用范围

在道路运输应急指挥中心集成部署了“96779”语音服务系统、GPS监控系统、道路运输指挥系统、公众信息服务系统、应急处置系统的应用端和运政管理、IC卡电子证件管理、客运和物流等系统查询窗口。

协同应用道路运输网站、四级运政管理系统、OA系统、IC卡电子证件管理系统、行业综合查询分析系统和道路运输短信平台，搭建了道路运输综合管理应用平台。

协同应用OA和行业综合查询分析系统，依托道路运输数据中心，实现了道路运输管理基础信息共享和内部管理流程的协同。

协同应用交通地理信息系统和GPS监控系统，实现货源、运力等信息的及时采集和共享，提高道路运输车辆的实载率。

协同应用物流信息服务系统、GPS监控和IC卡电子证件管理系统，实现汽车站IC卡电子报班、危货运输电子路单报备查验，切实从源头上加强了道路运输安全管理。借助GPS监控功能，加强了营运车辆和驾驶员运行过程的动态管理，提升了道路运输安全保障能力。

（三）水运管理

建立了“一中心、三平台”，省中心分别与兰州、白银、临夏三个重点地区连接，为建立码头、渡口CCTV监控和GPS船舶监控系统打好基础。

建立了全省船舶、船员、水运企业、港口、法规数据库，开发了集船舶管理、船员管理、安全管理、水运企业管理、行政执法于一体的甘肃省水运海事信息管理系统。

建设了电子售票系统，在兰州白塔山码头、临夏大坝码头两处作为试点开工建设，实现了计算机售票、验票、查询、汇总、统计、报表等各种门票控制和全方位的实时监控及管理功能。

（四）高速公路管理

为进一步提高路网的通行能力，推广非现金交易和ETC不停车收费系统，为广大人民群众提供

安全的、快捷的、经济的用路条件。2011年，省高管局加大收费站ETC车道密度，积极推动电子不停车联网收费。

为进一步提高道路通行的服务水平，加强道路运行情况实时监控，省高管局对2010年以前开通的路段安装并加密外场监控设备，对收费车道、广场、隧道监控系统进行数字化改造。

进行了隧道的通风系统、照明系统、消防系统、安全监管系统、交通监控系统和信息通信子系统的改造，加强了信息的采集和实施处理能力，应用现代化的信息技术，确保隧道运行安全、高效、畅通。

（五）路政管理

延伸原有规费征稽网络，形成全省路政执法综合信息网络；利用原规费征稽系统现有服务器设备，开发路政许可、路政巡查、超限运输、行政处罚、基础信息等数据库，实现全省路政数据的集中处理；开发完成行政许可、路政巡查、超限运输、行政处罚、移动执法、现场监控、政务公开和综合办公8个应用子系统。

宁夏回族自治区

2011年是实施“十二五”规划开局之年，宁夏大力推动全区交通运输信息化建设，加快发展现代物流业，在引导道路运输业健康发展，促进经济社会发展，促进人民群众出行条件改善等方面做了大量工作。

（一）交通公众服务信息化建设

目前交通运输厅及部分直属单位，如公路管理局、道路运输管理局等建设了互联网站，并形成了相互链接，比较全面、准确、及时地向国内外和社会各界介绍宁夏交通运输行业简况、行业政策法规、行政许可、窗口服务等，为社会公众服务。网站现设有11个栏目，7个专题子网，改版运行一年来，网站访问量突破180万人次，平均每年累计向公众发布交通信息近千余条。

（二）建成全区交通“信息高速公路”

2011年初，宁夏实现全区1020公里高速公路全部联网。

宁夏高速公路联网收费系统建设得以顺利进行，重点在于“部门协作、技术人才保障”。亮点在于引入“片区管理概念”，适用于宁夏地广人稀、车辆通行量不大、资金有限的实际。现阶段全区采用二级管理模式（总中心—基层管理站），精简管理机构，但三级网络系统（总中心—片区数据汇聚点—收费站）可灵活变化，为今后随着业务量的增加，增加管理机构做好了充分预留。

（三）全面实施计重收费

2011年为进一步治理货车跳车、冲车扰乱秩序，损坏设备等情况，宁夏对所有计重设备进行了双秤台改造。

（四）正式启用宁夏高速公路管理中心

2010年初宁夏高速公路管理中心大楼正式投入使用，宁夏高速公路管理中心是全区高速公路现代化管理枢纽，也是宁夏交通行业行政管理中心，整个大楼信息化建设主要由全区高速公路管理总中心和大楼楼宇智能系统两大部分组成。大楼智能化系统为各入驻单位的办公和物业管理提供了现代化管理手段。

该项目已于2011年11月完成验收，现交由宁夏公路管理局使用，宁夏交通信息监控中心维护。

（五）在全区推广应用GPS汽车动态行驶记录仪

截至目前，全区班线客车、旅游客车、农村客车及危货车辆全部安装了GPS汽车动态行驶记录仪终端。运管局建设完成了自治区GPS服务总平台，与全区运营商实现了联网，同时与交通运输部信息平台实现了联网，实现了全国范围内运输数据的互联互通。

GPS汽车动态行驶记录仪的推广，使企业对车辆实现了动态监管，尤其是对客车超速行驶、超员运营、疲劳驾驶、串线经营等违章行为实现了有效遏制，减少了道路运输事故。同时通过应用GPS记录仪，企业可以及时发布相关信息，提高了企业运营效率。2011年积极推进重点运输过程监控管理服务示范系统工程，被交通运输部列为北斗/GPS兼容车载终端推广示范省区。

（六）建成宁夏物流公共信息平台

宁夏物流公共信息平台于2010年6月正式面向全区推广使用。2011年又编制完成了《自治区“十二五”现代物流业发展规划》，并争取到自治区信息化试点项目。

宁夏公共物流信息平台按照“总体设计、分步实施”的原则推进项目建设。在现阶段，平台主要服务于车货交易需求，实现社会车源信息、货源信息在货主、车主以及货运信息经营者之间高效流动，快速共享，起到提高车辆运营效率，有效降低车辆空载率，为托运人和承运人搭建交易渠道的作用。

（七）加强科技创新项目管理

2011年加快信息技术应用，全国海事信息网基本建成，船舶、船员、船检应用系统被列入部海事局“十二五”规划，升级推广自主研发的办公自动化OA系统，验收完成了自主研发的公路工程计量支付管理系统、宁夏公路建设市场诚信信息管理系统、IC卡密钥发行管理系统和志超收费软件改造系统等。

青海省

2011年青海省交通信息化得到一定发展，交通厅及部分厅直属单位已经建成了内部局域网。交通系统职工的计算机应用水平有了明显提高，为全省信息化加速发展奠定了坚实基础。完成了青海省交通信息化建设工程（一期），该工程基本覆盖全省的交通信息网络、建成青海省交通数据中心、实现省厅的OA办公系统和公文传输系统、基本实现交通行业管理信息化，项目于2011年底全部建成并投入试用。

（一）公路建设与管理领域

（1）公路建设项目管理系统。主要用于对高等级公路、国省干线公路等建设项目的工程进度、质量和投资进行掌握和控制，提供项目文档管理、计量支付管理、工程变更管理等功能。

（2）公路路政管理系统。主要用于省级路政管理部门（省公路局）对全省路政资产、执法人员基本状况的掌控，对全省路政许可情况、路政巡查情况、执法处罚情况以及建筑控制区内非法建筑的记录管理和统计分析。

（3）公路养护管理系统。主要用于省级养护管理部门（省公路局）开展路况数据采集和处理、养护计划与评价决策、养护资金与资产管理。

（二）运输管理与服务领域

省厅围绕着方便、快捷为民服务的目标开发了《青海交通便民出行服务系统》。该系统展示了青海省境内的高等级公路，国道、省道、县道及部分重要乡道和重点城市的路网结构，具有权威的路网数据和较全面的交通专题数据。系统应用GIS技术实现了公路线路查询、专题查询、路况信息、气象信息等功能。该系统以电子地图方式，展示了青海境内主要干道和路网结构，为公众出行提供了较全面的路网信息服务。

（三）水运海事管理领域

在青海湖建立了通航水域信息管理系统，通过GPS监控旅游客船的运行动态；青海湖及二郎剑码头安装视频监控设备，提高了水运海事业务领域的日常管理水平和安全监管能力。

（四）综合管理与服务领域

（1）综合分析系统。依托统一的交通数据资源平台开发了数据综合分析系统，能汇总归纳出厅领导及相关处室业务管理所需要的数据资料，并形成上报交通运输部和省政府所需材料，为行业管理和领导决策提供支持。

（2）OA系统。建设以省交通厅机关为龙头的OA系统，连接各厅属单位，初步具备了公文传输和交换管理自动化的能力。

（3）视频会议系统。建成省交通厅至6个公路总段以及黄南、共和公路段的视频会议系统，并在省厅网络中心机房配置视频会议多点控制单元（MCU），对会议进行自主、灵活的控制。

（4）门户网站。做好交通门户网站的信息发布和维护管理工作。严格规范网站管理，加强网络安全与监控，做好设备日常维护，认真贯彻落实交通门户网站信息收集、审核、发布制度，确保信息及时更新。

（五）建成统一的交通数据中心

在省交通通信信息中心建成了交通数据中心，统一管理全省的交通数据库群，主要包括：交

通基础资源库、运输管理信息库、路政管理信息库、高速公路收费数据库、监控视频库、查询统计库、厅外网门户网站数据库等。在融合全省交通数据资源的基础上，初步实现了全省交通数据库的集中管理和综合利用。

（六）骨干交通信息网络基本形成

通过政务内网和业务专网，初步建成了连接省、州（地、市）、县（运管所）三级交通部门及厅属各单位的信息网络。

政务内网依托青海省政府电子政务网而延伸建设，连接了省交通厅、各厅直属单位、8个州（地、市）交通局和6个公路总段以及黄南、共和公路段的省、市两级专网，用于视频会议应用。

业务专网采用VPN技术，实现省、州（地、市）、县三级联网的业务专网，主要服务于全省运输管理机构的业务管理信息系统以及公众服务系统的运行，同时实现了与交通运输部的联结。

新疆维吾尔自治区

2011年，新疆交通运输厅在公路建设、公路养护、道路运输、行政执法、信息安全、应急指挥等方面深入开展信息化建设和应用，积极有效地推进了信息化发展。

（一）大力开展信息系统推广应用

1. 完善运政信息系统功能，加快二期工程建设

运政信息系统一期已建成了覆盖全区各级道路运输管理机构的专线信息网络，开发完成了道路运输综合业务管理信息系统、“96511”投诉咨询服务系统、汽车综合性能检测站联网系统等行业监管与服务系统，实现了道路运输业务管理与行业监管的协同。2011年度在深入推广应用该系统的基础上，启动了二期工程，前期设计中不仅对一期工程中的部分功能进行细化，还通过增加“行政许可网上办理”、“道路运输行政执法子系统”、“驾驶员诚信征集与应用子系统”、“道路运输车辆IC卡管理子系统”、“道路运输从业人员IC卡管理子系统”等完善系统功能，为道路运输管理提供更丰富的业务服务。针对一期“大集中、单中心”系统架构脆弱性日益突出的问题，进行升级改造，采用“区域多中心”的架构进行重新设计和完善来规避风险。

2. 完善和推广使用新疆公路基础建设项目管理平台

新疆公路基础建设项目管理平台在原有的版本使用过程中，通过改版升级和优化，基本实现了新疆公路建设过程各类业务信息的快速搜集和处理，对项目实施的进度、投资、质量、合同、安全等建设全过程实行动态、量化管理和有效控制，为交通厅、建设局、公路局、片区指挥部以及下属各项目执行单位的管理与决策提供动态、及时的数据支持，全面提升了新疆公路建设项目管理水平。

为切实做好项目管理平台的推广应用工作，公路建设单位主要领导牵头成立了公路基础建设项目管理平台推广应用工作组。利用冬天建设淡季着重开展平台的推广应用工作，顺应信息化发展模

式，把当前流行的SaaS模式引入平台的推广应用工作中，以购买服务的方式，借力于企业的专业技术人员来提高平台的使用效果。并计划将项目管理平台的应用程度作为对各项目执行单位及参建企业的重要考核标准，纳入考核机制，通过各种方式和制度不断推广该平台的深入广泛应用。

（二）推进资源整合，注重个性化应用

在现有运政信息系统资源共享和信息整合的基础上，将逐步实现国内、国际道路运输企业、车辆、从业人员的信息化管理。目前该项目正在做前期个性化业务调研及设计工作，系统设计从与多国接壤的特殊性出发，体现协议的复杂多样性和系统的多样性。

新疆交通运输信息资源整合与公众出行信息服务系统工程从基础数据整合、统一的GIS平台、公众出行服务手段等几个层面进行了重点建设。通过整合公路空间数据、公路属性数据、公路建设项目数据、建设企业、车辆数据、从业人员数据、经营业户数据，建成七大基础数据库，基本形成全区统一的基础数据资源平台。目前网站及GIS平台建设工作已基本完成，基础数据整合工作正在进行。

（三）通过引进和改造，加速推进基础业务系统建设进程

（1）建设完成了从自治区路政局、市路政局到县路政局的三级路政综合业务管理网络化集成办公信息系统。系统建成后，先后在乌鲁木齐公路总段和卡子湾阜康路政队开展了试点应用工作，随后对系统进行修改和完善并在全疆路政业务人员中广泛开展培训和推广应用。

（2）建立了覆盖全疆四级管养机构的公路日常养护管理信息系统。利用系统可以实现全疆公路养护信息的采集、汇总、上报与分析，汇集来自基层公路养护工作相关信息，为各级公路养护管理部门提供准确的数据，使得科学决策有据可依。

（四）开通交通监控应急指挥中心并初步开展二期工作

成功开通新疆交通监控应急指挥中心，培训专业技术人员，安排日常值守，初步形成“平时值守，突发应急”的工作机制。有序开展交通监控应急指挥分中心建设，目前新疆交通监控应急指挥中心运管局分中心及新疆公路路网监控中心正在做工可、立项报告编制等前期准备工作。

新疆生产建设兵团

2011年是“十二五”的开局之年，新疆生产建设兵团交通运输系统结合兵团实际，坚持统筹规划、需求推动、应用主导、分级建设、整体推进的原则，确定了“优化资源整合、强化行业管理、提升服务水平”的发展目标，取得了一定的成效。

（一）认真落实交通运输部信息化发展规划和年度部署

强化交通运输信息化建设效能，调整充实兵团交通运输信息化工作领导小组和办公室，赋予信息化办公室资金和项目管理职能，进一步强化处室间的业务协同和资源共享，信息化工作力度明显

增强。选择符合道路运输车辆卫星定位系统标准的车载终端，推进普通货运车辆安装GPS监控终端；积极推进兵团道路运输车辆卫星定位系统（省级）平台标准符合性审查工作，规范了兵团GPS监控管理工作，加强了道路运输车辆动态监管工作，全兵团3200余辆“两客一危”车辆全部纳入联网联控系统。实施了公众出行信息服务、物流公共信息平台等信息化示范工程建设，加强了对不同领域、不同区域信息化建设的分类指导，投入资金3000余万元开展信息化建设，促进了兵团交通运输行业信息化协调发展。

（二）着力推进信息化工作制度化和规范化建设

先后对“兵团交通”政务的内、外网站进行了改版升级，组织人员修订完善了《兵团交通局政府网站管理办法（试行）》，建立了《兵团道路运输GPS安全监控系统使用管理办法（试行）》和《兵团客运站远程视频监控巡查工作管理办法》等相关管理制度。

（三）大力开展交通运输信息化建设工作

2011年，围绕“便民、管理、节能、提效”，重点实施了带有示范性的四项信息化建设工程：

（1）垦区出租客运电招服务系统。利用已建成的GPS监控平台，为全兵团垦区团场内部1845辆客运出租车辆安装了GPS监控电招终端设备，开通了“96866”出租客运电招呼叫专号，实行24小时值班服务，方便了团场职工群众出行，提高了车辆的实载率。

（2）基于卫星定位技术的兵团物流公共信息平台。通过升级改造兵团乌北物流中心信息系统，应用卫星定位技术，实现同区域的货车信息的匹配，建设网上物流超市商务平台，进一步完善了兵团物流公共信息平台的功能。

（3）客运站智能管理信息系统。先后在农二、三、四、五、九、十师中心客运站建成了客运站信息化智能管理系统，通过优化整合，实现了客运站的远程监控、安全监管、运营服务、联网售票、车辆调度、信息发布等的智能管理，进一步提升了客运站点的服务能力和水平。

（4）兵团交通运输应急指挥信息系统（一期）。建设了包括重点部位监测监控、预测报警、综合分析、辅助决策、协调指挥、信息发布和模拟演练等功能在内的交通运输应急指挥信息系统，整合应急信息资源，促进了兵团交通运输应急保障能力的提升。

（四）努力提高公路信息化建设水平

公路信息化方面不断加大收费站、治超站点、重点水域、路网等监测监控工作，建设综合监控信息化平台。改版和升级兵团公路地理信息系统。搭建了兵团公路建设市场信用评价系统，实现公路建设市场的网上招标、从业企业和人员信用信息的动态跟踪管理。通过对兵团公路建设市场信用评价系统的应用，有效对公路建设市场信息进行统计汇总，方便对各建设单位进行信用等级评价。

（五）不断完善交通行政执法信息化工作

建设完成同交通部海事局的视频会议系统和船员管理系统。完善水路运输行政许可系统，开展水路运输管理信息系统联网工作，各系统的实施实现全网联动的海事管理系统。配置路政执法指挥车，改变原有路政执法方式，使路政执法工作更加公平、公正，增加了执法工作的透明度。

青岛市

2011年，青岛市交通运输委员会制定印发了《关于加快推进交通运输信息化建设的意见》（青交科［2011］7号）及《关于开展信息化建设年活动的实施方案》（青交科［2011］11号），积极开展信息化建设的各项工作，为推动青岛市交通运输行业又好又快发展起到了积极作用。

（一）电子政务建设管理工作呈现良好态势

（1）将网站建设作为信息化工作的重要内容，不断强化宣传及服务功能，完善相关版块和内容。组织完成了交通运输委外网党务公开专栏、交通工程建设领域项目信用信息公开和项目信息公开专栏的建设。完善高速公路出行路况信息、航班班次查询、火车班次查询、长途客运班车车次查询等服务功能。实现了交通行业信息发布、查询服务、政务公开、网上办事“一站式”服务，行业政务数据资源得到进一步的整合和共享，公众交通运输信息服务水平不断提高。

（2）加强建设管理，保障金宏电子政务系统正常运行。针对金宏电子政务系统硬件设备老化等问题，2011年投资35万元对服务器及交换机等设备进行了更新。修订完善《青岛市交通运输委员会金宏网上公务数字证书管理办法》，加强了委机关和委属各单位新增金宏网用户申领网上数字证书的管理。2011年共办理机构证书5个、个人证书73个，更换故障证书11个。协助市政府电子政务办公室对市交通委数字证书进行了年检，年检证书192个。

（二）交通运输行业信息系统建设不断推进

（1）对青岛市干线公路出行信息平台进行改进和完善。通过完善制度建设，促进信息平台的精细化管理，按照“一号对外（96586）、三位一体（电话、短信、网络）”的原则，将96586服务热线咨询路况热线回答范围扩展到全省范围，向公众提供及时、准确的路况信息。在保留原有信息发布渠道的基础上，2011年又开通了“青岛高速96586微博”发布即时路况信息，为公众了解路况提供一个更为即时方便的途径。

（2）组建青岛高速公路光纤骨干网。升级目前青岛市高速公路通讯网络，建成千兆骨干环，采用骨干路由交换机、路由器与光纤的方式，建设一个以各分中心为节点、用于传输数字化信息与各种格式信息（如视频图像信号）IP专网。同时采用无线宽带接入等先进的接入技术，为各信息点提供数据业务。

（3）完成高速公路全程监控前期准备工作。项目完成后，根据车流量和路段情况设置道路摄像机，进行全天候24小时实时监控，同时将现场的图像信息实时传输给控制中心并进行数据备份，增加事件检测系统和交通诱导信息标志，对于道路上的突发事件能够做到自动报警、人工干预、迅速反映、协调联动。实现了实时掌握道路状况，有效应对交通突发事件的目标。

（4）实施“运政系统整合与稽查联网”项目。实现了对运政系统软件功能的完善、运政信息的整合、车辆技术管理无纸化以及移动联网稽查的目标，进一步提升了运政管理的科技水平，提高行业管理的严肃性和权威性。

（5）实现了机动车维修行业联网视频监控。通过对机动车维修企业远程监控，掌握维修企业对

车辆进行二级维护等的视频材料，作为二级维护认定通过的依据，真正从源头上遏制维修企业敷衍或不检测等行为，杜绝了机动车维修行业管理中的漏洞。

（6）完善GPS监控平台，全方位实现对“两客一危”车辆的有效监控。全市三层“两客一危”营运车辆GPS监控系统，实行24小时不间断监控，通过建设GPS中心平台，可实时查看到每一辆入网车辆的行驶轨迹、所在位置、中途停车时间、驾驶员是否疲劳驾驶等信息，有效防止车辆超速、超时运行等违法行为，充分发挥了行业监管、平台监控的作用。

（7）继续加强“琴岛通”卡的推广应用工作。实现了“一卡多用、方便快捷”的建设目标，应用领域不断拓展，可在无人售票公交车、出租车、胶州湾隧道ETC、轮渡、加油站、书城、24小时便利店及餐饮娱乐等领域刷卡消费。发卡量已达180万张，日交易量达100多万笔。目前，整个系统运行正常平稳，各项业务拓展与系统的对接正在稳步推进中，功能得到不断完善。

交通运输部珠江航务管理局

2011年，珠江航务管理局主要完善本局政务外网网站和办公自动化系统建设；开展办公软件正版化建设；实现了档案管理信息化；全面完成信息系统安全等级保护二级建设，成为广东省直单位中首批完成信息系统安全等级保护整改建设的单位之一；推进了珠江航运综合信息服务系统建设方案的研究工作。

（一）组织研究珠江航运综合信息服务系统建设方案

珠江航务管理局组织开展了系统建设方案的研究和拟订工作，落实了研究的工作机制，初步完成了《珠江航运综合信息服务系统建设方案》，方案理清了关系，明确了项目建设目的、试点区域、建设内容和建设模式，资源共享整合内容及整合方式，以及需要制定的相关技术标准和管理规定。力争2012年上半年基本确定珠江航运综合信息服务系统的设计方案。

（二）组织开展本局软件正版化整改工作

做好软件资产信息登记；完成本局软件正版化整改购置项目可行性研究报告编制、获部立项并批准建设。目前正实施正版软件的招投标和政府采购工作。交通运输部已安排项目资金160万元，将购置办公软件125套、操作系统软件88套、数据库软件3套、图像处理及绘图软件4套、压缩软件105套、杀毒软件2套（授权200个）、人力资源管理和财务等应用软件4套。项目完成后将全面实现本局办公软件正版化。

（三）政务外网网站和内网办公自动化系统成功升级

2011年初，珠江航务管理局政务外网网站和内网办公自动化系统完成升级改造验收并正式投入使用。

政务外网网站升级后，及时更新了珠江水系规划、干线运输管理和通航保障协调等航务动态，提供珠江水运经济动态分析、航道水情等服务信息，信息发布的规范性和针对性不断增强，信息公开意识明显提升。

内网办公自动化系统改造后实现了网络虚拟的协同，完善了办公事务和公文处理的协同管理；建立了内部用户及与外部信息互访平台，提高信息交流的效率和共享程度，使各协作机构、各部门间的信息交流更为稳定快捷、安全可靠。

（四）完成信息安全等级保护建设工作

珠江航务管理局政务外网网站和政务内网办公自动化两个系统全面完成国家信息系统安全二级保护能力建设，通过第三方验收测评并提请广东省公安厅网警支队验收，成为广东省直单位中首批完成信息系统安全等级保护整改建设的单位之一。结合信息系统安全二级保护能力建设，完善了珠江航运远程视频监控平台、档案系统建设。

（五）实现档案管理信息化

2011年，珠江航务管理局加强了档案管理信息化工作，采用了青岛元果档案管理信息系统。实现了档案数字管理并实现全文检索，数据自动定期备份在局服务器，保证了数据的安全性；实现档案目录电子化，已将珠江航务管理局成立以来室藏的各类目档案目录100%电子化管理；实现档案数字化，已将文书永久档案及部分科技档案电子化管理，共归档电子文件4051份，其中室藏档案已扫描20000页；已录入电脑目录数量2566卷、17672件，占室藏档案总量比例100%。

交通运输部科学研究院

2011年，交通运输部科学研究院着力继续提高为部服务能力，承担并完成多项交通运输行业信息化建设工程的组织实施、交通运输行业信息管理系统开发、交通运输信息化标准规范建设等工作，持续推动交通运输行业信息化的快速发展。

（一）为交通运输部服务方面

交通运输部政府网站（www.mot.gov.cn）服务能力和水平不断提升，完成了部主站及各地方子站的更新改版工作；制订《交通运输部政府网站共建工作绩效考评细则》，据此实现对司局子站、直属单位子站和地方子站共建工作的考评。在2011年度国务院部委及直属机构政府网站评比中，部政府网站排名三甲，保持了连续多年名列前茅的好成绩。

统计信息服务保持平稳发展，已建成的交通统计信息系统为完成交通运输部有关统计信息服务工作提供了持续强有力的支撑。同时，启动了交通运输统计分析监测和投资计划管理信息系统（一期）工程建设，开展了黑龙江、四川等省份的省级交通运输统计分析监测和投资计划管理信息系统前期工作，为实现部省两级统计分析与监测工作奠定了良好开端。

2011年，继续丰富交通科技信息资源共享平台的科研成果内容，并结合科技项目管理业务，更新完善了交通运输科技项目管理系统，为2011年度的交通运输科技项目申报与日常管理提供了服务。

部级道路运输信息服务系统继续发挥重要支持作用，开发的“黄金周”和春运道路旅客运输情况报送系统、道路运输行业行车事故快报系统等在实际业务开展方面起到重要作用；完成了部省道路运输信息系统联网数据交换平台和部级中心数据库的日常维护与管理，进行了数据清理上传和分析工作，形成了数据质量分析报告，协助部召开了相关座谈会。完成了数据交换中间件升级和接口改造工作，在部网站上开通了基于部省道路运输信息系统联网数据的道路运输证件信息查询应用系统，部级道路运输信息服务能力不断提升。

（二）行业信息化方面情况

公路领域：启动了交通运输部科技重大专项《基于物联网的公路网运行状态监测与效率提升技术》，首次将物联网这一新兴信息技术引入交通运输行业当中，推动了物联网在交通运输行业的应用尝试。公路业务管理系统研发方面，以产品化发展为目标，推出了省级公路管理信息系统、省级车辆购置税投资补助建设项目计划管理系统等平台型产品，并在多个省份进行了推广应用；公路基础数据更新系统已在原有推广的9个省份基础上，2011年中又拓展了到新疆维吾尔自治区，并列入《交通运输建设科技成果推广目录》，基础数据更新服务基础不断夯实。

港航领域：承担了广州港务局报表管理系统研发、全国水上交通情况年度调查及相关研究以及长江电子航道图生产系统数据库标准规范研究、长江电子航道图系统管理规定及维护规程研究、长江干线电子航道图生产与服务系统建设工程数据制作规范编制等多项工作。

运输领域：运政信息化稳步发展，目前已在全国12个省份部署了“标准协同式道路运输业务管理系统”，并列入了《交通运输建设科技成果推广目录》。以此为延伸，西部区域性道路运输联动稽查关键技术研究与示范应用通过验收，并在吉林、云南、西藏、江西等省份推广应用。同时，还重点开展了郑州市城市出租汽车管理服务系统技术支持、西部项目物流公共信息平台关键技术研究与应用示范、道路运输业务管理信息处理规范研究和RFID技术在道路客运管理中的应用研究等课题研究工作。

新信息技术领域：开展推动物联网在现代交通运输业中的应用策略研究，并配合部科技司完成了“基于物联网的城市智能交通应用示范工程”申报工作，完成了国家物联网“十二五”丛书《物联网与智能交通》的编写工作，承办了面向全国交通运输系统的物联网技术应用培训班，同时研发了部分具有自主知识产权的交通运输物联网感知设备，为交通运输物联网技术应用奠定了技术基础。

标准规范领域：《IC卡道路运输证件技术标准》通过标准审定程序，依照标准的应用推广工作持续推进；城市交通基础数据元等行业基础性标准制订工作稳步开展，道路运输卫星定位系统平台及卫星定位系统车载终端标准符合性检测工作也逐步开展。

中国交通建设集团有限公司

2011年，中国交通建设集团有限公司信息化建设在综合管理系统建设、专业管理信息系统建设、标准化建设、组织架构、信息安全等方面取得了良好的成绩。

（一）开展多项综合管理信息系统建设

完成了人力资源系统第一阶段工作，实现了公司总部岗位、人员、薪酬等信息的集中管理；同时，通过职称评审系统的建设，实现公司各级单位人员职称网上申报和在线评审。

进一步完善了财务系统，建立了集团总部—二级单位两级财务辅助决策分析系统，在所属的500多家下属企业实现了管理标准、会计政策和核算软件的统一。

完成了物资集中采购平台第一阶段建设工作，具备招投标信息发布、供应商管理、采购计划管理等功能。

完善了公司总部生产经营系统，实现了项目备案、合同、分包、执行、竣工全生命周期的信息报送和统计分析。各级单位大力推进项目管理系统建设，实现精细化和专业化管理。主要工程局均已建成综合项目管理协同平台，实现了对项目的招投标、进度、合同、成本、物资、设备、安全、质量、风险、竣工等项目全生命周期的管理，并与各单位人力资源、财务、档案等管理系统实现数据集成，体现了企业管理体系的完整性与集成性。

进一步完善了办公自动化系统，公司总部的收文、发文、公文流转、归档、信息发布、视频会议申请、固定资产管理、公司总部与二级单位之间的公文传输等全部通过网络进行操作，实现了自动化、无纸化办公；完善了法律管理系统，对公司合同订立、执行信息和争议纠纷情况进行集中管理；建立了协同翻译系统，公司各级单位发挥专业优势，在线协同翻译科技资料、标准规范等文件。

（二）开展各业务板块专业管理信息系统建设

基建板块：开展了设计施工协同系统的建设应用工作，建设了企业级施工现场监控系统、船舶监控系统、船机设备管理系统等；

设计板块：开展了协同设计系统、设计过程管理系统、电子图档管理系统的建设，应用了三维设计、虚拟仿真、辅助设计等软件技术；

疏浚板块：开展了船机设备管理系统、船舶监控系统、船舶数据远程无线传输系统、航道地理信息系统等建设；

装备制造板块：开展了物流运输系统、船代系统、仓储管理系统、生产调度系统、装备设计系统等建设；

海外板块：开展了项目管理系统、生产经营管理系统的建设，及时掌握海外项目的生产信息；

投资板块：应用了投资分析系统，确保投资效益。

（三）全面推进信息化标准研究编制工作

公司组织编制了《中交股份信息化标准体系》，明确了今后一段时期内公司信息化标准的建设任务，并在《标准体系》的指导下，编制了用户统一命名规则、IP地址规划、网络基础架构建设规范、应用系统开发接口技术要求、信息化测评标准、信息基础数据元标准等一批通用性、基础性的技术标准。

（四）进一步完善公司信息化治理架构

2011年公司总部信息化机构进行了调整，成立了信息化管理部，提升了信息化在公司总体战略

中的地位，加大了信息化建设的领导力度和统筹协调力度，全面提高并加快推进公司信息化整体工作，加强了信息化对公司综合管理与主营业务发展的支撑。

（五）加强信息系统安全防护

对公司总部及二级单位信息安全等级保护情况进行了自查，提高了各单位对信息安全的重视程度。聘请了专业公司对总部财务报表系统进行了测评和定级。

开展了了数字证书统一认证平台的建设，目前已在公司总部进行试点应用，实现了各类应用系统的单点登陆和身份认证。下一步将在公司下属单位推广建设，逐步覆盖公司全部信息系统和全体员工。

（六）开展年度信息化水平测评

通过信息化测评系统，公司组织各级单位，从信息化领导力、信息化基础建设、信息化应用与效果、IT服务管理与IT治理、信息化人力资源等方面对总部和各级单位的年度信息化水平进行了评价，全面掌握各单位的信息化建设情况，为进一步统筹规划、整体推进信息化建设奠定基础。

（七）进一步完善了运维体系

建立了运维服务台，统一受理用户故障报修，对维护人员进行统一任务分配，并对维护过程进行跟踪。通过服务台的建立，全面记录了各类运维事件，提高了响应速度，避免了运维申请遗漏、运维不及时、任务分配不均等问题，实现了全过程监督。

逐步建立绿色机房，公司采用虚拟化技术，实现了服务器资源的动态分配，为物资采购系统、信息化评价软件、劳资年报、补丁自动分发、服务器状态监控等数十个应用提供了运行环境。

中国远洋运输（集团）总公司

在集团层面，中远SAP（财务信息系统）系统将先进的管理理念贯彻到企业经营管理流程中，实现了“财务信息集中管理和共享，集团资金统一监控和调度，合并报表自动、准确和快速生成，财务和业务数据能够高度集成，统一集团财务和预算管理制度”的目标；财务深化应用系统通过充分利用SAP BW信息集成的优越性，结合航运、物流行业经验，建立起可延续、容易整合的包括组织、流程、模型、报表和方法的商务智能体系；远洋船舶在线监控系统是集航运企业岸上部门与船舶于一体的船舶安全监控平台，对远洋航行中船舶进行全过程实时监控和全过程安全保障；数字化管理平台通过不断升级改造，整合了集团总部一系列的管理平台或系统，实现了数据共享，信息互通。

在航运主业中，包括集装箱运输、散货运输、油轮运输、杂货运输、液体散货运输和特种船运输等开展信息化建设，大力推广应用计算机网络等现代信息技术，实现了经营网络化、管理信息化、决策科学化，为生产、经营、管理提供支持。中远集装箱运输公司引进了IRIS2系统，建设了包括船舶调度系统、电子商务系统、口岸综合货运系统、全球EDI平台等在内的多个大型应用系统，覆盖了集装箱运输整个过程。中远散运自主研发了高效的散货经营业务操作平台，极大地提高了中远散运经营管理的效率。青岛远洋大航运管理系统覆盖了调度功能，商务功能，统计功能及航运管理、海务监督等，支持航运业务整体流程。大连远洋采用先进的信息化架构平台开发理念，完成了办公、海务、流程系统、决策统、航运系统建设，通过统一门户的建立，实现了各系统数据和流程的整合。广州远洋形成了统一的经营信息管理平台，所有船舶实现了EMAIL通信，形成了船岸信息一体化的网络格局，并根据中远航运全面流程管理框架，全新设计系统架构，打造先进的船员管理模式，建立全新船员管理系统。在各大航运公司推广使用的船岸管理信息系统基于共享数据库，以机务管理为核心，分别运行于船舶和岸基计算机系统系统，同时具备岸基“公司业务管理”、船舶“船舶业务管理”和“船—岸数据交换”三大功能。

在物流主业中，中远物流的信息系统主要由业务信息系统和管理信息系统两大体系构成，支撑起了中远物流的信息系统整体构架，其中业务信息系统涵盖了五大业务主线，包含产品物流、工程物流。船务代理、海运货代和空运货代；管理信息系统涵盖了商务管理、财务管理、OA等其他信息系统，具备了为重点行业客户提供定制个性化的物流服务全面解决方案的能力。5156综合管理系统是为第三方物流量身定做的物流供应链一体化管理系统，实现了供应链中相关作业单元通过公共物流管理平台来协同资源和操作的综合物流管理理念。大集中货运系统具有完全自有知识产权，完成了物流平台与船舶代理综合物流管理信息系统的整合，建立了物流总部数据中心，实施了中远物流配送库管理信息系统，成功实现了EAI与客户信息系统的B2Bi。

在修造船板块主业中，中远船务集团积极推进企业设计研发信息化、生产装备数字化、生产过程智能化和经营管理网络化，推动企业产品数据管理、产品全生命周期管理、供应链管理和客户关系管理。船务集团通过SAP改造CIMS系统，研制出具自主知识产权的中远船务建造业务的生产管理系统，管理造船业务的设计计划和生产计划，完全覆盖CIMS的业务流程，形成了完整的造船生产管理系统。修船管理应用平台率先把计算机技术与整个修船管理过程科学地结合，简洁、高效。平台整合了监控系统、Web电子报关系统，以工程单管理系统为核心，具备客户关系管理、领导智能决策支持和知识管理等主要功能。船务ERP通过实施MM、SD、PS等模块，统一了各企业的采购和库存业务，并实现了与财务FI/CO模块的无缝集成。PM模块的应用，实现了各企业资产、设备的统一管理和各模块之间的无缝集成。

中国外运长航集团有限公司

中国外运长航集团高度重视信息化工作，2011年编制完成了《集团“十二五”信息化总体规划》，明确了集团“十二五”信息化工作的定位、指导思想、愿景、总体目标、建设原则、发展策略和主要内容。

（一）信息化基础设施建设

中国外运长航集团建立了业务覆盖集团公司及二三级子公司等的数据中心，配置了数据库服务器、应用服务器、存储及备份设备以及相应的支撑软件，通过防火墙、防病毒、防御入侵攻击等手段确保系统及网络的稳定运行，基本满足日常运营和维护的需要。

集团分别租用电信、联通和移动的三家供应商的线路以双链路形式来组建数据通信网络。目前

以集团北京总部为中心，采取星型组网方式，以SDH数字专线电路为主通道，辐射集团全国各省公司，再由省公司辐射三四级公司。该专网主要用于计算机数据、视音频等综合信息的传输。集团总部采用155M CPOS光纤接口接入，其他各节点采用2M SDH接口接入。

（二）信息化建设与应用

1. 集中管控系统

包括财务管理系统、资金管理系统、财务分析平台、人力资源系统、产权管理系统、风险管理系统、网站群等。

2. 业务应用系统

（1）综合物流板块。综合物流板块通过建设第三方物流协同平台及门户、数据中心，建立以货代、船代、仓储、运输、订单管理、货物跟踪、单证传递、KPI管控体系、决策支持为一体的3PL科学服务架构体系，实现订单管理系统、仓库管理系统、运输管理系统、RFID、单证影像管理系统、无线移动终端等的业务协同。

①海运系统。海外系统是整合集团海运货代、船代业务流程和操作规范，针对海运货代、船代企业的业务需求开发的应用系统，涵盖国际货运的整套业务流程，支持海运整柜、海运散货、海运拼箱等多种业务类型，从订舱、报检、报关、陆运、装船、提单、跟踪到运费收支完成等实时管理，实现了供应链的业务财务一体化。

②运输管理系统。运输管理系统（Transport Management System，TMS）集成先进移动通讯技术的，实时跟踪货物的状态，进行发运分析，路径优化，可视化派车等。

③订单管理系统。订单管理系统综合了集团作为陆运、海运、空运综合性物流企业的主业优势，实现统一了基本信息管理、订单波次管理、订单线路管理、订单的任务管理、订单全程的可视化跟踪管理等功能。

通过订单管理系统实时的抽取各个业务操作系统的操作数据，进而可以实现对整个物流业务的全程可视化控制。

④仓库管理系统。仓库管理系统（WMS），由北京总部集中部署，在集团全国的分子公司范围内进行推广实施，通过该系统实现仓库内作业的最优化的解决方案，以灵活多变的方式满足弹性的项目需求的变化。

⑤航空货代及快递系统。基于空运的国际货运、国际快件、国内速递业务，开发应用了CMIS、IEMIS、EMIS系统，随时提供货物的流转轨迹及库存状况，为客户提供便利的服务。

⑥物流监管系统。通过中国外运长航物流监管业务管理系统的建设，统一集团物流监管业务信息服务标准，统一集团服务和管理信息的基本格式、内容和方法，提高为银行和客户的信息服务能力，提高信息服务效率，规范中国外运长航内部管理信息的采集、传递和查询标准，实现基本信息的共享，为集团各级管理者统计、分析、决策和控制提供支持，并使各管理层能够及时了解和监控业务进展情况，提高整个集团物流监管业务管理效率和监控能力。

（2）航运板块。航运企业通过船舶管理系统，实现船端管理的船舶设备的维护与各种维修、检验、检查工程的安排与过程控制，设备安全状态监测与评估，油品消耗等；岸端管理的船舶维修保养管理工作的监督与指导，船舶安全管理工作的监控，船舶检验、船舶修理安排与过程控制，船舶备件、物资采购过程控制等。部分航运企业通过海事卫星/无线网络等通信技术，实现了船舶、岸基之间的数据交换和动态跟踪，提升了船舶安全管理水平。

（3）船舶重工板块。作为集团主营业务之一，长航集团船舶重工总公司加快向现代造船模式的转变，建立节能、环保、高效的工艺流程，积极推动建设集生产、经营、涉及、管理一体化的综合信息化体系。金陵船厂在设计船舶时选用TRIBON M3大型船舶三维软件、国际先进的自动套料软件及国内三维船舶设计软件，提高了设计效率，缩短了生产周期。

中国船级社

信息化建设是现代大型国际船级社快捷、准确、全面地服务于行业的重要手段，是实现国际一流船级社的必由之路。为此，中国船级社制定了“使信息化建设真正成为CCS业务战略发展的助推器和倍增器”的工作思路，并提出了中国船级社信息化建设目标，围绕信息化“库、网、站、点”的建设要点，全面打造船级社服务信息交流平台。

经过多年的不懈努力，CCS的信息化建设取得了丰硕的成果，几年来共开发出了包括工程计算软件、管理信息系统、综合办公协同作业平台在内的67类项软件，已经形成了覆盖CCS各个业务领域的，集网络、数据库、应用系统为一体的综合IT应用体系。

2011年，中国船级社自主开发完善的电子审图系统（e-PAS）、COMPASS系统、应急响应服务系统（ERS）等项目不但填补了国内海事领域空白，并在系统内迅速推广全面应用，此外该社在船舶绿色技术的建设方面也取得了突破性的进展，建立的能效数据库（EEOI/EEDI）达到了国际领先水平；2011年作为“十二五”的开局之年，为了更好地完成“十二五”工作任务，该社确立了“信息化是CCS‘十二五’期间工作的重中之重”的任务重点，提出建设覆盖CCS业务领域全生命周期的“数字化船级社”（E-CLASS）的工作目标，为实现CCS快速、科学、可持续发展起到了强有力的促进作用，为CCS服务于航运界、造船业及相关客户提供了强有力的保障。

青岛港

青岛港集团不断推进信息化与工业化的融合，坚持以信息化促进港口发展，以信息化改造传统产业，着力提高港口现代化管理水平，促进港口转型升级、科学发展，港口实力不断增强。信息化成为港口不断进步、创造辉煌的最强驱动力和第一生产力，走出一条独具特色的信息化发展道路，取得丰硕成果。

（一）以破解“五大难题”为目标，强力提高港口生产管理效率

以破解装卸一线“五大难题”（确保安全、降低劳动强度、提高生产效率、促进节能减排、缩短在港时间）为目标，重点加大集装箱、散杂货码头装卸工艺流程方面的分析研究，将闸口、堆场、船舶配载、船边作业等作为重点突破口，通过系统改造，取得了良好的生产实效。

在集装箱智能闸口方面，完成出闸自动化和进口空箱自动查验系统开发实施，实现了进闸、出闸无人化管理，开创了国内集装箱全自动闸口的先河。集装箱码头智能配载系统实现了船舶配载的快速、准确、高效、智能，促进了码头桥吊、轮胎吊的协同作业效率。

在散杂货堆场管理方面，自主开发了矿石堆场智能化作业管理系统，实现了散货堆场现场“无人化”、调配机械智能化、库场管理图形化及现场作业可视化的现代化管理模式，实现人货分离、人机分离，将120多名理货员、巡检工从脏苦累险的散货现场中解放出来。

在处理件杂货理货管理上，利用PDA技术，做到了内外理货的数据实时传递、业务交接，实现了处理行业件杂货理货电子理货方式“零”的突破，更好地擦亮了“零时间签证”服务品牌。

（二）以“五级管理”为导向，实现集团管理精细化、扁平化

对全港1000多台流动机械加装GPS系统，实现了车辆即时定位、超速报警、燃油自动计量和对车辆的实时监控和科学分析，为节约统计人工、纸张成本，提高车辆调度效率、加强车辆安全管理水平提供了技术职称，为实现流动机械管理转型升级搭建了良好的平台。

工程管理信息平台，解决了青岛、黄岛、董家口施工地域分散、在建工程繁多、工程管控滞后的问题，提高了工程管理规范性和透明度。原15天才能完成的工程合同会签，通过平台电子会签后2天即可完成，工程管理整体效率提高10%以上。

基于全生命周期的港口设备综合管理系统，建立了设备档案和运行管理体系，并与生产、财务、物资、大型设备远程监控、GPS系统等数据集成共享，实现了设备业务的流程化、规范化管理，为集团设备基础和全生命周期管理提供了一套科学的管理体系。

财务绩效管理平台，以财务管理为中心，统一和贯通财务、资金、人事、设备等信息资源，实现对成本、收入和资金流向的财务绩效分析和预警，解决了财务分析重复录入数据问题，降低了财务分析工作量，提高港口信息资源的共享利用和决策水平。

以信息化手段推进集团五级管理的服务高效。实现了集团部室与基层31家单位信访以及平安、科技推广、督查、薪酬审核、码头安全监测5个方面管理的办公网络化，按授权轻点鼠标，即可掌控从集团、公司、科队、班组直至单车的管理状况，实现了机关管理方式新变革。

（三）以创新市场为根本，实现信息服务多元化、个性化

青岛港搭建起服务口岸物流相关方的公共信息平台，广泛开展物流电子交易及信息增值服务，打造一站式服务，促进企业物流业务电子化、协同化。增加手机网站、短信物流信息服务新模式，扩大物流信息平台推广。目前平台已拥有各类用户达34000多家，网站日点击率达到数百万次，成为山东口岸重要的信息枢纽。

优化进口三废箱预检业务流程，为口岸客户提供集装箱预检与移箱状态实时跟踪，提高码头进口三废箱熏蒸查验整体效率。在企业客户中推广应用进口三废箱预检系统，改变了每票货物，客户都需要开车到客服中心打印场位清单，费时费力的现状，提高客户工作效率，降低了物流成本。

加快集装箱大客户信息预警与定制系统客户化工作，为抢占巩固河南市场提供了强有力的信息支持。在德州、河南等地区大客户实现了广泛应用，使客户足不出户即能随时掌握货物情况，赢得了用户的高度评价，提升了港口的客户服务能力。

（四）以巩固信息化领先地位为主攻，加强高端合作、强强联合

充分发挥青岛港龙头地位优势，成功发起国内港航领域首家《现代港航物流信息服务产业技术创新战略联盟》，得到国家科技部领导的高度肯定，已获得青岛市正式批准。2011年12月9日，召开现代港航物流信息服务产业技术创新战略联盟成立大会暨第一届理事会。首批31家联盟理事单位的代表出席大会，成功打造了全新的港航物流信息服务模式。

青岛港高度重视与高等院校、科研院所及相关企业的产学研合作，通过借脑引智，努力打造国际一流的信息化创新示范基地。

大连海事大学

（一）总体进展

2011年是大连海事大学新聘岗周期的第一年，根据学校组织机构管理模式的变化，信息处及时完善、修订和起草多项学校信息化建设规章制度，理顺管理机制，协调信息化主管部门与各业务部门及二级学院的关系，增强各二级单位兼职信息建设队伍的综合能力。

2011年也是大连海事大学综合校务管理与信息服务系统工程建设的关键之年，学校全面启动了数据工程与学工系统、教学管理系统、综合校情分析与质量平台、网站改造等子项目，其中，学工系统以部分院系为试点实现了数字入校，教学管理系统解决了以往学生选课难的问题，综合校情与质量平台为校质量管理部门提供了便捷的工作平台，提高了工作效率。

在基础平台改造建设方面，实现了校园网络的扁平化结构改造，形成了数据中心的基本架构，完成了一卡通设备的升级改造，完善了信息资源规划和顶层设计，建立了信息化标准体系和相关模型，构建了统一身份认证平台和校园门户平台。

此外，学校完成了国家发改委CNGI项目验收的准备工作，支持全网IPv6服务。与大连移动公司开展了建设性的业务探讨，为校园融入“无线大连”做前期论证。主办了东北地区高校信息化建设青年论坛并接待北京大学等24个国内高校同行的组队访问和技术交流。

（二）工作重点

1. 信息化建设与管理规章制度建设

完善《校园一卡通系统运行和管理暂行规定》，并将其细化为《大连海事大学校园一卡通财务管理费暂行办法》等多项管理办法。落实《办公自动化系统信息管理暂行规定》，并将其扩充细化为《大连海事大学主机托管规章制度》等一系列规章制度。起草了《大连海事大学网站管理办法》等多项规章制度，构建完善、规范的学校信息化服务于管理体系。

2. 校园网络改造维护

完成校内骨干网络核心路由器的测试和迁移，初步完成校园整网管理模式的扁平化改造，实现

绝大多数楼宇至网络中心的双路物理光纤连接。

完成23栋楼宇的配线间空调制冷散热系统的改造升级；完成22栋楼宇的UPS供电系统；针对精密空调系统的不足，增设了辅助空调制冷散热系统；对全校的80个楼宇配线间进行初步清理，加强配线间的进出管理；升级原来的S8610交换机为S12010交换机，增加了防火墙板卡；为数据中心的安全增添保障措施。完成新版校园网用户日志管理系统的测试。

完成校内IPv6网络服务的升级，支持无状态自动获取IPv6地址，实现校内各楼宇IPv6用户的接入和部分服务的IPv6/IPv4双栈访问；完成了SAVA子项目的任务。

及时维护维修网络故障（更换电源故障的交换机30台，端口故障维修500余次）；为新竣工2栋楼宇实现网络接入；为新增40多包月用户进行配置调整；时时监控网络设备的运行，保障了网上和电话保修服务，年回复咨询超过1200人次，解决用户使用问题超过600人次；巡检和维护光缆管道，处理管道塌陷2处，扩容1处，定期进行管井抽水清理等工作。

3. 综合校务管理与信息服务系统工程建设

2011年4月，形成“大连海事大学信息资源规划与总体设计方案”，包括全域设计方案与十大职能域的子域设计方案。7月，相关厂商已全部进驻学校，开展系统开发建设工作。信息处与其他部门共同配合、严格控制项目进度与项目质量。在9月新生入学之际，以信息学院为试点，实现了新生持卡报道及迎新流程，取得了良好效果；教务系统经过半年试运行，反映良好，解决了过去选课拥挤的问题。

第四章 “十二五”展望

2011年4月27日，交通运输部正式印发了《公路水路交通运输信息化“十二五”发展规划》（以下简称《规划》），它是《交通运输“十二五”发展规划》的重要组成部分，提出了公路水路交通安全应急、出行服务、市场监管、决策支持等方面的信息化建设任务和重点，充分体现了发展现代交通运输业的要求，描绘了交通运输信息化发展的蓝图，提出了信息化建设的行动纲领，对“十二五”时期公路水路信息化发展具有重要的指导意义。

《规划》明确提出了“十二五”公路水路交通运输信息化的发展目标，即：建立更加全面、高效的交通运输运行监测网络，进一步提升交通运输信息资源的深度开发与综合利用水平，交通运输系统全网联动、协同应用程度进一步提高，在保障畅通运行方面取得显著实效，在提升运行效率、服务公众出行方面取得明显突破，在规范市场秩序、强化安全应急、服务决策支持方面全面提升，在推进综合运输体系建设、发展现代物流、实现低碳绿色交通方面取得重大进展，为现代交通运输业发展提供坚强支撑与保障。

“公路水路安全畅通与应急处置系统”、“公路水路交通出行信息服务系统”、“公路水路建设与运输市场信用信息服务系统”、“交通运输经济运行监测预警与决策分析系统”四个重大工程建设，是“十二五”规划的核心建设内容。在“十二五”行业信息化建设中，将突出强调更加重视应用效能，围绕“十二五”行业发展战略目标，以服务公众为出发点，以解决行业和社会关注的重大问题为落脚点，深入开展需求分析，合理规划信息资源，梳理核心业务流程，制定统一标准，科学量化效能目标，强化部门间、部省间分工合作，推动跨部门、跨区域的业务协同和资源共享。

结合交通运输部《公路水路交通运输信息化“十二五”发展规划》，各省（区、市）交通运输部门根据实际情况，或制定了本省的公

路水路交通运输信息化“十二五”发展规划，或提出了“十二五”交通信息化发展思路。下面将部分省（区、市）交通运输信息化“十二五”发展规划或思路摘录如下。

北京市

“十二五”期间，北京将建设完成“一个中心、三项工程、十八个任务”，带动交通全行业基本实现全方位信息化，规划总投资56亿元。

“十二五”北京交通信息化建设任务分类图见图4-1。

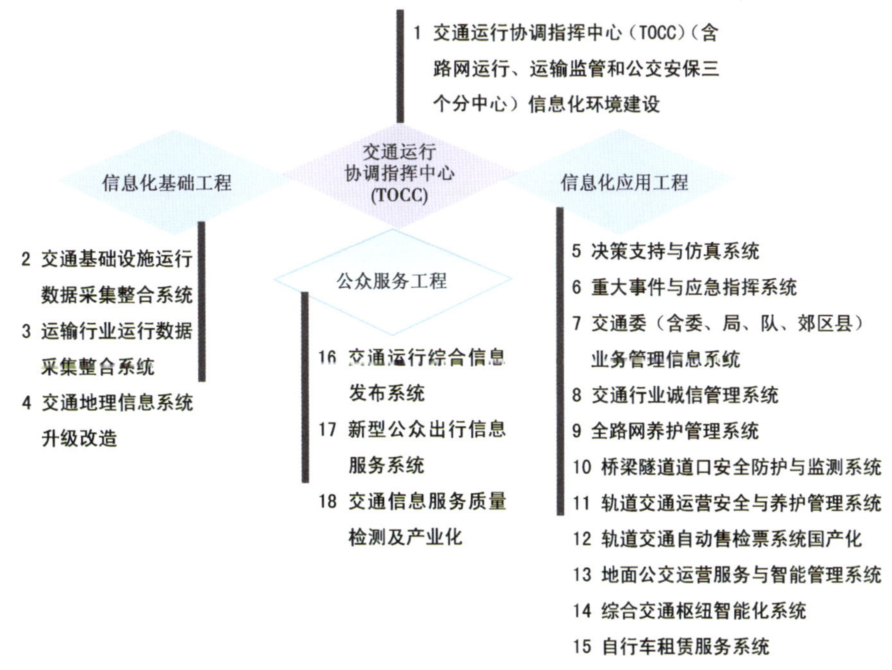

图4-1 “十二五”北京交通信息化建设任务分类图

天津市

“十二五”期间，天津市市政公路信息化建设将完善基础网络环境，整合资源，大力开展市政公路重点管理与应用领域系统的推广、完善与建设，构建一套信息化管理和社会服务体系，进一步提升市政公路管理和公众服务水平。

“十二五”天津市公路水路交通运输信息化发展总体目标：建立更加全面、高效的交通运输运行监测网络，进一步提升交通运输信息资源的深度开发与综合利用水平，交通运输系统全网联动、协同应用程度进一步提高，在保障畅通运行方面取得显著实效，在提升运行效率、服务公众出行方面取得明显突破，在规范市场秩序、强化安全应急、服务决策支持方面全面提升，在推进综合运输体系建设、发展现代物流、实现低碳绿色交通方面取得重大进展，为天津市现代交通运输业发展提供坚强支撑与保障。

主要任务包括：通过“光纤+有线公网&无线公网+专网”优化组合等方式，逐渐建设覆盖市政公路管理局下属各单位的天津市三级市政公路信息化基础网络环境体系；加快建设天津市高速公路联网收费管理中心；加快推广电子不停车收费系统；建设完成重点隧道、桥梁设施自动化监测及管理系统；完善治超站点信息采集工作；加快推进天津市市政公路地理信息综合应用系统的推广应用；拓展市政公路设施网格化管理系统的应用范围；建设完成市政公路公众信息服务平台。采用先进高效网络，统一标准、接口、传输方式等，完善视频传输系统；进一步改进和扩展监控系统，整合GPS功能；资源整合、互联互通，计划建设大交通城域网；加强基础数据采集、存储和应用，规划建设交通数据中心；探索应用科学的决策程序和模型，筹备建设智能决策平台；为优先发展公交战略提供技术支持，提高各行业的服务能力和水平；交通安全监测与应急指挥信息化；节能减排信息化。

河北省

“十二五”时期，河北将建立更加全面、高效的交通运输运行监测网络，进一步提高全系统全网联动、资源共享和协同应用程度，在日常管理、科学决策方面上水平，在服务公众出行、提高出行效率方面上档次，在安全畅通、应急处置方面上台阶，在推进综合运输体系建设、发展现代物流、实现低碳绿色交通方面取得重大进展。工作重点包括以下几项。

1. 公路网运行监管与应急

建设覆盖高速公路和重要国省干线的公路网运行监管与应急处置平台，完善对国省干线公路关键基础设施和交通运行状态、气象条件等的监测、监控，为公路网的协调运行提供有效手段，实现对突发事件的动态调度管理、应急处置和救援服务。截至2015年，高速公路重点路段运行实时监测覆盖率达到100%，普通干线公路重要节点运行实时监测覆盖率达到60%。

2. 高速公路联网电子不停车收费

建设跨省市高速公路联网收费系统，加大联网不停车收费系统推广应用力度。截至2015年，国家高速公路网联网电子不停车收费（ETC）站点平均覆盖率要达到80%以上，省高速公路网联网电子不停车收费（ETC）站点平均覆盖率要达到70%以上，ETC用户达到30万个以上。

3. 公路营运车辆监管与服务

建设营运车辆运行监管与服务系统，实现对“两客一危”车辆、重点营运货车的安全技术状态和运行状况可视化监管，建立公路危险品运输全程联网监管系统及闭环控制机制，实现跨区域、跨部门信息共享和联防联控，提高突发事件的应对能力。截至2015年，重点营业性运输装备监测覆盖率达到90%。

4. 综合客运枢纽协同管理与服务

建设综合枢纽客流及运行状态监测与服务平台，实现综合枢纽有效的安全监测和紧急事件下的预警及联动处置，实现公交、长途客运、出租、轨道等不同交通方式间信息共享和协调运行，为公众提供出行规划、换乘诱导和在线票务等服务。截至2015年，全省地市级城市综合枢纽信息化监测

覆盖率达70%。

5. 智能化公交管理与服务

推广应用公交智能化调度管理系统、公交信号优先系统和专用道路运行监管系统，实现车辆监控和运力高效配置，提高公交运行效率，提升智能化公交管理与服务水平。截至2015年，地市级城市公交车辆车载调度装备GPS普及率达70%，地市级城市公交车“一卡通”覆盖率达到100%。

6. 公众出行综合信息服务

建设覆盖高速公路、地市级城市公共交通和重要枢纽的公众出行信息服务体系。集成应用高速公路、城市公交、出租汽车、国省干道、客运班线、气象、民航、铁路、水路等信息资源，实现多种方式的信息发布服务。截至2015年，服务范围覆盖全省高速公路和全部地市级城市。

7. 港航信息化管理与服务

开展港航管理信息系统、省交通电子口岸、水路安全畅通与应急处置系统、智能化技术装备与系统的建设，建成省港航信息中心，实现省市两级港口行政管理部门的港政管理信息化，形成港口管理的公共信息服务平台，通过交通电子口岸中心与港航EDI中心的网络互联，实现信息共享和“大通关”服务一体化，实现对港口、船舶和航道的全方位监控、监管、安全预警、智能指挥和有效调度，实现集装箱物流全程实时在线监控。截至2015年，全省三大港航信息化覆盖率达到100%，港口作业智能化达到70%，集装箱电子标签达到70%。

8. 水上交通安全监管与应急处置

开展全省水路危险品运输全程跟踪和联网联控系统建设，实现水路运输行业运行状态监测，实现港口重点物资、应急运力的动态监控和调度管理。截至2015年，实现覆盖全省船舶的水上运输全程跟踪和联网联控系统。基本实现水上交通智能化安全监管与应急处置全方位覆盖、全天候运行。

9. 电子政务内网平台工程

进一步统一网络体系、强化业务支撑、深化服务应用、完善安全保障，建设电子政务内网平台工程，完善业务应用、内网办公、电子文件管理和信息服务。截至2015年，电子政务核心业务信息化覆盖率达到85%。

10. 数据中心

建设全省交通数据中心体系，形成省市两级、省级两层数据中心体系架构。完善省、市交通运输主管部门数据中心和公路、高速公路、运输数据、港航、铁路等分中心，建设城市客运业务数据分中心。截至2015年，形成全省统一的交通数据中心体系，确保全省“一数一源”和资源共享。

内蒙古自治区

“十二五”期间，内蒙古自治区交通运输厅将以“提升交通运输运行效率、加强交通运输行业监管、服务公众便捷出行”为重点发展方向，开展相关信息系统建设。工作重点主要包括以下几项。

1. 提升交通运输运行效率，加快交通运输发展方式转变

在呼和浩特、包头、鄂尔多斯等地区，试点建设不停车收费系统（ETC）；充分应用RFID技术、GPS定位技术、多式联运技术，地理信息系统、电子数据传输技术、物流系统优化技术等信息化手段，深化交通物流公共信息平台建设；建设盟市、自治区两级出租车运营监管与服务平台，建立盟市统一的出租车数据资源中心、调度服务中心和监控指挥中心。

2. 加强交通运输行业监管，规范市场秩序，提升交通运输安全保障能力

整合现有收费系统、路政管理系统、养护管理系统、视频会议系统、监控管理系统等应用系统资源，开发建设全区路网管理与应急处置平台建设；建设完善公路建设市场信用信息管理系统；以满洲里、二连浩特等地为试点，开发建设公路电子口岸管理系统；开展IC卡道路运输证和从业人员资格证试点应用；开发建设道路运输动态监管与应急处置系统；以IC卡道路运输电子证件为载体，与公安、安监等部门实现信息共享和协同监管；开发建设道路运输执法信息管理系统、经营业户质量信誉管理系统、从业人员诚信信息管理系统；推广应用船舶、船员“一卡通”；开发建设内河运输应急指挥平台。

3. 强化公众信息服务能力建设，为社会公众提供方便、快捷、安全的交通运输信息服务

开发建设交通运输政务信息服务系统，为社会公众提供交通运输相关政务信息服务；完善现有公众出行信息服务系统，探索采用浮动车、路况智能检测、事件检测等先进技术，加大动态路况数据的采集与分析；推动建设全区客运联网售票系统和电子客票系统，并通过互联网、电话、短信等方式为出行者提供网上售票、电话订票、信息咨询等服务。

4. 推动“省级交通运输统计信息系统示范试点工程”的建设

建设自治区统计业务管理系统、自治区统计信息共享系统、自治区动态监测、自治区统计信息综合分析发布系统。

辽宁省

结合交通运输部《公路水路交通运输信息化“十二五”发展规划》、《辽宁省公路水路“十二五”发展规划》、《辽宁省交通科技“十二五”发展规划》，辽宁提出交通信息化“十二五”期间发展重点和重点任务。

（一）发展重点

1. 以提升行业管理信息化水平为重点

围绕全省普通公路、高速公路、道路运输、水路运输等领域，重点开展以下工作：推进交通基础设施的数字化和智能化，实现运行状态的动态监测；完善全省交通资源数据库，实现业务系统的深度应用；强化各行业领域的业务协同、决策能力，实现跨行业的综合应用；进一步完善统一平台。

2. 以提升交通服务水平为重点

完善省级交通出行信息服务系统，推动跨区域出行信息服务共享；以城市交通智能化为抓手，提升城市公共交通出行效率；增强网上服务功能，增加网上服务项目；开展区域物流公共信息服务平台的研究。

（二）重点项目

1. 行业管理方面

（1）应急指挥系统。开展全省公路、水路交通应急指挥系统研究。建设省级公路、水路视频监控与应急指挥平台，整合高速公路、普通公路、港口、客运场站、路政巡查、施工现场、移动视频、会议视频等视频信号资源。通过与地理信息系统的融合，实现对全省重点公路路段的视频图像、交通流数据接入、路况阻断信息的汇总分析，以及气象对区域路网的影响分析，并为跨市公路交通突发事件的协调处置提供实时图像信息。研究高速公路特殊天气条件下的安全引导系统。GPS应用。

（2）路网动态监测。建设全省路网管理平台。对全省高速公路、国省干线、特大型桥梁、长大隧道等的技术状况、路产、基础设施、环境、气象与灾害采取实时巡查与动态数据采集，定期对路网运行情况进行检测评价；建立感知网络，增加治理超限运输的方法和手段。

（3）综合运行决策支持。进一步完善各业务管理信息系统，建设各类专业数据库，实现“一数一源”；进一步深化各行业业务管理信息系统应用，对业务系统进行升级改造。完善全省交通统计信息指标体系，建设与业务系统相融合的交通统计信息系统。利用省级数据中心的数据，建立行业运行状态监测体系，全面掌握行业运行状态数据，充分利用行业内外的各种数据资源，重点开展交通经济运行分析、公路水路运行状态分析、交通运输行业节能减排监测统计分析、交通运输生产安全状态分析和交通运输市场价格分析等专项工作。

2. 社会及公众服务

（1）公众出行服务系统。增加高速公路特殊天气出行诱导系统、地图定位、路径查询、信息查询、网上售票、手机短信服务、车辆位置服务、统一调频广播等系统或功能；建设出行信息共享平台；建立以全省统一特服号和“一站式”服务网站为联动特征的交通出行信息服务体系；完善高速公路智能监控系统。

（2）道路客运联网售票。开展全省二级以上客运站联网售票工作。

（3）高速公路不停车收费。开展高速公路不停车收费系统的建设和推广工作，实现自动识别车道与人工车道的兼容，建立完善的运营管理体系。

（4）开展区域物流公共信息服务示范工程。开展区域物流公共信息服务研究，推进区域物流公共信息服务平台建设。开展东北区域及辽宁区域的物流信息平台研究、多式联运信息服务平台研究、甩挂运输信息平台研究，建立物流服务企业相关部门间的信息交换共享机制。

（5）开展交通智能化研究。积极推进重点营运车辆动态监管力度，加快IC卡道路运输电子证件的推广普及；加快道路运输企业质量信誉考核管理系统和从业人员诚信考核管理系统的建设与推广应用；开展城市公共交通智能调度与运营监管信息技术研究；开展城市出租车服务管理系统，整合出租车电召服务和监控指挥中心。

（6）试点开展沈阳、大连综合客运枢纽协同管理与信息服务系统的建设。建立多种运输方式管理和运营信息的交换和共享平台，建立多种运输方式管理和运营信息的交换和共享机制，实现枢纽内轨道、公交、长途客运等不同交通方式的协同运转。

吉林省

“十二五”期间，吉林省交通运输信息化的建设重点为：开展2个行业基础工程、4个重大工程、3个示范试点工程、各领域业务应用的深化完善和保障体系建设。吉林省交通运输信息化发展总体框架见图4-2。

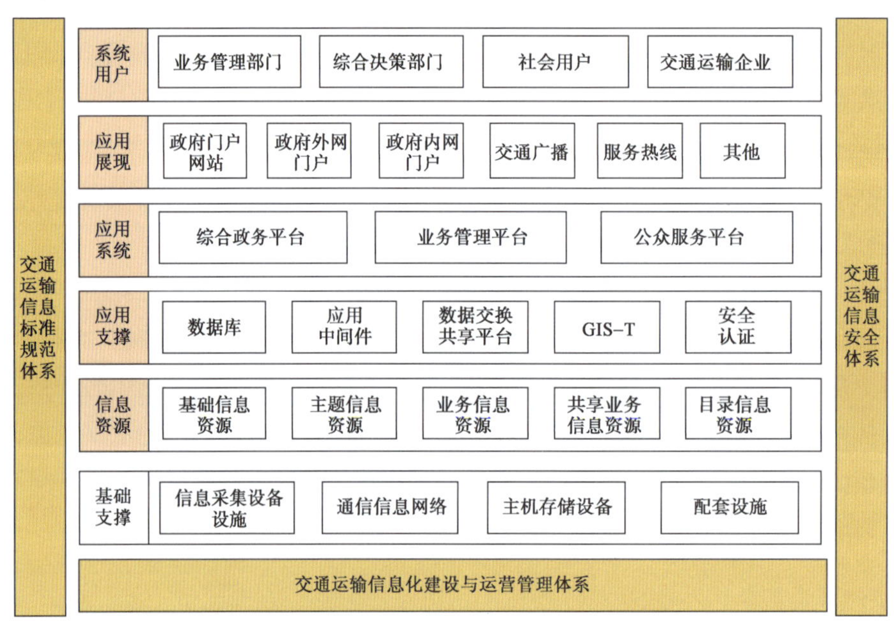

图4-2　吉林省交通运输信息化发展总体框架图

（一）行业基础工程

1. 交通通信信息网络建设工程

快速搭建全省统一的交通通信信息网络，形成连接省厅、各业务局和市（州）、县（市）交通运输管理部门的全省统一的交通通信信息网络，同时开展利用现有高速公路网进行组网的研究工作。同时由省厅统一建设省市县三级视频会议系统，主要依托省运管局现有视频会议系统，延伸到所有的县市交通局。

2. 行业数据中心体系建设工程

整合各级各类交通信息资源，构建全省统一规划、结构合理、灵活共享的“省市两级、省级两层”的数据中心体系，建设完善省级交通数据主中心和普通公路、高速公路、道路运输、海事等业务数据分中心，区市建设以出租汽车与城市公交为主的市级数据中心。

（二）行业重大工程

1. 安全监管与应急处置系统建设工程

安全监管与应急处置系统建设工程共包括公路水路安全监管与应急指挥系统、普通公路路网管理与应急处置系统、高速公路路网管理与应急处置系统、道路运输运行管理与应急处置系统及水上交通安全运行管理与搜救指挥系统。

2. 公众出行信息服务系统建设工程

整合全省已有的、分散的交通公众出行服务信息，建设完善省厅公众出行服务网站，完善公众服务信息采集机制。

3. 公路水路建设与运输市场信用信息服务系统建设工程

主要包括公路建设市场信用信息管理系统、道路运输市场信用信息管理系统及吉林省船舶、船员、船检信息管理系统。

4. 交通运输行业综合运行分析系统建设工程

建设省、市、县三级综合运行分析系统，形成集中统一的统计业务数据库，实现与省级交通数据中心和部级统计数据中心的数据交换共享。本工程重点建设交通运输统计分析监测和投资计划管理信息系统、交通运输经济运行分析监测预警和决策分析系统。

（三）示范试点工程

在城市综合客运枢纽协同管理与信息服务系统、城市出租汽车服务管理信息系统、城市公共交通智能系统开展三个示范试点工程建设。

黑龙江省

“十二五”期间，黑龙江省省交通运输信息化建设将围绕提高行业管理和执行效率、提升行业综合决策分析水平、增强安全应急处置能力、拓展对社会公众的服务渠道、强化对行业发展的支撑作用五条主线，基本形成全行业统一、开放的信息服务体系。构建“12471”信息化发展布局。

（一）1个基础通信网络

以全省高速公路光纤网络为主体，以电信公网为补充，建设交通基础通信网络，全面覆盖省、市、县三级交通管理部门，用于支撑行业各类语音、视频、图像、信息、数据的实时传输和共享交换。

（二）2级数据中心体系

通过整合各级、各类交通数据资源，构建全省统一规划、结构合理、灵活共享的省厅综合数据中心、各业务局数据分中心两级数据中心体系。

（三）4大基础支撑平台

建设交通地理信息基础平台。满足综合管理、业务应用、应急处置和公众信息服务等对地理信息数据共享和使用的需要。

建立省级交通应急处置平台。以省厅为核心，以公路、水路、道路运输等部门为业务支撑的应急指挥架构，形成布局合理、通信畅通可靠、平战结合、综合高效的现代交通安全应急保障体系。

建立GPS综合监管与服务管理平台。满足在公路养护、路政管理、客货运输、联合执法、应急指挥调度、物流配送等方面对车辆的速度、轨迹、时空分布等状态的实时监管，在全省交通地理信息基础平台的基础上，规范GPS信息服务，确保数据兼容与共享。

建立全省统一的公众信息服务平台。向公众提供实时路况、建设、改造、养护、交通流量等公路信息，站务、营运、票务、驾培、维修等运输服务信息。

（四）7类业务应用系统

公路综合管理系统。建设公路工程建设项目管理系统、公路水路建设市场信用信息服务系统；完善推广公路交通情况调查系统；建设公路路政管理系统、公路养护管理系统。

道路运输综合管理与服务系统。建设以行政管理和信息服务为主体，运政管理系统和行业服务系统为基础的道路运输综合管理与服务系统。完善推广运政管理系统；建设IC卡道路运输电子证件管理系统；完善推广客运联网售票系统；完善推广车辆救援系统。

水路综合管理系统。建设水路运政管理系统、港口管理系统、数字化航道系统、航电枢纽运行管理系统。

城市公共交通管理系统。推动各地市加快城市公共交通、城市轨道交通、城市出租等方面管理与服务的信息化建设进程。重点推动常规公交智能调度管理系统、城市轨道交通系统、快速公交系统和城市智能出租汽车系统建设。

电子政务服务系统。实现交通行业网上行政许可审批，进一步完善“黑龙江交通”网站群建设。

交通运输统计分析监测和投资计划管理信息系统。

公共物流信息服务系统。

（五）1个保障体系

加快制定黑龙江省交通运输信息化标准和管理制度，形成全面、完善的信息化建设与运营管理标准规范体系，注重标准执行审核机制建设；为行业提供统一安全认证服务，开展交通运输行业信息系统分级保护和等级保护体系建设，完善信息安全防控技术措施和手段，建立健全信息安全制度。

上海市

“十二五”期间，上海城乡建设、交通和管理将进入一个基础设施体系建设完善、城市管理跨越提高和行政管理体制改革深化的新的发展阶段。进一步合理规划城乡建设交通行业信息化的总体

布局，着重在跨行业、跨部门资源整合、共享交换和协同应用方面取得突破性进展，基本确立城乡建设交通行业电子政务及信息化应用的体系框架，基本形成城乡建设交通行业信息化应用的整体格局，使城乡建设交通行业的信息化工作继续在本市和全国保持领先水平。

“十二五”期间，城乡建设交通行业将通过“一个网络运行环境，一个城市管理数据资源中心，两个服务门户（公众服务门户、电子政务服务门户），三个跨部门协同管理平台，多个重点专业应用系统”（简称“1123+N”）的布局架构，增强信息化对基础管理、公众服务、政府决策的整体技术支撑能力，充分发挥信息化在现代化城市管理中的效能。

江苏省

“十二五”期间，江苏交通运输行业信息化针对转型升级与综合发展的实际需要，着重围绕管理与服务两大主题，结合物联网技术的发展，建设面向社会的交通运输综合信息服务体系，及以数据为核心、以需求管理为重点的信息化建设管理体系；立足于交通运输服务标准与国际接轨，推进公、铁、水、空和城市交通的信息数据交换和业务协同，努力发挥综合交通运输低碳低成本、高效高竞争力的优势，进一步提升行业管理、公众服务、应急保障能力。重点为10项工作。

1. 推进交通物流信息化建设

以省域EDI建设为基础，以海铁联运信息化为突破，构建多式联运信息服务平台，提供集信息发布、电子商务、分析决策等多功能于一体的物流信息服务，初步建成区域性挂车资源共享系统和甩挂运输信息平台，应用物联网技术完善各种货运方式的信息采集体系，力争形成具有较强辐射功能和影响力的交通物流综合信息服务系统。

2. 打造客运综合信息服务

进一步提升“江苏交通”门户网站、交通服务热线“96196”和交通广播网“FM101.1”的服务能力和服务水平，构建完善支持固定终端和移动终端的综合信息服务体系，推进城乡客运信息一体化、交通出行全过程信息支持、跨区域交通运输信息互通。

3. 提升城市公共交通服务水平

新建1个省级公共交通管理信息中心、20个公交调度中心和22个出租汽车服务智能调度中心；推广使用公交电子站牌，公交IC卡刷卡配置率达到90%以上，扩大公交智能卡的应用范围，力争实现全省公共交通“一卡通行”、出租汽车“一号叫车”。

4. 全面推进卫星定位系统的应用

长途客运班车、旅游包车、公交车、出租车、重型车、牵引车、危化品车船、500吨级以上营业性船舶卫星定位装置安装使用率达到100%，城乡客运车辆卫星定位装置安装使用率达到100%，进一步提高车辆运行监控和调度管理水平。

5. 完善监测和预警系统建设

加快形成基本覆盖重要水陆交通基础设施的气象监测网络，具备提前1小时发布气象预警信息的能力，基本建成营运车辆联网联控系统，高速公路运行实时监测（基础设施日常状态、气象环境、通行状态等）覆盖率达到100%，普通国省干线公路重点路段运行实时监测覆盖率达到70%。

6. 加快交通运输应急系统建设

打造省市联动、互为协同、标准统一的交通应急指挥体系，实现全省各类交通视频监控和应急资源的整合，逐步集成和共享安监、公安、水利、环保等相关行业的信息资源，进一步扩大安全应急监控覆盖范围，显著提升全省交通运输应急处置与调度指挥能力。

7. 加快推进联网不停车收费（ETC）系统建设

实现ETC专用车道对路网所有收费站的全覆盖，交通流量大的主线站要达到2进2出以上规模，本省ETC用户数达到100万，ETC车道流量占比达到40%，非现金支付比例力争达到30%。

8. 加快推进实施“船联网”工程

充分利用物联网技术，建立船舶“电子身份证”，实现船岸信息交换，整合提供港航综合信息服务，实现区域水路交通运输动态监测统计分析工作的常态化，提高水上安全信息化监管水平。

9. 提高养护信息化应用水平

推广公路、航道养护管理系统，公路、航道日常检测数据向相关业务部门的传输和汇总能够达到100%即时更新，桥梁健康监测向特殊桥梁、危旧桥梁及重载交通比重大的桥梁延伸，加强检测数据与业务管理系统的融合，为公路、航道、桥梁、隧道的日常养护和计划制定提供即时数据支持。

10.实现权力阳光向交通工程建设领域的延伸

完成面向省市交通运输管理部门、交通建设管理单位和项目建设指挥部（项目办）的三级项目管理平台和电子监察系统建设与推广应用，招投标全面实现电子档案管理。

安徽省

按照“统一规划、统一标准、统一部署、统一管理”的原则建设实施，形成以省厅为主导、地市和行业共同参与的信息化建设新模式，稳步实施我省交通运输“五个一”（即一张网、一张图、一个库、一个号、一张卡）工程，全力推动我省交通运输信息化建设向集约化、整体化、平台化方向发展。

（一）信息化基础设施工程

1. 全省交通通信专网

统一规划和建设省、市、县三级架构，覆盖政府交通运输主管部门、行业管理部门等的交通通信专网，包含骨干网、接入网、无线通信网、卫星通信网等组成部分，承载交通运输行业的行业监

督、公共服务和安全应急的业务系统数据传输。

2. 全省交通运输统一共享数据库

在省级交通数据中心部署以行业基础数据为核心的、行业监管数据为重点的共享数据库。加快推进行业核心基础数据和监管数据的采集，完善数据资源的更新与共享机制，实现跨区域、跨部门的信息交换。建成完整的覆盖省市两级公路、水路运输、道路运输、城市公交、民航、邮政、从业人员和企业的核心基础数据及监管数据共享库。积极开展省级交通运输数据中心建设，在行业业务系统建设的过程中，逐步形成分级应用的模式。

3. 全省交通运输地理信息基础平台

建成具有高性能、高可靠性、技术先进、综合统一的全省地理信息基础平台，并建立地理信息共享与交换平台，建设相应的标准和规范体系。

4. 全省交通运输统一服务热线

规划和建设全省交通运输服务热线“一个号”，在“96369”交通运输公众服务中心省级平台的基础上，先行组织3～4个市交通运输局开展省、市两级呼叫中心和热线业务处理平台试点建设工作。

5. 全省交通“一卡通”工程建设

基于现已建设的安徽交通卡，逐步拓展安徽交通卡在公路、公交、出租、轻轨、地铁、停车、服务区、购票等交通出行服务的应用，服务各种交通运输方式，实现安徽交通卡一卡多用的目标。

（二）交通安全畅通与应急处置工程

1. 公路网管理与应急处置系统

加快建立健全公路网运行监测、协调管理和应急处置平台，强化预测预警及评估，及时发布路况、气象、交通管制和疏导分流等信息。

2. 高速公路交通应急管理系统

积极推进高速公路交通诱导系统建设，通过车载终端、电台及电视台、互联网、外场诱导显示设备，及时向公众发布高速公路通行状况及各类交通信息。

3. 水路管理与应急处置系统

完善水上交通、航道管理和港口安全管理信息系统；整合现有各种水上交通动态监控资源，建立健全“两干三支”等重要内河航道的船舶交通、通航环境、航道变迁、港航设施、水域污染、水文气象等状态的实时监测和安全预警信息系统，及时发布航行通（警）告、航道通告（通电）等信息，合理调度船舶通行。

4. 重点营运车辆和船舶动态监测监控系统

建立健全重点营运车辆和船舶的实时监测监控系统；建立公路水路危险品运输全程联网监管系统。

5. 城市交通运行状态与突发事件监测监控系统

积极推进城市客运（换乘）枢纽、公共汽车、出租汽车、轨道交通日常运行状态和突发事件监测监控系统建设。

6. 超限超载综合治理系统

建立健全超限超载综合治理信息系统，将各治超站点、各治超相关部门通过联网方式进行信息共享和联合行动，同时与公安交通管理部门、交通运输部相关信息系统对接实现相关信息报送。

（三）交通行业监管工程

1. 综合行政执法系统

建设统一、规范的交通综合行政执法系统，涵盖路政、运政、海事等部门的业务。

2. 公路水路建设市场信用信息服务系统

推广普及公路水路建设工程项目管理、公路水路工程招投标管理、工程标准规范管理等系统。

3. 公路水路运输市场信用信息服务系统

建立健全省、市、县三级联网公路水路运输市场诚信信息系统。

4. 统计与行业经济分析系统

建设统计与行业经济运行分析系统，实现业务信息综合查询和经济运行专题分析功能。

5. 高速公路交通基础设施资产管理系统

建立高速公路交通基础设施资产管理系统，加强对高速公路资产的监管，提升交通基础设施完好率和使用效率，有效防止交通基础设施资产的流失、被盗和损坏。

（四）交通公共信息服务工程

启动交通运输综合信息服务工程建设，统一对外服务的号码、统一对外服务的网络平台、统一对外服务的交通卡，构建全省交通运输各行业服务协同、省市联动的现代交通运输综合信息服务体系。

1. 交通运输综合服务热线

建设服务范围涵盖公路、运管、海事、高速公路、城市交通等交通运输各行业的省级统一的交通运输综合服务呼叫中心，面向社会开通“96369”交通运输综合服务热线，建成全省统一的交通运输综合服务热线业务处理平台。

2. 交通运输信息服务网

建立起功能完善、服务便捷、形式活泼、管理规范的全省交通运输信息服务网络平台。面向社会提供政务公开、在线办事、网络问政、公共信息服务等功能。

3. 交通“一卡通”服务系统

积极开展“安徽交通卡（徽通卡）”在高速公路、公交、出租、停车场等的综合应用。逐步建设省市两级“徽通卡”客户服务体系，实现“徽通卡”跨区域、跨部门的应用。

福建省

“十二五”期间，福建交通运输信息化将围绕海西“大港口、大通道、大物流”交通发展战略，以业务需求为引导，以管理和服务为主线，突出信息化建设的整体效果和规模效益，体现以人为本、为民服务的宗旨，结合海西交通运输发展实际，深化交通运输电子政务和电子商务应用，在安全畅通与应急处置、交通出行、信用、经济运行监测预警与决策四项重大工程以及交通物流、公共交通等重点领域应用的带动下，加强交通信息资源整合、信息共享，实现业务协同、管理协调、服务优质，有效支撑现代综合交通运输业的发展。

到2015年，福建省交通信息化的基础网络更趋完备，数据中心的信息交换与共享能力显著提升，交通基础信息支撑平台进一步完善；城市公共交通智能化水平不断提高，交通公众信息服务更为全面，公众出行方便快捷；海西绿色物流、综合运输枢纽和港口信息服务体系逐渐完善，物流效率显著提升；安全监测基本实现全覆盖，应急处置能力进一步提高；交通诚信和经济运行监测预警信息化体系初步建立，行业管理宏观决策支持能力明显增强；打造以“协同共享、智慧感知、安全诚信、绿色节能、便捷高效”为主要特征的交通信息化新局面，全面建成交通运输综合信息平台。

充分利用统一信息通信网络，以交通数据中心为核心，强化信息资源整合与共享，在交通运输综合信息平台总体框架下，持续加强交通运输云计算平台三大基础建设，着力提升四大交通信息服务能力，重点构建五大交通信息化体系，助推“大港口、大通道、大物流”建设，引领交通运输现代化。持续加强交通运输云计算平台基础设施、数据中心、交通基础信息服务三大基础建设；着力提升交通运输行业管理、交通运输公众信息、交通物流公共信息及综合运输枢纽信息四大信息服务能力；重点构建安全监管与应急处置、交通建设与运输市场信用、港口综合信息服务、城市公共交通智能及交通经济运行监测预警和决策支持五大体系。助推“大港口、大通道、大物流”建设，引领交通运输现代化。

江西省

“十二五”期间，江西省交通信息化建设将以交通运输服务信息化工作为引领，科学规划，统一标准，分步实施，为交通运输行业实现“适度超前、统筹兼顾、便民利民、安全监管、绿色崛起”提供坚强保障，实现交通运输服务管理崛起，进而初步实现全省公路水路交通运输行业信息化。

1. 进一步建设以电子政务为主体的交通运输行政管理和服务系统

完善基础网络。利用省电子政务内网构建全省交通政务内网；整合全省高速公路骨干光纤通信网。

强化公众服务。主要包括完善交通综合信息服务系统，新建交通物流公共服务系统。初步建立交通综合运行分析系统。实现集中统一的高速公路交通诱导信息发布（即将开发）；实现全省主要交通运输行政审批业务的在线受理/审批。

形成两级中心。完善交通运输信息资源平台，实现省级交通运输数据统一备份平台，形成省厅与厅各业务部门两级分布的数据体系。

2. 交通运输出行服务系统建设取得进一步发展

利用物联网传感技术，扩大ETC不停车收费站建设的数量，提高高速公路通行能力；利用城际长途客运车辆GPS信息流、城市出租车GPS信息流构建全省公路、城市街道动态交通流状况的GIS展示系统；实现全省公路水路建设领域的从业企业和人员的信用信息发布；初步建立南昌、九江两大试点城市的客运综合枢纽信息系统；初步建立江西省交通物流公共服务系统等。

3. 建设信息化交通运输监测管理、应急处置保障系统

应用智能化、网络化新型传感技术初步建立交通运输基础设施、运载工具和交通运行环境的三大感知网络。完善和重点加密全省高速公路远程视频监控，将车流量信息、能见度检测信息、气象检测信息、隧道一氧化碳检测信息、火灾报警信息、大型桥梁动态安全检测信息、水上视频和卫星定位信息等各类信息汇总至省厅应急指挥中心，实现全省重点公路、重点水域、重点交通工程建设现场视频监控信息的实时监控；实现对全省所有“两客一危”车辆、“四客一危”船舶、交通执法车辆、城市公交及出租车的动态运行监测。

山东省

“十二五”期间，山东将建设整体联动、高效协同、互联互通、惠及民生的智能交通运输系统，逐步形成安全、开放、兼容的交通信息网络，提升交通运输运行维护和行业监管水平，为行业“标准化、规范化、集约化、人本化”管理体系建设提供技术支撑，在公众出行服务、物流信息服务、应急安全保障、绿色低碳交通、领导决策支持方面取得突破，努力实现交通运输快速发展、高效发展、安全发展、绿色发展、和谐发展。

（一）发展目标

完善信息化基础设施建设，网络和信息资源整合以及信息化保障体系建设取得突破性进展。建成全省统一的覆盖省、市、县的三级行业信息网络平台，交通信息网络在全省的省、市、县交通运输业务主管部门以及重点企业的覆盖率达到100%；建成全省统一的交通运输信息资源中心，充实完善原有省级主题数据库功能，加快建设包含行业管理服务主要信息的基础数据库，省、市两级的基础性数据库建成率达到100%。在有条件的地区，推进城市公交、出租、运输枢纽、农村客运、农村公路等基础数据库建设；推动交通运输信息安全保障体系建设，建立综合防范机制，形成交通运输信息化综合保障体系。

深化交通行业管理和政务应用建设，促进政务公开透明、管理规范高效。深化完善业务系统应

用，实现跨部门跨区域的信息资源共享和业务协同；建立较为完善的监控、服务和应急处置体系，并实现对II级以上突发事件的及时接报、应急处置和信息的分发处理；建设交通运输经济运行监测和综合决策系统，基本形成以数据挖掘为主的交通运输决策支持体系。

推动交通信息综合服务应用建设，提升交通运输公共信息服务能力，满足公共信息服务需求。建成以统一服务门户、统一特服号、统一交通广播频率为特征，覆盖全省所有县市区的交通公众出行信息服务体系，信息服务满意度达到80%以上；建成全省交通公共物流服务平台，与七大物流基地、23个物流园区、34个专业物流中心相连接，实现信息交换和共享；全省高速公路ETC平均覆盖率超过60%，非现金支付使用率达到40%，ETC车道数达到400条，ETC用户量达到30万。

用信息化手段促进交通运输节能减排，努力打造绿色低碳交通。基本建成交通基础设施和运输装备运行监测网络，高速公路、国道、省道重要路段、桥隧和内河干线航道重要航段、大型港站监测覆盖率达到100%；全省I、II类治超检测站全面实现信息化管理，完成部、省、站三级治超信息系统联网；实现全省“两客一危”车辆、“四客一危”船舶、交通运输执法车辆的动态定位跟踪监测，监测覆盖率达到100%。

（二）主要任务

强化交通运输重点领域信息化建设。建设应用交通运输应急指挥管理、交通运输行业运行监管、交通运输行业务监管和交通运输物流服务平台等业务系统。推动信息化整体水平提升。

深化交通运输业务应用。推动公路管理、道路运输管理、港航管理以及城市客运管理等领域主要业务系统升级改造，提高行业管理水平。

推动交通运输信息服务应用。建设公众出行、政务服务、高速公路电子收费服务、辅助决策等交通运输公共信息服务系统，提升交通运输行业服务水平，满足公众需求。

完善交通运输信息化发展支撑体系。建立完善基础网络、信息资源中心、标准安全体系和运行保障体系，形成统一的交通运输信息发展支撑保障体系。

湖北省

“十二五”期间，湖北将加强交通基础设施、运输装备监测感知网络和数据中心建设，加强信息资源的深度开发与综合利用，积极推进行业信息化重大应用工程建设。信息网络基础设施更加完善，新一代信息技术应用推广取得明显进展，信息资源开发利用水平显著提高，行业信息化应用水平显著提高，安全监管与应急保障能力明显增强，公共信息服务质量和服务水平显著提高，为现代交通运输发展提供强力支撑与保障。

“十二五”期间，湖北省公路水路交通信息化主要任务是：完善三个网络基础设施，建设一个数据中心，搭建四大应用平台，开展三个重点领域示范试点工程建设，构建三大保障体系，简称“31433”工程。即以办公专网建设、改造升级通信传输网、完善政务外网为重点内容对信息化基础设施进行完善；以丰富公路水路数据资源和构建共享交换支撑平台为重点，完善省、市两级交通数据中心体系，着力打造安全监管与应急处置平台、物流公共信息平台、公众服务信息平台和综合管理服务平台，丰富内网门户和外网门户信息服务内容；在综合运输、现代物流和城市客运领域开展示范试点工程建设；建立、完善交通信息化标准规范保障体系、交通信息化安全保障体系和交通信息化建设和运行保障体系。

湖南省

“十二五”期间，湖南将打造“四个交通”，即综合交通、“两型”交通、智慧交通、阳光交通。基本建成完善的交通运输感知监测体系、信息传输网络、和交通数据资源体系，全面提升全省交通运输行业在电子政务、行业管理、现代物流、公众服务等领域的信息化应用水平，初步形成和谐完善的交通运输信息化发展环境，逐渐形成“透彻的监测感知、全面的互联互通、智能化分析决策、人性化公共服务”的交通运输信息化发展格局。

主要建设任务如下：

1. 构建“1842”信息化框架，支撑交通运输可持续发展

以云计算技术、SOA架构湖南交通运输基础支撑保障体系，着重于湖南交通运输信息化顶层设计和资源体系规划、云计算数据中心、统一应用支撑平台、信息化标准体系等的建设，支撑湖南智慧交通的可持续发展；深化综合交通运输、公路管理、道路运输、港航水运、海事管理、城市交通、行政办公管理、交通科技八大业务管理领域应用；建设公众交通信息服务系统、交通运输安全应急处置系统、交通市场信用与项目建设综合管理系统、行业综合分析决策系统四个综合应用系统；完善内外两大门户，简称“1842”信息化框架，见图4-3。通过13项重大工程、18个项目为牵引，在“十二五”末，初步建成智慧交通。

图4-3　“1842”信息化框架图

2. 以13项重大工程为牵引，初步建成智慧交通

按照"1842"信息化框架的主要任务，湖南省交通运输信息化"十二五"时期的工程定为"综合交通运输体系信息系统工程"建设，分为13个建设重大工程、18个重点推进项目，见表4-1。

交通运输信息化"十二五"建设项目表　　表4-1

"十二五"信息化建设重大工程		"十二五"信息化建设项目	
序　号	工　程　名　称	序　号	项　目　名　称
1	交通运输信息化基础支撑体系建设工程	1	交通运输信息化基础支撑体系建设项目
		2	智慧交通指挥调度中心建设项目
2	基于湘通卡的混和收费系统工程	3	基于湘通卡的混和收费系统
3	长沙霞凝港综合货运枢纽集装箱多式联运信息化试点工程	4	长沙霞凝港综合货运枢纽集装箱多式联运信息化试点工程项目
4	交通物流信息共享平台建设试点工程	5	交通物流信息共享平台建设试点工程项目
5	路网运行监测与管理信息系统工程	6	高速公路路网运行监测与管理信息系统项目
		7	普通公路路网运行监测与管理信息系统项目
6	道路运输三级协同管理与服务信息系统工程	8	道路运输三级协同管理与服务信息系统
7	水运航务综合管理与服务信息系统工程	9	水运航务综合管理与服务信息系统
8	长沙机场地区综合客运枢纽管理与服务信息化试点工程	10	长沙铁路南站（黎托）综合客运枢纽信息服务与协同管理系统
		11	长株潭城乡客运乘车"一卡通"试点工程项目
9	交通行业政务服务系统工程	12	交通行业政务服务系统
10	公众交通信息服务系统工程	13	公众交通信息服务系统
		14	城市交通管理与服务系统
11	交通运输安全监管与应急处置信息系统工程	15	湖南省公路水路安全畅通与应急处置系统建设项目
12	交通市场信用与建设项目综合管理信息系统工程	16	交通建设项目综合管理信息系统
		17	交通市场信用管理信息系统
13	行业经济运行监测预警与决策支持系统工程	18	行业经济运行监测预警与决策支持系统

广东省

"十二五"期间，推动广东交通运输信息化协调发展和全面提升，基本建成智能化交通运输监管、决策与服务体系，形成与现代化交通运输发展相适应的管理科学、机制创新、运营规范、高效安全的信息化管理体系，推动实现珠江三角洲区域交通基础设施管理、运营一体化和交通公共服务一体化，推动实现粤港澳交通运输一体化。

“十二五”期间，广东交通运输信息化建设的重点任务是：加强信息化保障能力建设，完善电子政务和行业管理信息平台，深化其应用，加强交通服务、安全监管、应急指挥等应用系统建设，推动综合运输、区域物流信息化发展，为珠江三角洲区域经济一体化发展和幸福广东建设提供支撑。

1. 加强信息化基础设施建设

建设广东省交通运输行业专网，建立广东省交通运输行业地理信息系统，完善广东省交通运输数据中心，加强信息安全基础设施建设，提高广东交通信息化保障能力。

2. 完善综合行政办公平台

完善办公自动化系统、交通运输政府公众网和在线行政审批系统，推广使用电子政务邮件系统，拓展视频会议系统覆盖范围，全面提升电子政务应用水平。

3. 深化行业管理与决策平台应用

加强信息采集体系建设，推进道路运输IC卡、数字航道、计重收费等一批提高行业管理效率的信息化应用，加快信息资源开发利用，开展行业综合运行分析。

4. 搭建智能交通服务平台

建立健全出行、客运枢纽、不停车收费、货车计重收费系统、绿色通道检查系统、航运公共信息服务平台、呼叫中心等信息服务系统，全面提高交通运输信息服务水平。

5. 引导区域物流信息服务平台建设

推动集装箱多式联运、道路货物甩挂运输等现代化货物运输方式的发展，整合物流园区（货场）、运输企业、从业人员、运输工具、公路通行和水路通航状况、物流企业和从业人员资质和信用、货物运输状态等信息，加强对运输企业和从业人员、运输工具和运输货物的监管，提供货物运输行政许可服务、区域物流公共信息服务等，实现可视化、智能化物流管理，支持南方现代物流信息平台建设，提高交通物流服务能力，推动广东智慧物流发展。

6. 构建安全监管和应急指挥系统

完善广东省交通综合监控中心，进一步扩大视频监控图像接入范围，形成覆盖全省高速公路视频监控系统、国省道重点路段视频监控系统、城市交通视频监控系统、客运站场视频监控系统、港口、码头、泊位、航道视频监控系统以及琼州海峡视频监控系统的视频监控联网体系。建立有线和无线相结合、固定和移动相结合的应急通信系统，保障基础通讯网络瘫痪时的紧急通信。建立应急指挥系统，综合利用数据中心资源，结合应急资源库、事件库、预案库、案例库、模型库、知识库、文档库等应急指挥数据库的建设，实现应急事件接报、处理、上报、反馈、结案、事后评估等全过程的自动化管理，提供救援队伍、物资设备、经费等应急资源查询、重点区域监控预警、突发事件信息发布等服务。

7. 健全信息化保障体系

建立健全信息化建设和管理、信息安全管理、资金管理等机制，为广东信息化发展提供保障。

四川省

“十二五”期间，四川交通运输信息化整体水平进一步提高，行业运行信息监测采集能力建设取得突破性进展，完成一批交通运输信息化重点项目建设，信息资源开发利用程度显著提升，信息化发展保障体系进一步完善。围绕提高管理水平、保障安全应急、强化决策分析、服务百姓出行四条主线，在深化交通管理体制改革、构建综合运输体系、发展现代物流方面发挥重要作用。

（一）“十二五”四川交通运输信息化发展具体目标

1. 行业运行信息监测采集能力取得突破性进展

对高速公路和国省干线重要路段、特大型桥梁、长大隧道、重点水域信息监测采集实现全方位覆盖；完成全省国省干线重要路段交通量调查站建设；完成全省所有I、II类治超检测站和省级管理中心建设；完成一、二级客运场站和主要货场站信息联网，完成一类汽车维修企业和部分二类汽车维修企业信息联网，积极推广应用道路运输IC卡。

2. 完成一批交通运输信息化重点项目建设，全面提升交通运输行业管理水平

构建交通应急指挥系统，提高交通应急指挥和救援保障能力；完成省级超限信息综合管理系统和超限检测信息系统开发，实现超限信息系统联网管理，提高公路路网服务水平和通行效率；完成建立物流公共信息平台，培育统一、规范、诚信、高效的物流市场；完成交通执法系统开发，构建执法数据交换平台，实现执法数据共享交换，提高行业监管水平；试点开展城市智能交通系统建设，缓解交通拥堵，服务百姓出行。

3. 信息资源整合开发利用程度显著提升

深化网络资源整合；加快厅数据中心和业务数据分中心建设，完善数据采集交换平台，建立健全信息资源整合与共享机制，数据中心数据更新及时率满足应用需求，全面支撑各级交通运输管理和公众服务两类平台应用；以需求为导向，以应用为目标，进一步完善综合数据查询与分析系统，支持领导决策分析；继续完善交通公众服务系统，提高交通信息服务水平。

4. 信息化发展保障体系进一步完善

加快构建交通运输信息化建设与运营保障体系，实现交通运输信息化科学发展和可持续发展。

（二）“十二五”四川交通运输信息化建设主要任务

深入推进网络资源整合、数据资源整合两大基础工程；继续深化公路管理、道路运输、城市交通、水路运输四大业务领域的信息化应用；着力推进交通应急指挥系统、交通公众服务系统和交通运输科学决策支持系统三大重点系统建设；围绕促进综合运输体系建设的重要任务，试点开展物流公共信息平台建设，综合客运枢纽管理与服务信息系统建设。见图4–4。通过两大基础工程、四大业务领域信息化应用、三大重点系统和两大试点领域建设不断深入，逐步形成支撑交通运输信息化建设的标准规范、建设运营和信息安全三大基础保障体系，全面提升交通运输信息化可持续发展能力。

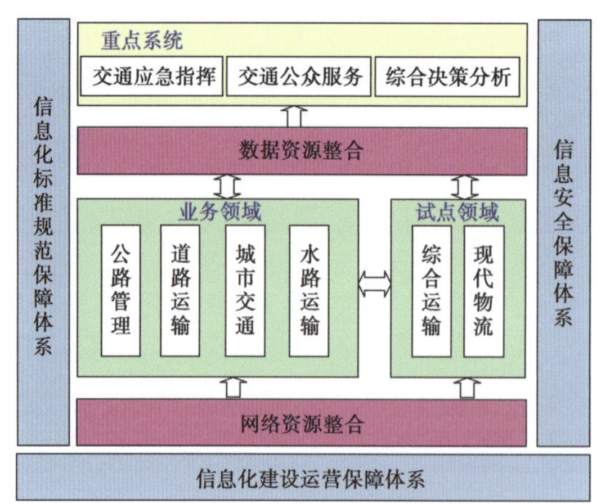

图4-4　“十二五”四川交通运输信息化发展主要任务框架图

贵州省

“十二五”期间，贵州交通运输信息化将以科学发展观为引领，以现代交通运输业发展战略需求为导向，以攻克制约交通运输发展的关键技术难题，加快科技成果推广应用，促进行业、地方技术规范标准化建设，强化科技创新能力建设为重点，为建设高效、安全、低碳的公路水路交通运输体系提供强有力的技术支撑。

“十二五”期间，贵州将加强地理信息技术、通信技术、计算机网络技术等在基础设施建设养护、运营管理、信息服务等多个领域的广泛集成应用。重点突破智能公路系统、智能运政系统等关键技术，集成开发车辆行驶信息采集和计量技术，为推进数字化行业管理、提高交通运输运行效率和服务水平提供前瞻性技术支撑。

主要研究包括：公路交通运行状态数据采集技术与设备开发、水上数字交通与智能航运技术、大范围路网运行状态监测与评估技术、交通电子地图公共服务平台关键技术、营运车辆智能配载与动态调度关键技术、车路通信与协调关键技术、空间信息发掘与利用技术、基于GIS公路工程施工管理信息系统、航运GPS运用与管理技术、城市交通缓堵智能化管理技术研究、基于GIS公路基础设施管养信息系统、全省公路路网地质灾害监测管理决策信息系统、交通科技信息网、交通安全监督信息网、汽车客运站计算机联网售票系统、高速公路信息服务系统研究、交通路况实时数据采集与信息发布平台、航道养护管理信息系统研究等。

云南省

“十二五”期间，云南省将进一步完善交通信息化基础设施建设，推进覆盖交通运输全业务的专题式综合平台建设，大力开展行业数据资源开发、共享和利用，加强交通信息服务体系建设，继续强化信息化支撑保障体系建设。

云南省公路水路交通运输信息化“十二五”建设总体框架见图4-5。具体为着力抓好“八个一”

工程：强化“一个中心”，即厅信息中心成为行业数据共享中心、网络中心、通信监控和信息指挥中心；扩展“一个网络”，即行业专网全面覆盖扩展到全行业；完善“一个平台”，即交通运输电子政务平台成为全省交通运输地理与空间信息资源交换、共享平台；用好“一张图”，即全省公路水路统一的基础数据库和电子地图；开通“一个号”，即“96123”交通服务专线；建好“一个门户”，即建立行业统一政务协同、业务联动的内网门户；建立“一个体系”，即全省交通运输行业统一的信息安全体系；重点建设“一批系统”，即加快“云南省交通公众出行和应急处置”项目建设，实现全省高速公路联网和全省客运售票联网，开展交通运行监测系统和决策支持系统建设，启动出租车、公交车、综合交通信息化试点示范工程，推进全省交通运输物流平台、电子口岸建设，全面推广ETC不停车收费和全省治超信息系统联网，继续深化电子政务应用和推广，带动行业信息化深度健康可持续发展。

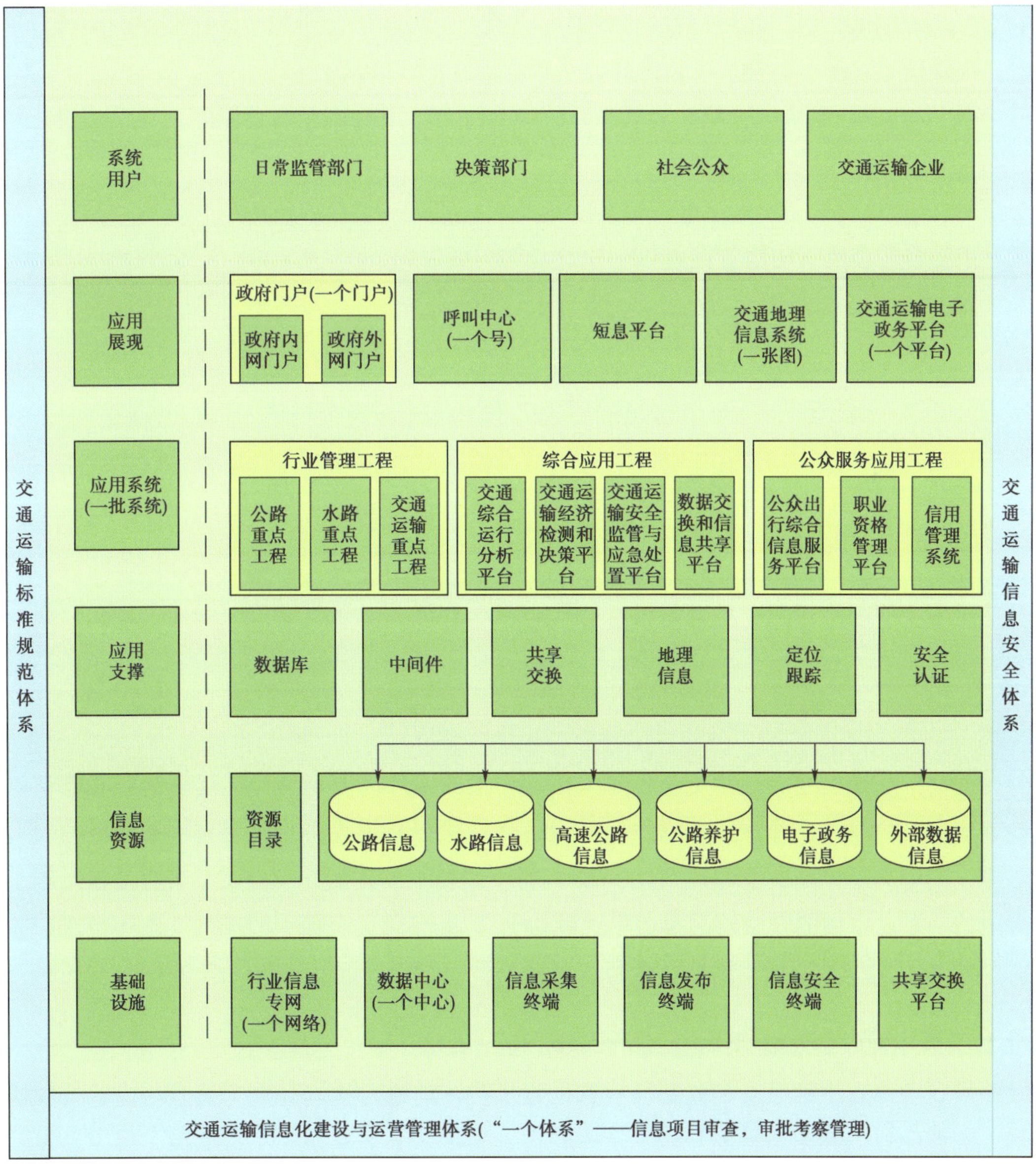

交通运输标准规范体系

系统用户：日常监管部门 | 决策部门 | 社会公众 | 交通运输企业

应用展现：政府门户(一个门户)（政府内网门户、政府外网门户） | 呼叫中心(一个号) | 短息平台 | 交通地理信息系统(一张图) | 交通运输电子政务平台(一个平台)

应用系统(一批系统)：
- 行业管理工程：公路重点工程 | 水路重点工程 | 交通运输重点工程
- 综合应用工程：交通综合运行分析平台 | 交通运输经济检测和决策平台 | 交通运输安全监管与应急处置平台 | 数据交换和信息共享平台
- 公众服务应用工程：公众出行综合信息服务平台 | 职业资格管理平台 | 信用管理系统

应用支撑：数据库 | 中间件 | 共享交换 | 地理信息 | 定位跟踪 | 安全认证

信息资源：资源目录 | 公路信息 | 水路信息 | 高速公路信息 | 公路养护信息 | 电子政务信息 | 外部数据信息

基础设施：行业信息专网(一个网络) | 数据中心(一个中心) | 信息采集终端 | 信息发布终端 | 信息安全终端 | 共享交换平台

交通运输信息安全体系

交通运输信息化建设与运营管理体系(“一个体系”——信息项目审查，审批考察管理)

图4-5 云南省公路水路交通运输信息化“十二五”建设总体框架图

西藏自治区

“十二五”期间，西藏交信息化的发展思路主要是要增强应急反应能力，强化应急通信保障水准、完善公众出行信息服务手段、加快重点区域和重点灾害路段监控为发展思路。工作重点如下：

（1）抓紧实施和完成《西藏自治区交通应急联动与服务系统》的建设任务。

（2）统筹规划和实施全区重点路段、重点部位的视频监控系统，按照统一标准，与西藏交通应急指挥系统、应急视频会议系统联网，实现互联互通。

（3）规划和实施全区公路客运站监控系统与西藏交通应急指挥系统、应急视频会议系统联网，实现互联互通，并对已有监控系统进行改造。新建部分客运站监控系统，并将厅运管局已有的监控系统接入全区交通应急视频系统。

（4）充分利用和整合公路管理局已有数据库资源，规划和建设西藏全区公路路网运行管理系统综合平台，增强信息化技术监管手段，提高公路管理信息化整体水平。

（5）规划和建设西藏全区公路客运管理系统综合平台，以提高全区公路客运售票信息化水平，提升对公路客运的服务及监管能力。

（6）规划和建设全区公路客运枢纽综合管理系统，实现对全区客流的综合分析、预测，增加信息化手段、以提升行业监管与服务能力。

陕西省

“十二五”期间，陕西将围绕提高运行质量、保障安全应急、强化决策分析、服务百姓出行四条主线，全面推动智能化交通运输系统的构建和发展，形成覆盖广泛，支持有力、框架完善的交通运输信息化体系，使交通运输信息化技术的应用基本覆盖交通建设、运输生产、行业管理、交通政务、公众信息服务等各个领域，交通运输综合信息平台总体框架日臻完善，交通运输信息化发展水平整体大幅提升。

1. 构建全面的交通监测感知网络，行业运行质量显著提高

完善交通通信信息网络，满足交通信息采集和传输的实际需要，为交通运输运行状态监测信息传输和业务应用提供网络支撑保障；增强交通运输运行状态监测能力，实现对重要路段和大型桥隧的联网监控，其中高速公路覆盖率达到100%、国省干线覆盖率达到70%；大型客货运输站场、一二类超限检测站、重点水域的联网监测覆盖率达到100%；重点营运车辆、船舶的动态定位跟踪监测覆盖率达到100%。及时掌控交通运输行业运行实时动态，提高交通运输运营管理水平。

2. 形成交通运输应急处置体系，应急保障能力显著加强

建设多网联动的省市两级安全监管与应急处置平台，加强行业内外安全监管与应急处置信息的交换共享，实现应急资源动态管理和科学指挥调度，满足“上下联动、左右衔接、反应迅速、处置高效”的要求。

3. 构建协同管理和决策支持体系，行业管理和决策支持水平不断提高

建成“省级两层、省市两级”交通数据中心体系，完善信息资源整合与共享机制。面向行业管理，实现跨区域、跨行业的综合性应用，基本形成行业内业务协同的应用管理体系，核心业务信息化覆盖率达到85%以上；面向政府决策，实现对交通基础设施和运输市场运行状态和发展态势等的综合分析，基本形成科学的决策支持体系，提高行业管理的科学决策水平。

4. 形成交通运输信息服务体系，社会公众服务能力大幅提升

面向企业与社会公众，提升交通政务信息化，实现85%以上行政许可在线办理，扩大出行信息服务的广度和深度；出行信息服务系统覆盖范围超过60%，ETC车道覆盖率60%，非现金支付使用率40%，提高收费及通行效率，增强高速公路服务水平；建成物流公共信息服务平台，提高物流公共信息服务水平；推进交通出行、物流等信息增值服务的产业化，基本形成覆盖城乡的交通运输信息服务体系。

甘肃省

“十二五”期间，甘肃省交通运输信息化将以信息化发展的总体目标为指导、强化交通运输信息资源整合为手段、夯实信息系统基础为支撑、推进信息化重点项目建设与应用为动力、服务交通运输事业发展为目的，全面建设完成交通运输信息化建设的“五个一”工程，实现全省交通运输信息化的跨越式发展。

1. 完善交通运输信息化基础设施建设

（1）交通运输信息通信专网建设（一张网）。“十二五”期间，对高速公路网络进行升级提升网络带宽，利用高速公路沿线光纤和管道资源构建交通运输专用通信网。重点是网络连接线路升级与设备升级改造和解决最后一公里问题，就是要改变现有的行业分隔、多线路租用的连接网络模式，将各地不同交通运输行业的网络就近连接到交通运输信息通信专网上，完成交通运输信息的一张网建设。

（2）完善数据中心与交通运输基础数据库建设（一个中心）。“十二五”期间，要重点加强省与行业两级数据中心建设与行业基础数据库与相应信息管理系统的开发完善。到“十二五”末力争达到90%以上的交通运输基础数据、80%以上的管理数据入库。

通过建立数据共享与交换机制，制定数据交换标准规范，开发数据交换接口，实现人员企业、道路桥隧、车辆船舶、航道码头、交通设施等交通运输基础数据进入省数据中心数据库并能得到及时更新，使省数据中心名符其实，真正实现交通运输信息的一个中心。

（3）甘肃省交通地理信息系统（一张图）。交通运输地理信息系统与电子地图应以公路基础数据与线路的经纬度坐标为基础，并附加公路、运输、水运、路政、高速公路运营、等交通行业以及公众服务所需的各类信息。

2. 建立并完善面向行业的信息管理平台

“十二五”时期，甘肃建立并完善面向行业的信息管理平台，包括省级交通运输应急保障指挥

中心与视屏会议系统、从业人员综合管理系统、道路运输行政执法信息交换平台、道路运输节能减排管理信息系统、汽车后市场服务与监管体系、公路工程项目建设管理系统、交通运输办公自动化与决策分析系统；进一步完善交通运输信用管理体系；建设全省交通运输监控网络，加强交通运输安全监管；完善全省桥隧安保基础设施建设；加快推进交通电子口岸建设。

3. 建立并完善面向社会公众的信息服务平台

包括甘肃省交通运输电子政务大厅与门户网站、信息发布与公众出行系统、城市出租车管理系统、城市公交监管与服务系统、客运联网售票与物流系统、综合运输枢纽信息化建设、港口码头电子售票系统；完善智能缴费系统基础设施建设，ETC不停车收费系统。

4. 建立并完善面向企业的信息共享平台

应加快重点联系企业信息化建设，通过信息化的手段来规范管理、提高效率，从而加快企业的跨越式发展。

试点并逐步展开以二级维护监管为重点的维修企业监管服务信息系统建设联网工程，实现一、二类维修企业信息查询、二级维护监管维、维修信息联网查询、备案，实现维修企业联网监管和维修信息采集、共享。

宁夏回族自治区

《宁夏公路水路交通信息化规划（2010—2015年）》已制定并颁布，宁夏紧紧围绕“转变发展方式、加快发展现代交通运输”的总体要求，紧贴农业、能源、旅游三大优势产业对交通运输的发展需求，利用信息化手段助推公共服务均等化。结合宁夏地域面积小，具备“一网贯通”的特点，发挥后发优势，以全区统一的交通通信骨干网和交通行业数据中心为基础，以标准规范体系、安全保障体系和建设运行环境体系为依托，构架“一中心、五平台、四系统、两门户”，即建设交通行业数据中心一个中心，建设公路交通综合管理信息平台、水路交通综合管理信息平台、道路运输管理信息平台、口岸管理信息平台、综合类管理信息平台五个平台，开发与推广公众出行服务系统、物流运输公共信息系统、交通安全与应急服务系统、交通运行分析与决策系统四个系统，构建和完善交通运输内网和外网两大门户网站的宁夏交通信息化总体框架，建立“统一规划、资源整合、业务协同、服务延伸、共建共享、循序推进”的发展模式，提高交通运输监管水平和社会服务质量。

新疆维吾尔自治区

“十二五”期间，新疆维吾尔自治区计划做好以下几方面的信息化工作：

加大政府网站群建设，完善交通运输行业办公自动化系统，实现行业内部电子公文流转交换，逐步实现网上行政审批办理全过程的一站式服务，提高行业行政执法综合管理水平。建立和完善自

治区交通通信信息专网，提高专网对交通运输信息化工作的促进和保障作用。

继续整合行业现有信息资源，建立行业数据中心，搭建数据整合与交换平台，将行业数据按公路空间数据、公路属性数据、车辆、人力资源、交通量、业务数据、主题数据等进行整合分类，尽量做到“一数一源，资源共享”，最终为决策和业务管理提供依据。

建立交通运输公共信息服务平台，最大限度地满足公众信息需求，提高行业服务水平。在服务内容上，能及时提供准确的动态路况、出行路线、沿线设施、气象、收费标准等一系列交通信息服务，让公众切身感受到交通信息服务的便利，使公众出行更便捷、安全、可靠；在服务功能上，提升公众参与度，拓宽服务途径。

加大公路路网设施建设，增加外场监控设备及外场信息发布设备的密度，注重采集道路动态数据信息，并对相关信息进行分析处理，提高路网监控能力，逐步形成覆盖全疆国省干线路网、桥梁、收费站、客运站场、城市客运、重点工程施工现场、重点水域等于一体的交通运输监控网。同时从新疆交通运输系统以条为主的行政管理的特点出发，开展应急体系研究，推动和指导各级交通应急指挥监控中心建设，形成多级联动工作机制，切实提高整个交通运输系统的应急处置能力。大力推进收费公路一卡通、ETC等方式，节省行车时间，提升收费管理水平。

完善重点营运车辆GPS联网联控系统，降低道路运输安全生产事故发生率，深入推广客运站微机售、检票系统，逐步推广联网售票，提高道路运输行业的服务质量和水平。加快建设全区统一标准的城市出租客运管理系统、城市公共客运管理系统，实现与道路运输管理信息系统的融合。通过联网手段，实时采集货运市场的运行信息，提高物流管理水平和服务质量；实现国际运输公路口岸的电子化管理。

新疆生产建设兵团

“十二五”期间，新疆生产建设兵团计划做好以下几方面的信息化工作：

1. 统筹规划、统一标准，加强管理、完善制度

建立统一资源共享业务平台，健全网络管理、路的监控、运输车辆调度指挥、数据保护、信息安全等方面的相关配套措施。加快制订完善和统一的信息化制度，规范项目管理。深入开展兵团范围内的交通信息化重大工程和重点领域试点示范应用工程。

2. 充分发挥现有信息化基础设施的作用，加大信息资源开发和利用的投资力度

加快本局信息化建设，建成安全可靠、技术先进、性能完善、管理规范的省级交通运输信息网络。初步建设完成以局机关为中心，连接兵团各师交通局的结构合理、高速宽带、面向未来的兵团交通信息网络，实现视频会议、应急指挥、道路监控、远程业务培训、技术交流、办公审批等功能。

3. 大力推进重大工程和示范项目的建设

通过大力推进应急指挥系统的推广和应用，实现公路安全畅通、路网管理、道路运输运行管理和公路水上安全监管等管理职能的信息化工作。

进一步推进公路交通出行信息服务系统建设，通过网站、电子大屏、自助查询终端等多种发布平台发布公路客运、道路、天气等公众出行信息。通过公众出行系统的建设推进客运售票联网及电子客票系统的建设。

建设交通运输综合统计系统，通过对公路建设及养护、道路运输、路政海事执法等相关数据网络化报送，综合统计和相关业务信息的采集，加强对行业经济运行监测预警，最终提高行业管理决策的合理性和前瞻性。

4. 继续加大重点领域示范工程建设力度

继续推进物流公共信息平台的示范工程，通过乌北物流信息平台的推广和改造，实现不同区域、不同企业、不同部门间的现代物流信息资源的交换共享和发布。

示范开展部分地区城市公交和出租交通智能化系统建设工作。

5. 加强信息技术科技人员的培养和信息技术的普及，建立多层次的信息化人才队伍

开展交通运输管理人员和从业者的信息知识和计算机技能培训，培养和引进高素质的复合型人才。

青岛市

“十二五”期间，青岛市交通委员会力争在交通运输动态信息的采集和监控、交通运输信息资源的整合开发与利用、交通运输运行综合分析辅助决策和交通运输信息服务等四个方面实现重点突破，全方位提升科学决策水平，增强市场监管、应急处理和公众服务能力，全面提高交通运输行业整体运营效率，为“十二五”交通运输发展目标的顺利实现提供支撑和保障。重点工作如下：

1. 完善信息化基础设施

加强交通信息网络建设，建设和改造光纤传输设施形成高速、安全、可靠、互联互通的交通信息网络。建设完善全市交通信息资源中心，整合行业内外交通相关信息资源，基本建成交通运输数据交换平台，完善数据管理与更新维护机制，建立跨地区、跨部门的交通信息资源交换共享体系；加强信息支撑平台建设，深入拓展交通动态位置信息公共服务和交通地理信息公共服务。

2. 深化重点业务领域信息化应用

深化路网管理、道路运输、港航管理、交通执法、科技项目等重点业务领域的信息化应用。

3. 提升安全监管与应急处置能力

建立健全覆盖全市公路、水路交通基础设施运行状态的综合监测体系，在公路、场站、港口码头等建设中，信息化基础设施要与交通基础设施同步建设，构建多级联动的交通运输安全监管与应急处置平台。

4. 推进城市智能化公共交通建设

集成交通动态位置信息等公共服务，建成包括动态监控、实时调度、线路规划、客流量感知、

应急保障等内容的城市公共交通智能管理体系。

5. 加强工程项目信用体系建设

建立交通建设市场参与单位、从业人员信用信息档案，规范建设项目招投标管理，健全交通运输行业信用评级管理与发布体系，向社会发布业内从业主体的服务能力、服务质量、诚信度等信息，提高行业的信用管理水平，建立良好的行业信用环境，促进交通运输基础设施建设质量、管理秩序和服务水平的持续提升。

6. 提高综合运行监测预警与决策分析支持能力

建立健全交通运输经济运行指标体系及其监测网络；深化完善与交通业务系统相融合的交通统计分析和交通运输规划辅助决策支持，开展综合交通运输现状分析和需求预测，实现经济活动的监测预警和综合交通运输体系的定量评价，提高行业管理宏观决策水平。

7. 建立健全交通运输公众信息服务体系

进一步完善交通行政审批网上服务体系和交通行政处罚规范透明运行体系；全面推进交通政务公开服务平台建设。着力增强公众出行交通信息服务，拓宽出行信息服务领域，加快提升改造公路出行诱导系统，提高出行信息服务质量，实现全市出行信息服务智能化、一体化。

8. 持续完善物流公共信息服务

加快物流公共信息平台的推广，进一步拓展平台功能，提供增值服务，实现信息共享。加快先进物流信息服务系统的应用。

9. 推广高速公路不停车收费与非现金支付系统

推广高速公路不停车收费与非现金支付系统，提高“鲁通卡”使用用户的覆盖率，加快ETC客户服务网点的建设，建立数据共享、代理充值、代理服务等合作机制；加强安全保障功能，为ETC客户充值、查询、车载设备维护等提供便利条件。

10. 健全信息化标准和安全保障体系

研究和制订标准规范，构建覆盖电子政务、智能交通、现代物流、通信信息等交通信息化建设领域的信息化标准体系；完善信息安全体系，实行信息安全等级保护，加强以密码技术为基础的信息保护和网络信任体系建设，建设和完善信息安全监控体系。

交通运输部珠江航务管理局

“十二五”期间，珠江航务管理局将在加强自身建设的同时，努力促进珠江航运综合信息服务系统的研究和建设，在推动珠江水系各省区加强航道、运输、安全监管等领域信息化建设的基础上，统筹全水系港航信息化建设的有关方案和标准，整合行业信息资源，初步构建珠江水运综合信息平台，满足水系航运规划、港航管理、行业监管、公共服务等的需要，实现由局内建设向对行业服务的拓展转变。

1. 加强自身信息化基础建设

以网络扩建、珠江水运GIS系统和基础数据库的建设为基础，着力抓好“两系统、一体系”建设：以电子政务为主体的珠江水运管理应用系统建设，实现水系航运规划、建设、科技、行政管理等有关数据与信息的采集和使用；建设以传感和相关信息技术为支撑的珠江水运监管及应急指挥系统，实现西江航运干线水运动态监管，为今后逐步整合珠江干线CCTV、AIS、VTS等资源，实施远程集中联网监控等功能打好基础；建设三级以上信息系统安全等级保护体系，保障信息安全。

2. 加快推进珠江航运综合信息服务系统建设

内河航运综合信息服务系统建设已列入交通运输部“十二五”信息化发展规划的重大工程。珠江航运综合信息服务系统建设拟达到以下的主要目的：实现危险品信息申报等向电子化管理转变；实现水路危险品运输全程监控，提升安全管理和应急处置能力；统一和规范中央和地方港航管理部门内河航运信息化设施配备要求；进一步梳理业务需求，实现港航等管理业务流程优化；规范和统一提供航道、港口相关管理信息和服务信息。在总体方案制定与建设过程中，将加强有关信息标准的应用工作，注重港口、航道、运输等管理信息资源的整合和共享共用，避免重复开发和建设，为船舶运输经营人提供统一的标准化信息服务。

中国交通建设集团有限公司

“十二五”期间，中国交通建设集团有限公司围绕“保基础、调结构、走出去”的发展战略，以提升集团资源整合与集团化建设能力、提升产业链协同效应和价值最大化的协同能力、提升集团科学管理决策能力、提升核心业务发展的支撑能力为重点，以“数字中交”系列工程为载体和依托，打造国内同行业领先、国际先进的“数字中交”。

“十二五”集团信息化建设主要任务是：一大工程、三个平台、一个中心，两个保障。

1. 一大工程

搭建中交信息化建设的总体框架，建立三个平台、一个中心、两个保障体系等，实现中交业务管理数字化、生产经营协同化、信息资源共享化、信息服务网络化。

2. 三个平台

（1）综合业务管理平台。在现有系统的基础上，以公司一体化和集约化管理需求为目的，建立综合管理平台，实现对公司生产经营综合管理的整体调度指挥、综合查询和统计分析等。包括：财务、资金、人力资源、生产经营、科技、法律、风险、股权谱系、统一采购平台、大型装备管理、行政办公系统等。

（2）核心业务应用平台。以提高公司各业务板块的科技含量、生产效率、工程质量，成本控制，提高对核心业务的贡献度为目标，整合建设核心业务应用平台。包括：勘查设计集成系统、工程项目系统、疏浚业务集成系统、装备制造集成系统、投资业务系统、房地产业务系统等。

（3）基础环境支撑平台。通过硬件设施建设，提供中交信息化整体基础保障服务，包括网络连

接、系统运行、网络监控优化、数据存储备份、机房环境等。

3. 一个中心

集中存储、管理、统计、分析公司运营管理所必须的人力资源、财务资金、项目经营、资产物资及综合类数据信息资源，为各应用系统提供数据支持，为领导决策提供数据保障。数据中心分两级，分别位于集团总部和各二级单位，通过数据交换平台实现数据交换和共享。

4. 两个保障

（1）管理、技术、标准保障体系。建立一套统一的、满足公司信息化建设和管理需要的信息化标准体系及相应的管理制度。

（2）信息安全保障体系。制订信息安全策略（解决信息系统中的身份确认、信息流加密、完整性确认和安全审计等问题），构建一体化安全技术体系（身份认证、网络防火墙、网络带宽备份及均衡控制、数据的容灾备份、网络防病毒、网络监控等），建立预警机制和应急机制。

中国船级社

“十二五”期间，中国船级社（CCS）信息化建设的总体目标是完成CCS E-CLASS的建设。

通过实现信息技术与CCS业务的深度融合，以客户为中心，建设智能化、标准化、国际化的覆盖全业务生命周期的应用系统和覆盖全领域的增值服务产品，把CCS建设成全面、高效、先进的“数字化船级社”（E-CLASS），提升CCS综合服务竞争力。

（一）业务领域

整合现有信息化资源，按照入级业务流程，实现规范法规、合同前服务、审图计算、产品检验、建造入级检验、营运船级维护与管理、信息服务7个业务环节数据信息的有效衔接，覆盖国际入级船舶、国内船舶、海工和工业业务领域和各个业务流程。

1. 业务数据标准化（船舶数字化模型）

积极推进信息和数据标准化建设，将标准、全面、连续、真实的数据进行集成，开发船舶数字化模型，利用先进的IT技术，结合相关业务流程，整合分散的数据库，优化数据结构，建立以船为中心的数据仓库，形成多规则的知识管理基础。船舶数字化模型见图4-6。

2. 覆盖全业务的生命周期管理

以船舶数字化模型为基础，整合、完善CCS现有分散的应用管理软件，将IT技术与检验技术的相融合，最终建立智能化的全生命周期管理系统，积极推进工业领域信息化进程。业务生命周期见图4-7。

3. 技术支持与服务智能化

以船舶数字化模型为基础，逐步建立以知识管理为核心的智能化检验平台，使现场验船师能够方便、快捷地获取所需检验信息、技术支持信息、个性化的服务信息，提高验船师工作效率。

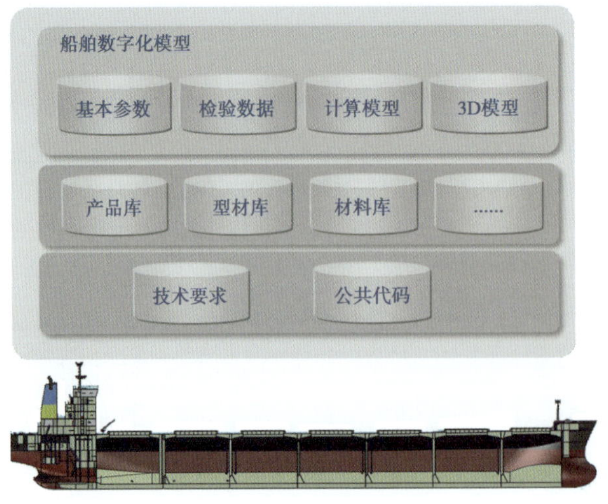

图4-6　船舶数字化模型

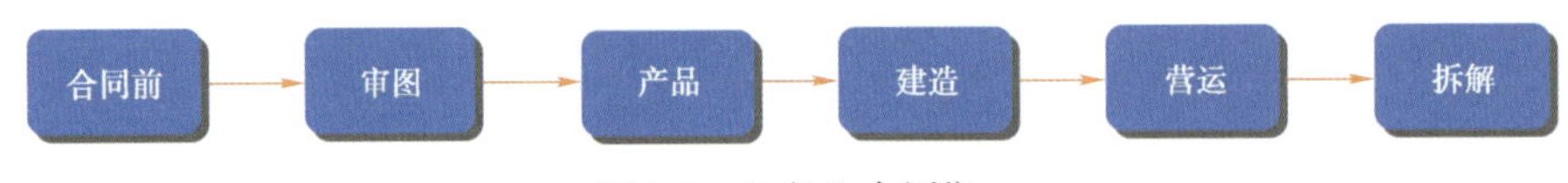

图4-7　业务生命周期

（二）规范科研

1. 规范科研智能化

通过IT技术，促进规范科研成果、授权国、IMO、IACS、区域性组织等的新要求及时、有效的转化，提升规范技术应用能力，有效应对国际有关质量新要求的挑战。形成CCS技术标准转化、开发、经验积累、服务和高效利用的机制。实现为客户和政府等提供智能化的规范公约查询、解释等技术支持。

2. 工程计算软件向设计、生产延伸

以客户需求和业务需要为导向，整合CCS现有的工程计算软件，并向设计、生产延伸，形成拥有CCS自主知识产权，集设计、审图、生产为一体的核心技术服务产品。

3. 为绿色船舶服务

推进信息技术与绿色技术相结合，有效应对安全绿色新技术方面的挑战，通过EEOI/EEDI等一系列绿色应用系统的建设，提升CCS在绿色技术领域的先进性和权威性。

（三）综合管理

达到在全系统统一管理、统一授权、保障安全的前提下，将综合办公、业务处理、信息交流与沟通、数据分析统计与决策等系统与功能整合在一个相对统一的办公平台上，满足决策层、专业管理部门、分社管理层的需要，从而提升整体行政办公信息化水平，提高全系统管理效率和决策能

力。CCS智能办公桌面系统见图4-8。

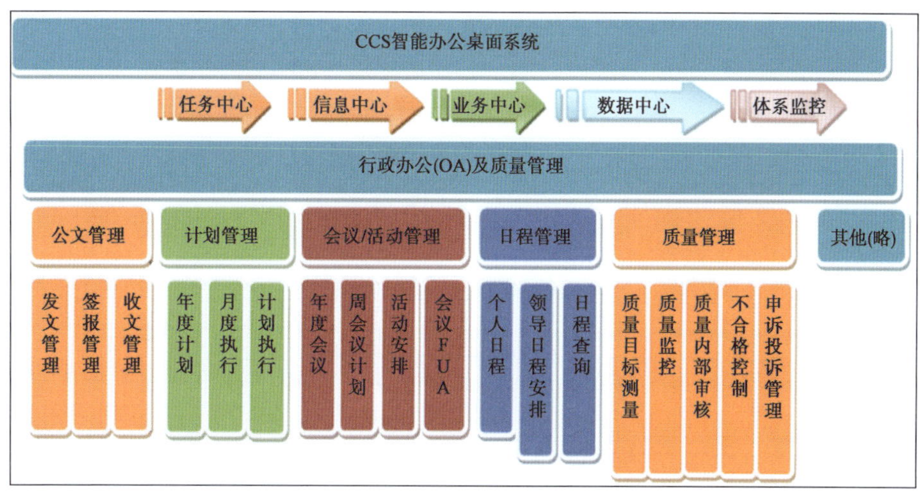

图4-8　CCS智能办公桌面系统

（四）信息服务

以信息化为纽带，加大客户、市场、政府与CCS的关联度。

1. 加强CCS网站对外宣传及客户服务支持作用

以客户为中心，改善CCS网站页面布局和栏目设置，方便用户及时找到所需的信息；整合CCS的对外信息服务，作为面向CCS直接客户的在线业务的服务平台，为客户提供权威、标准的智能化信息服务。

2. 向客户延伸

向客户提供行业IT解决方案（如METE、PMS、检验直通车、COMPASS、EEOI/EEDI等），打通CCS与客户群之间信息通道，把CCS信息高速公路向客户群延伸，建立完整的海事“信息化生态圈”，共享技术进步；发挥CCS桥梁作用，使客户与客户间形成有效链接，进而解决客户—CCS—客户间信息不对称问题。

青岛港

“十二五”期间，青岛港信息化建设将围绕“一个目标”（建设东北亚国际航运信息服务中心），打造“两个中心”（港口国际化物流信息服务中心、港口物联网技术应用研发中心），构筑“五大体系”（泛在智能的高速网络体系、绿色高效的数据支撑体系、面向服务的应用开发体系、健全规范的信息标准体系、主动防御的信息安全体系），实施“三个推进”（推进信息化与工业化融合，推进港口信息化向信息化港口转变，推进青岛港向第四代港口转变），从根本上实现港口信息化零缝隙、零时延、零故障“三个零”的整体性突破，使青岛港信息化建设达到世界领先水平。

具体将从以下6个方面重点开展相关工作：

（1）采用RFID、PDA等物联网技术，建立基于传感网的港口统一的生产作业信息采集体系，以港口内部集装箱、散货和杂货生产作业管理为核心，建设智能港口物联网系列应用，构建港口物联网综合性管理的核心信息平台。

（2）建设一体化、无缝隙的港口国际物流协同服务平台，以服务“港口五级管理格局”为目标，加强集成化、流程化的港口信息共享体系研究，构建一体化的港口内部综合运营平台。

（3）综合应用信息技术、自动化技术，将管理创新融入生产流程，推进生产作业控制与企业资产管理、设备运行维护，推进集装箱和散杂货生产的智能化应用。

（4）围绕港口生产、设备、财务、物资、工程等主干业务，构建具有港口特色的业务流程管理信息体系，并对港口拥有的客户资源进行有效管理、深入挖掘，实现对与客户有关活动的全生命周期管理和信息服务。

（5）以港口为中心，铁路、公路物流为延伸，内陆无水港为节点，建设拥有海港功能的内陆区域性物流中心系统，形成以保税港为业务核心的全程物流供应链信息服务网络，为用户提供全方位的车箱货跟踪、物流监管、运输路径优化等多种形式的增值服务。

（6）在统一规范的信息标准化管理下，从创新港口数据资源的统一管理，加强IT运维的监控和应急反应能力，创新物流软件产品，建设以物联网为基础的港口信息网络传输及安全保障体系等方面，提高港口信息化发展的基础支撑体系。

第五章　案例集锦

2011年是我国国民经济和社会发展承上启下的一年，在这一年，交通运输部明确提出了要把信息化作为深入实施科技强交战略的重要任务和主攻方向；在这一年，各省信息化相关部门深入贯彻落实科学发展观，总结"十一五"交通运输信息化工作，明确"十二五"信息化发展任务，进一步深化认识、突出重点，务实推进交通运输信息化建设，为加快发展现代交通运输业提供了有力的支撑。

在具体工作的开展中，各省均涌现出了一批科技含量高、能够切实解决问题的经典案例，随着这些案例中的技术、方法不断地推广应用，我国交通运输现代化的进程已经随之发生了深刻的改变。为进一步把这些实际工作中的优秀案例推而广之，充分发挥其先导与示范作用，本书遴选了其中较为典型的18个工程项目作为代表，希望能够给各地交通运输信息化部门一个相互学习和借鉴的机会。

这些案例涉及我国交通运输信息化的各个方面，渗透和融合到了交通运输管理和服务的各个领域，有效地提升了交通运输系统的通行效率、运行质量、安全性能和服务水平。在这里，我们仅按案例最直观的表现和作用将其分为六类，分别为：公路交通信息资源整合与服务工程成果展示；以数据辅助决策，以信息化实现政务公开；大型活动与城市交通的共赢；流动中的经济发展；工作效率的飞跃；交通运输的监与控。

一、公路交通信息资源整合与服务工程成果展示

为进一步加强交通信息资源的整合与开发利用，提高行业运行效率，改善公众服务质量，增强行业监管能力，提升领导决策及应急处置的能力，2007年4月，根据交通部（现交通运输部）指示精神，在2005～2006年交通部信息化示范工程"省级公路交通信息资源整合工程"、"区域客运综合信息服务系统"和"公路公众出行信息服务系统"的基础上，各地将示范工程的推广工程合并为"省级公路交通信息资源整合与服务工程"，对示范工程的成果进行推广。

2011年，经过几年的艰苦努力，部分省份的"省级公路交通信息资

源整合与服务工程”已初具规模，功能逐步完善，并积累了大量经验。

内蒙古：定位长远发展　推动系统完善

2007年4月，交通部决定开展示范工程的推广工程——省级交通信息资源整合与服务工程。内蒙古自治区交通运输厅高度重视这一难得历史机遇，积极开展项目申报工作。经几轮严格的比选和审查，被确定为首批承担部示范工程推广工程的单位之一。

（一）建设成果

1. 初步建成行业数据资源整合平台

行业数据资源整合平台建设整合了自治区公路基础属性、公路空间地理、车辆、从业人员、经营业户5个公路交通基础数据库，实现了统一信息采集、存储、处理、分级交换和各类信息资源共享。解决了各类信息在多个系统数据不一致、编码不唯一、维护更新不及时、不同步等问题。

对未采集到的数据包括通行费（年、月报表）、涉外运输、国际道路运输、客运班次等，提供相应采集方案，开发数据采集系统。

2. 建设行业综合运行分析系统

行业综合运行分析系统（图5–1）的建设依托人、车、户、路、建、管、养、征、运等基础数据资源，通过图、表等相结合的多种动态表现形式，提供灵活直观地查询、对比和分析，对路网建设、管理，通行费征收和道路运输行业运行状态作出评价，为领导和管理部门提供科学的决策支持。行业综合运行分析系统由道路运输辅助决策分析、交通规费（通行费）征收分析、公路专题分析三个子系统组成。

图5–1　行业综合运行分析系统

（1）道路运输辅助决策分析系统。系统在数据层面将运政联网、客运售票和国际运输数据进行了整合，通过行业类别进行划分，例如道路客运、道路货运、国际运输等，在此基础上按照业户、车辆、从业人员、客运站、线路等分类将数据进行线性的组织，最终为行管部门提供了各类数据的查询分析统计。

（2）交通规费（通行费）征收分析系统。系统通过数据录入系统对通行费的纸质上报数据以及

历史数据进行了全面的采集工作，在数据采集的基础上按照收费情况、收费里程、投资与还贷等不同的角度进行了整合，使用表格+图形的展示方式满足行管部门的统计分析需求。

（3）公路专题分析系统（图5-2）。系统以公路GIS系统的地理信息为基础，以现有的公路管理信息系统的数据为基础，进行公路基本情况统计分析，并且可以直观地了解公路交通行业目前总体运行情况和状态。分别按行政等级、技术等级、路面类型等分析公路里程和历年公路里程情况；按使用年限、跨径等类别分类分析桥梁及隧道的情况，公路密度及通达情况；同时以报表的形式和图形的形式展现统计数据。

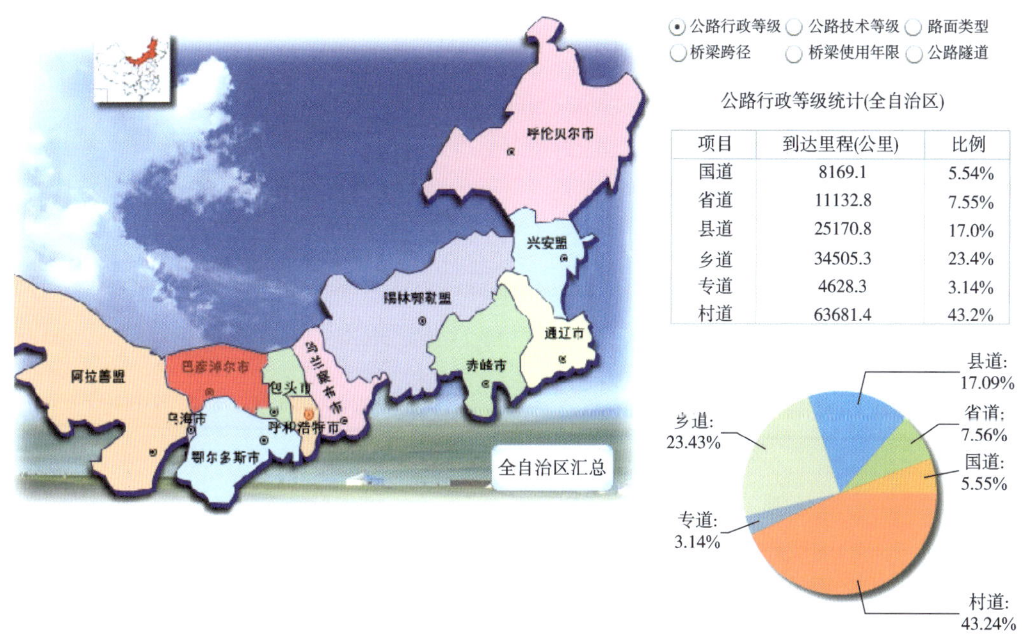

公路行政等级统计(全自治区)

项目	到达里程(公里)	比例
国道	8169.1	5.54%
省道	11132.8	7.55%
县道	25170.8	17.0%
乡道	34505.3	23.4%
专道	4628.3	3.14%
村道	63681.4	43.2%

图5-2　公路专题分析系统

3. 建成了全区交通地理信息系统共享平台

建设统一、共享的自治区公路交通地理信息系统。一方面，可以对自治区级应用及各业务局与GIS相关的应用提供基础的支撑平台，减少重复建设资金、运行维护资金，实现GIS数据的大集中；另一方面，通过自治区交通地理信息系统的建设，有利于开展基于GIS数据基础上的统计分析、数据挖掘，为行业决策提供数据支持，提高行业管理水平。

4. 形成了统一的公众出行信息平台

公众出行信息平台由数据采集子系统、公众出行信息服务网站、呼叫中心系统和短信服务系统组成。

（1）数据采集子系统。数据采集子系统包括数据采集、数据处理以及数据存储等功能模块。

（2）内蒙古交通公众出行信息服务网。内蒙古交通公众出行信息服务网以全区公路路网数据为依托，全面整合相关出行信息资源，为社会公众提供完整的出行策划和信息服务。

（3）呼叫中心系统。呼叫中心采用了外包模式，其中服务热线系统软件由工程中统一开发，并与服务数据统一部署在厅数据中心进行维护。

5. 开发了公路建设市场信用管理系统

该系统实现了对自治区内重点公路建设项目信息的采集，公路建设的施工企业、监理企业、监理工程师的信用评价、上报，根据最终的信用综合评分对施工企业、监理企业进行信用定级，公示，并生成上报交通运输部报表格式。

（二）建设意义

1. 探索相关机制规范，为信息化长远发展奠定基础

一是制定运行机制和管理办法。相继制定了《内蒙古自治区交通计算机网络信息安全管理办法》、《交通厅数据中心机房安全管理办法》、《内蒙古交通网站群管理办法》等。二是不断完善交通信息化标准体系建设。组织研究和审定了《全区交通信息化网络基础设施建设技术要求》、《盟市交通信息化建设技术指导方案》、《内蒙古自治区公路交通信息资源采集技术要求》、《内蒙古自治区公路交通信息资源数据交换技术要求》、《内蒙古自治区公路交通数据库建设技术要求》、《内蒙古自治区公路交通应用系统开发技术要求》、《内蒙古交通物流信息化标准》等指导文件和行业标准规范，为全面推动交通信息化健康、有序发展创造了良好的环境。

2. 理顺体制关系，推动了相关业务系统的完善

在本次工程建设过程中，理顺了各种体制障碍关系，重整了数据环境，优化了管理结构，目前已经基本解决了组织、制度等问题，初步形成行之有效、内容完善的信息化发展保障体系，为打破了信息壁垒创造了条件。

3. 注重社会服务，推动了交通运输信息服务平台的形成

通过对公路交通地理信息，交通设施信息、客运信息等进行充分整合，形成了翔实的交通运输信息资源库，以提供实时、准确的资料，为解决公众出行对交通线路、交通路况等信息的需求并提供交通线路优化和交通疏导的服务。

吉林：建设高效　快速　通畅　可靠的信息传输网络

2007年4月，交通部（现交通运输部）决定开展示范工程的推广工程——省级交通信息资源整合与服务工程。吉林省交通厅积极准备，按时提交了建设方案（吉交科教函字［2007］51号）。经方案比选，吉林省交通厅被交通部批复（交规划发［2007］627号）为承担部推广工程的单位。

本次工程建设基于现有的网络、业务管理系统以及业务数据基础之上，建设一个公路通信信息基础网络即交通专网、一个数据中心建设、两类接口开发、三大应用系统。另外，三大保障体系是在本次工程中需要完善的内容。

（一）一个交通专网

通信网络平台是吉林省信息资源整合与服务工程的基础工程。合并公路管理局、省运输管理局、省规费征收管理局原有各自建立的广域网络，采取统一租用电信运营网络服务的方式打通各节点，实现全省网络平台的统一接入，并连接至省厅网络。建成以省、市、县三级网络体系结构为基

础，实现全省公路交通信息资源的归集、整合及综合利用的交通专网。

（二）一个数据中心

包括数据整合与交换平台、数据资源库、数据分析平台。

数据整合与交换平台。实现了数据主题的目录管理以及相应的数据采集、接收、抽取、传输、路由等。

数据资源库。在数据整合与交换平台基础上生成，其数据来源主要是分散的各业务数据库，数据资源库包括基础数据库和专题数据库。

数据分析平台。基于数据资源库为应用系统提供数据分析和展现的功能支持。

（三）两类接口开发

通过统一的信息共享接口开发为其他系统提供接口。开发统一的信息共享接口为其他系统提供信息共享通道。

（1）为交通行业外相关业务部门提供数据访问服务接口；

（2）为省部级的数据资源整合提供报送接口，实现全省交通信息资源向省部级的汇总和整合。

（四）三大应用系统

1. 应急指挥调度系统

交通应急指挥调度系统（图5-3）依托公路GIS平台和公路基础数据库，通过交通量调查、通行费收费等系统，通过采集车辆检测器、能见度检测器、气象检测器、视频监控等手段进行采集数据，将以上信息进行整合，实时反应路网当前和历史运行状态，为路网调度指挥中心人员提供路段交通量、平均车速、车流密度、能见度、气象等信息。通过信息整合和应用展现，依托多种通信手段，以路网调度值班管理为核心，提供集值班管理、辅助决策、指令下达、信息发布、特情报告于一体的全省路网调度业务处理平台。应急处置系统依托公路GIS平台、路网的通信平台、GPS平台、视频、气象检测仪等资源并结合现场交通量，及时掌握应急事件的地点、现场情况、气象、道路交通情况，进行事件进行预警、评估、方案制订、信息上传、下达、资源协调、 动态跟踪、事后评价和预案完善。

2. 行业综合运行分析系统

行业综合运行分析系统是交通行业管理的高端决策支持系统；是交通行业管理信息体系的重要组成部分；是同其他相关系统数据共享、功能区分，并对其他管理系统产生影响的高端管理信息系统，因此它的存在需要依托于其他相关系统，而不能独立存在。围绕公路建设、日常管理、公路养护、规费征收、稽查、客运管理、驾培管理等多个业务对象，进行综合查询和主题分析。

3. 公众出行信息服务系统

通过整合吉林省的交通公路的里程信息、路况信息、服务器、加油站、天气信息和道路运输中客运线路、班次等信息整合后，为公共交通出行者和自驾车出行者提供服务，服务手段包括：交通服务热线、网站、短信、交通广播、宣传手册等方式。

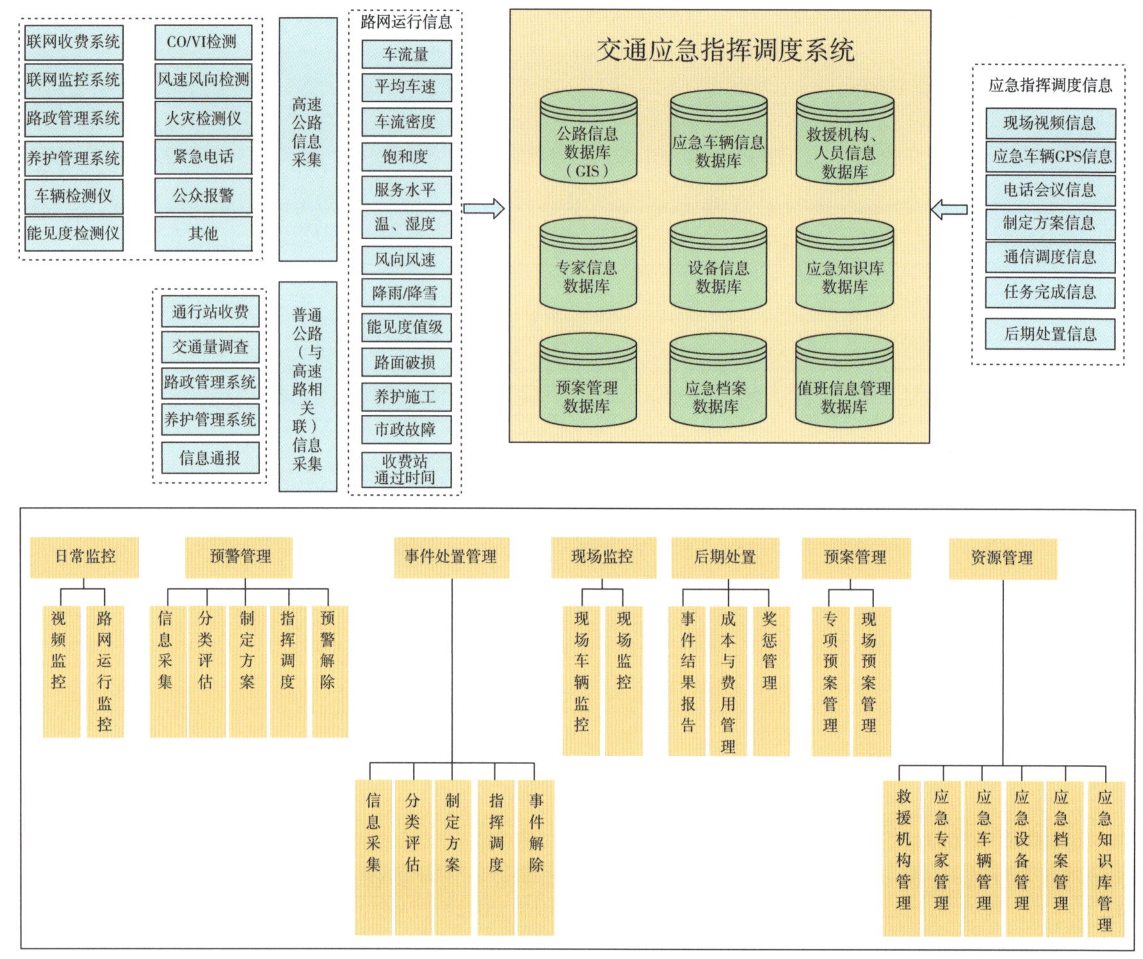

图5-3　交通应急指挥调度系统示意图

江西：整合资源聚合力　共享利用促发展

以交通运输部信息化示范工程推广工作为契机，江西省交通运输厅高度重视，积极准备，结合江西交通信息化建设的现状，及时提交了《江西省公路交通信息资源整合与服务工程建设方案》，经过部组织专家评审和方案比选，交通部于2007年7月以交规划发［2007］527号文批复了该方案，选定江西省交通运输厅为该工程承担单位进行项目建设。

按照要求，并结合江西省实际，工程的总体框架由五个结构层次和三大保障体系共同构成（图5-4），即网络基础层、数据资源层、应用支撑层、业务应用层、前端展现层五个结构层次，以及信息安全保障体系、交通信息化标准规范体系和工程建设与运营保障体系三大保障体系。

项目围绕工程总体框架进行建设，主要建设内容可以概括为“构建一个中心、健全三大体系、形成三套系统”。

（1）构建一个中心。初步建立省厅数据中心。搭建省级数据整合与交换平台，为本次推广工程和以后类似的信息化工程提供技术支撑；建立数据分析平台，为应用系统的数据分析与展现提供基础的平台条件；通过重点整合省公路局、运管局、联网中心等部门现有业务系统的数据资源，初步形成江西省交通信息资源整合数据中心库，进一步提升信息资源的开发与利用能力。

（2）健全三大体系。建立较为全面的信息安全保障体系，充分保证系统稳定运行和数据的安全可靠；建立标准统一的信息化标准规范体系，实现数据信息共享和系统间互联、互通、互操作；建立科学合理的工程建设与运营保障体系，保证工程长效运行和可持续发展。

（3）形成三套系统。面向综合决策分析开发江西交通综合查询与分析系统（图5-5），系统以资源整合库为基础，通过分析建模、数据查询、多维分析及展现等手段，为领导决策、行业监管等提供有力支撑。

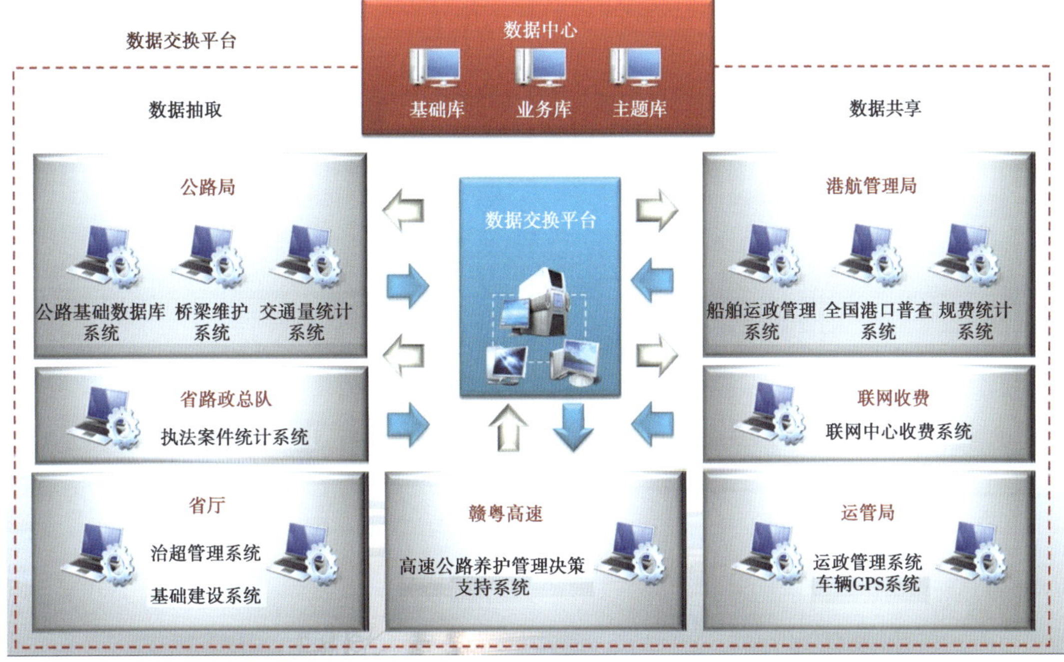

图5-4　江西省交通信息资源整合与交换平台

图5-5　江西省交通运输厅综合查询与分析系统软件界面

（4）基于应急保障和业务协同开发江西交通综合应急指挥系统（图5-6），并同步建成江西省交通运输厅应急指挥中心监控大厅，实现应急管理工作的电子化和信息化，为突发事件的监测预警、应急值守、应急处置、预案管理等提供技术支撑，提高应急管理的工作效率和处置能力。

图5-6　江西省交通运输厅综合应急指挥系统软件界面

（5）贯彻“以人为本”的交通发展理念，建立江西省公众出行服务系统，系统建设并融合江西省公众出行服务网站、“96122”呼叫中心（图5-7）、江西交通广播电台直播室（图5-8）等多个子系统，通过多种服务展现手段，形成全方位的江西交通统一服务大平台，全面提升为百姓出行的服务能力。

图5-7　江西交通服务热线“96122”呼叫中心

图5-8　江西交通广播电台直播室

湖北：服务行业　服务决策　服务公众

随着湖北省交通基础设施建设快速发展，为提升路网和运输系统的运行效率和服务水平，本着需求导向，注重实效的原则，湖北将工程建设内容细化为“一个中心、一个平台和四大应用系

统”。一个中心即湖北交通省级数据中心，通过购置硬件设备、系统软件，进行硬件系统与软件系统的集成，构建省级数据中心，实现省厅与省公路、道路运输等二级业务局的数据交换和共享；一个平台即信息资源整合平台，通过开发数据交换平台软件，制定信息资源数据采集规范，构建信息资源整合平台，为数据交换和共享提供支撑；四大应用系统即公路交通基础地理信息系统、公路交通综合运行分析系统、公路交通行业信用信息分析系统和公众出行服务系统。

（一）主要结构和功能

1. 省级公路交通信息资源整合平台

从逻辑功能来分，主要包括数据采集、数据交换与共享、数据存储、管理调度、综合查询和分析应用等。

2. 公路交通基础地理信息系统

依托全省交通信息资源整合库，通过数据查询、数据分析、数据应用等手段，并结合地理信息系统平台，开发基于GIS的综合查询分析系统，提供地理基础功能、地图标注、地图导出、定位查询和综合查询、专题地图分析、专题图配置和地图调用服务等功能。

3. 公路交通综合运行分析系统

依托全省公路交通信息资源整合库，通过数据查询、数据分析、数据应用等手段，开发公路交通综合运行分析系统，通过公路建设、公路管理、公路养护、高速公路收费和道路运输等统计分析，为领导决策和行业管理提供参考依据，同时，根据运行管理的需要可灵活制定各类专题分析。

4. 公路建设市场信用信息分析系统

为加强公路建设市场管理，维护统一开放、竞争有序的市场秩序，促进公路建设更好更快发展，根据《湖北省公路建设市场信用体系实施方案》，依托全省交通信息资源整合库，通过数据查询、数据应用等手段，建立公路建设市场信用信息分析系统（图5–9）。

5. 公众出行服务管理系统

该系统是一个面向社会公众，为政府相关部门、企事业单位、社会公众提供动态和综合性交通信息服务，是公众获取动静态交通信息的主要方式之一。在交通公众出行服务管理系统的设计中，为了理顺和简化对系统的理解，把系统进行分解为数据采集、数据管理和分析、信息发布三大类层次。具体见图5–10。

（二）项目实施的意义

通过资源整合工程，对已有的应用系统进行了认真的梳理和完善，优化了业务流程，构建了数据交换平台和省级数据中心的框架，加强了各业务领域信息资源向省厅层面的汇集，为湖北省交通运输信息化“十二五”的发展奠定了良好的基础。提升了信息资源开发、利用水平，信息孤岛化、部门化的状况得到明显的改善。促进了跨部门、跨行业的信息资源交换与共享，为省厅与移动通信、电视台、气象等部门的合作，加快建设综合交通运输信息管理平台，创造了条件。

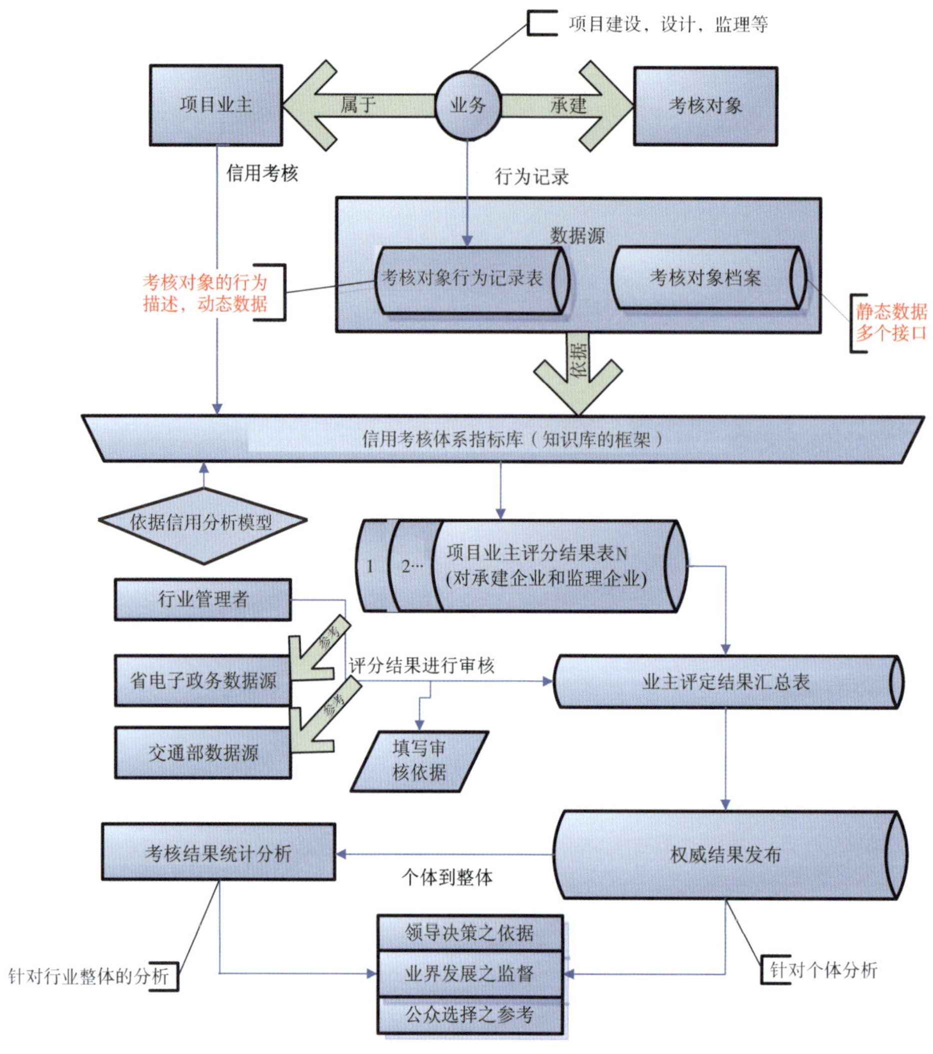

图5-9　公路建设市场信用信息分析系统框架结构示意图

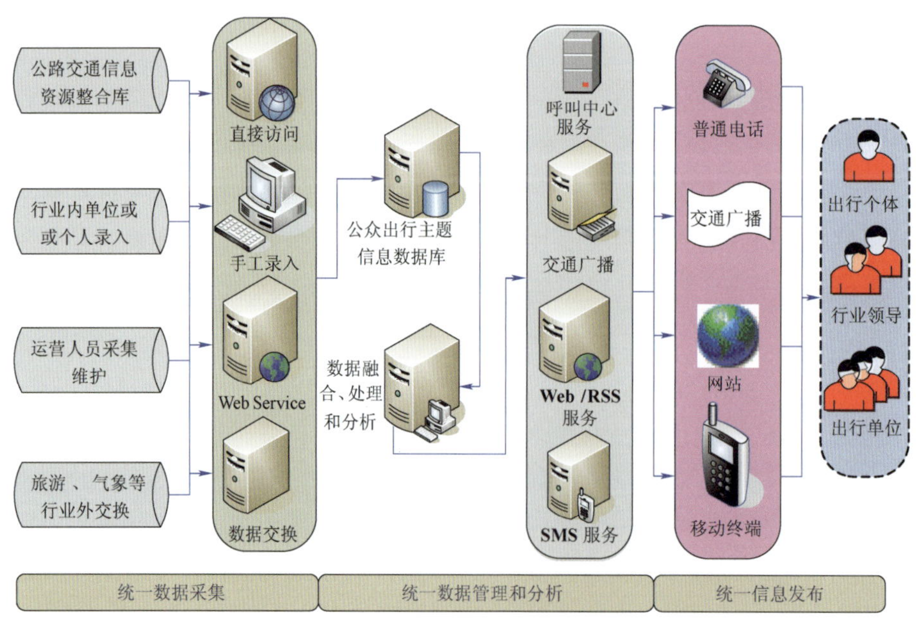

图5-10　公众出行服务管理系统框架结构示意图

广东：整合 应用 服务 效益

2007年4月，根据交通部（现交通运输部）领导指示精神，在2005～2006年交通部信息化示范工程“省级公路交通信息资源整合工程”、“区域客运综合信息服务系统”和“公路公众出行信息服务系统”的基础上，将示范工程的推广工程合并为“省级公路交通信息资源整合与服务工程”，对示范工程的成果进行推广。广东省交通运输厅作为推广工程的第一批承担单位，一直关注、跟踪示范工程的进展与建设情况，积极响应交通部交通信息化的有关精神和号召。依托推广工程的建设，以信息资源开发和整合为重点，不断深化“整合、应用、服务、效益”的发展理念，行业管理与公共服务并重，提升政府行政能力、行业监管能力、公众服务能力和应急保障能力。项目已于2011年12月顺利通过验收。

（一）建设内容

项目的建设内容可以归纳为“一个网络、一个平台、一个中心、五个应用、三个体系”。“一个网络、一个平台”是指网络及软硬件支撑平台；“一个中心”是指广东省交通数据中心；“五个应用”是指公众出行交通信息服务系统、路网综合运行分析系统、网上行政许可审批系统、交通综合行政执法信息系统和公路建设市场信用管理系统；“三个体系”是指公路交通信息资源整合管理体系、交通信息安全管理体系、长效运行管理体系。

（二）应用成效

1. 整合网络和软硬件支撑平台

整合了道路运政专网和公路治超网，形成全省统一的省、市、县（镇）三级联网架构（交通虚拟专网），建设了统一网管平台和流量管控系统，对节点数量众多的网络实施细粒度的统一网管和带宽保障，从而使得交通虚拟专网可以支撑除原先道路运政系统之外的更多业务系统，节约了网络建设费用。

整合软硬件支撑平台，通过数据库集中处理平台、统一文件集群服务、统一数据备份机制等功能，实现了集约化管理，提高了现有资源的利用率及系统的可靠性、可用性和可扩展性。

2. 初步建立广东省交通数据中心

广东省交通数据中心统一数据标准规范，广泛采集静态交通数据，积极丰富交通动态数据，建成分类明确、标准统一、来源唯一、准确一致的基础数据库、业务数据库、主题数据库和空间地理数据库，形成广东省交通数据中心标准规范体系、数据交换平台和数据服务门户，为广东省交通行业面向业务管理、面向领导决策和面向公众服务提供了强大的数据支撑，并为新一代智能交通电子政系统的建设提供基础服务。

数据中心逻辑框架见图5-11。

3. 建立交通综合行政执法信息系统

该系统是配合交通行政执法体制改革需要而开展建设的。

系统通过“办案台”功能，为道路运政、公路路政、水路运政、港口行政、航道行政五个门类的案件办理提供统一的入口，规范执法流程、统一文书格式、自动匹配生成文书内容。在行政许可法允许的前提下，可配置执法流程，适应各地市办案流程的差异；自动匹配生成文书内容，提高了案件处理准确性和执法效率。

构建执法监督体系，实现对执法过程的内部监控和外部电子监察，最大限度地减少了执法办案的随意性，规范了自由裁量权。

系统以交通数据中心为核心，建立了全省交通综合执法数据共享和业务协作体系，将在道路运政等系统中的车辆、业户、从业人员等基础数据接入到执法系统中来，在执法系统中进行进一步的应用，同时将案件处罚数据及时反馈给道路运政系统，以便实现业务锁定，尚未结案的车辆、人员不能申请补办证照。

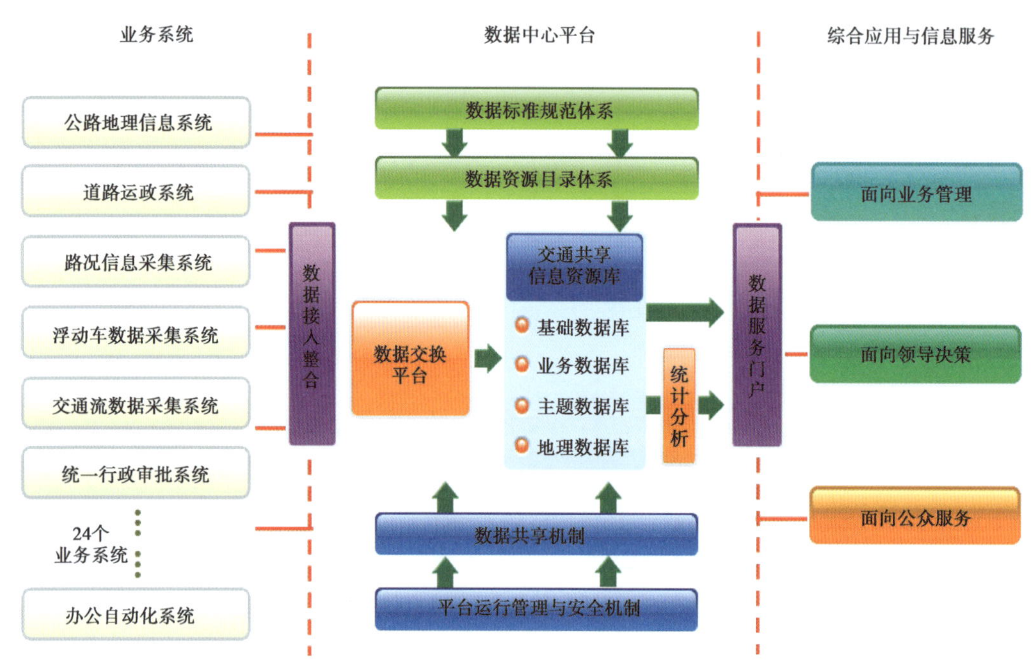

图5-11　广东省交通数据中心逻辑框架示意图

4. 建立网上行政审批系统

网上行政审批系统整合共享厅内已有的行政审批信息资源，提供省厅26项审批事项“一站式”行政审批门户、丰富的行政审批办理资讯和跟踪办理进度等功能。

通过业务办理规范化、审批过程协作化、办理信息共享化等，有效地提高了行政审批业务的办理效率，节省了建设、运维成本。

通过自动监察机制、主动公开办理结果、实时跟踪办理过程、采用红黄牌电子监察等一系列措施的自动实施，保障了审批业务的办理质量。

5. 建立交通公路建设市场信用管理系统

建设与部互通的全省统一的交通建设市场信用管理系统，动态监管从业单位的投标行为、履约行为、其他行为等，按照广东省交通运输厅《公路水运工程施工和监理企业信用评价管理办法》设定的评价标准，自动计算信用得分等级，大大缩短了信用评价周期，显著提高了信用评价工作效率。

开通网上服务门户，动态发布项目信息、企业信息、信用评价等信息，借助社会力量，共同规范公路建设市场秩序，有效地加强了行业诚信自律意识。

信用评价系统已连续使用3年，每年完成200多家企业自评、39个项目的评价、项目隶属管理单位的网上信用评价审批工作，为规范从业单位、人员的从业行为发挥了重要作用。

6. 建立路网综合运行分析系统

该系统是基于对不同动态信息采集设施积累的数据（包括微波检测器采集的数据、浮动车数据、阻断上报和交通事件等数据）进行融合利用，利用数据挖掘等分析处理方法开展路网综合运行状况评价，得到路段流量、流速、流向、分布等交通状态信息，为路网保畅通、应急处置、科学决策提供数据支撑。路网综合运行分析系统架构见图5-12。

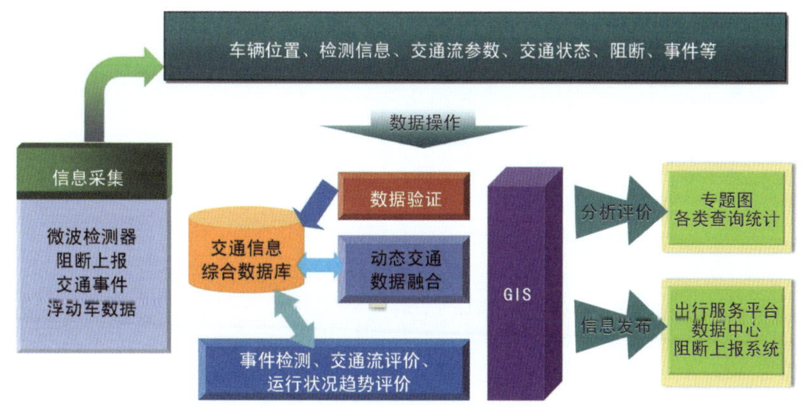

图5-12　路网综合运行分析系统架构示意图

7. 升级公众出行交通信息服务系统

对广东省交通数据中心整合的各种静态和动态的出行信息资源进行深度开发利用，通过互联网网站、手机网站、手机应用软件、服务区触摸屏终端、可变情报板、热线电话等多种信息服务手段，为公众提供覆盖广东省全省高速公路、国省干线的实时路况信息和阻断路况信息以及13个城市主干道路的实时路况信息，公众可以通过短信和邮件的方式订阅这些信息。提供包含火车、长途班车、公交、地铁等多种出行方式的换乘查询，既衔接了城市与城际交通，又涵盖了多种出行方式。在自驾车线路查询中，专门设置了一个碳排放量的栏目，可以自动计算人均碳排放量，提醒小汽车出行给环境带来的问题，倡导绿色出行理念。根据广东省的地理位置特点，配合粤港澳一体化建设，提供粤港澳交通信息服务，包括港澳高速客船、客运班车班次等查询，还提供琼州海峡轮渡和广州到海口的滚装船班次查询。此外，还将实时路况信息提供给第三方的增值服务商，探寻交通信息服务产业化的长效运营机制。

从第三方流量统计工具显示，自2009年7月以来，网站的页面总访问量（PV）达到1191200次，独立IP访问量（UV）达到384486次，且随着系统功能的不断升级完善，网站的用户访问量不断提高。

8. 建设“三大体系”

安全保障体系建设方面：按照信息安全等级保护有关要求，搭建了安全保障总体架构。利用防火墙、内容审计及管理等设施保障了网络和信息安全；建立省厅信息安全综合监控及评估系统，以《信息系统安全等级保护基本要求》为基准点，实现信息安全的常态化监控和评估。

资源整合管理体系建设方面：主要包括组织机构保障、建设经费保障、工程质量管理。

长效运行机制建设方面：加强制度建设，建立了《广东省交通数据采集报送管理制度（暂行）》等规章制度；加强人才队伍建设，保障了信息系统的长效运行；并积极引导在公众出行交通信息服务领域探索如何将公益性服务与市场增值服务关联，建立公众出行交通信息服务的长效运营机制。

重庆：打破信息壁垒　消除信息孤岛

为加快推进交通信息化建设，消除“信息孤岛”，促进重庆交通向现代服务业成功转型，缓解各业务部门协同能力较弱等问题，2009年初，重庆市交通委员会根据《交通运输部关于重庆市公路交通信息资源整合与服务工程初步设计的批复》（交公路发［2008］392号）要求，全面启动信息资源整合与服务工作，2011年9月项目顺利通过验收，并被交通运输部评为“十一五”交通运输行业信息化优秀项目。

（一）系统整体结构

重庆市公路交通信息资源整合与服务工程的建成，搭建起全市统一的交通通信骨干网络，建成了交通信息资源体系和综合业务系统（一期）、公路交通综合执法系统、公众出行服务系统、综合管理与分析系统以及应急管理五大应用系统，完善了工程建设与运行、信息安全和信息标准规范三个保障体系。系统整体结构见图5-13。

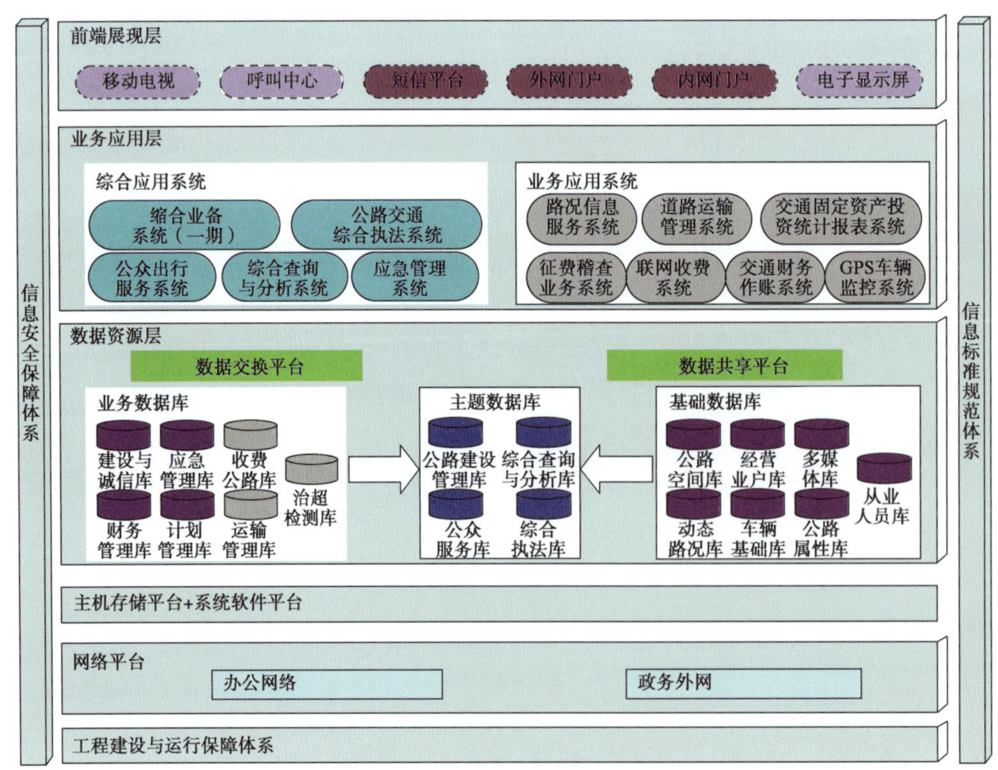

图5-13　系统整体结构示意图

（二）工程主要成果

1. 完善基础网络平台和视频监控设施

（1）按照部统一IP地址规划，建成省级信息高速公路。该网络平台的建成有效带动了各个行业局的中心机房建设，无论网络环境还是硬件存储环境都为各自信息化的发展提供了有力支撑。

（2）信息高速公路作用初显。覆盖“一干三支”所有客、货运及危险化学品码头；完成全市20余个一级客运站和51个二级客运车站的视频联网监控传输，并在重要企业集团及相关市级部门间实时共享。在危险路段及立交桥等事故易发路段增设多路视频监控，通过“监控总中心—区域监控中心—路段监控管理站”三级管理架构中实时视频管理机制能够实现视频在区域监控中心的任意调用。网络视频监控系统见图5-14。

（3）增加动态交通信息监测、视频监控。汇聚、整合涉及交通基础设施的监控信息，高速公路按照“联网监控、区域管理”的思路，共有6000余个摄像监控，覆盖里程900余公里；对重要区域上传2000余路视频，有效保障高速公路平稳运营，共享整合全市所有二级以上客运站场，客运、滚装和危险化学品码头、移动执法车辆执法监控等视频监控信息。监控平台控制软件见图5-15。

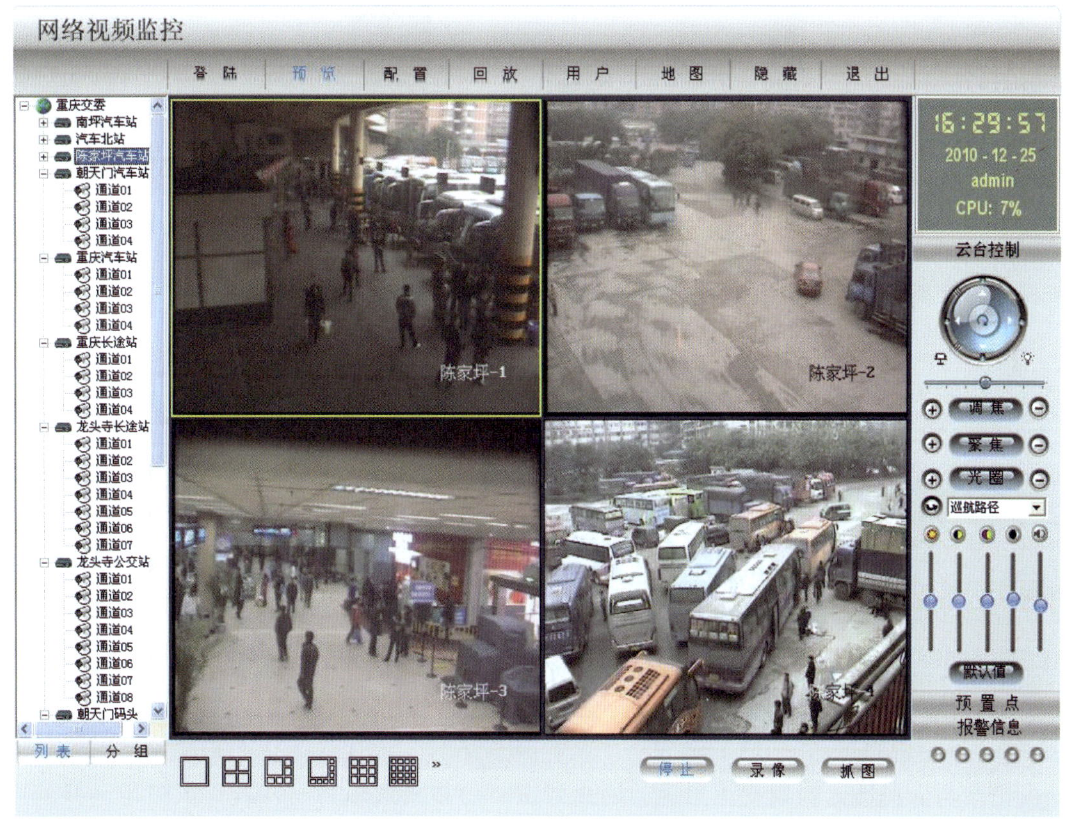

图5-14　网络视频监控系统

2. 数据工程初见成效

在整个建设过程中，以资源目录梳理为起点，以标准规范、制度建设为保障，重点突出运行机制建设，初步完成了交通数据工程建设。

（1）创新性构建重庆市交通资源目录体系，编写了资源目录，完成详细业务流梳理524条。

（2）加强基础静态数据资源的清理与采集。

（3）围绕“路况联通”项目，利用“浮动车技术”尝试进行动态数据资源整合。

（4）搭建数据交换平台，形成数据中心，建成了向上与交通运输部进行数据交换，向下实现与各个行业局以及市级单位的数据交换共享。

图5–15　监控平台控制软件

3. 深入推进行业综合应用

（1）综合业务系统。进行部门间的业务协同和信息的整合共享。

（2）综合查询与分析系统。以数据中心为基础，对公路交通业务领域各项主要常用指标使用多种方法在不同维度进行分析。

（3）公众出行信息服务系统。适时提出整合服务热线，依托热线、网站和公开信箱等自有宣传平台，拓展与人民群众沟通交流渠道，更高层次、更多渠道地为出行者提供较为完善的出行信息服务。

（4）公路交通综合执法系统。重点突出以高速公路执法为试点，减少执法环节、降低管理成本，提高交通违法处罚的执行效率及加强执法力度，得到群众的理解和支持。

（5）应急管理系统。按照“平战结合”的思路充分发挥已建系统功效：“96096”重在接警，执法总队注重出警，高速集团保障相关物资资源，并在预案电子化协同上有所尝试。

（三）项目实施的意义

本次工程实施的意义是打破了重庆公路交通相关业务部门之间的“信息壁垒”，消除“信息孤岛”，完成公路交通信息资源合理的整合，初步实现信息共享和业务协同；着力提升交通行业公共服务水平，为实现交通向现代服务业转型提供支撑；深度利用公路交通行业的丰富数据资源，加强公路交通管理部门在“建、管、养、运”等方面的行业管理能力，丰富、完善交通面对突发事件的应急响应和处置能力，辅助领导决策。系统充分整合利用了交通信息资源，促进了公众出行交通信息服务质量的提升，提高了交通行业监管水平，加强了交通综合运行分析辅助决策能力。

四川：提高系统效率　增强决策能力　改善服务质量

2007年，交通运输部通过方案比选方式，在行业开展了交通信息化示范工程推广工程建设。四川省交通运输厅紧紧抓住这一契机，针对交通行业信息化建设面临的形势和任务，认真组织编制建设方案报交通运输部。2007年6月，交通运输部以交规划发［2007］308号文对四川省交通运输厅的建设方案进行了批复。四川省公路交通信息资源整合与服务工程正式立项。

（一）系统结构

根据对整合工程的理解，将四川省公路交通信息资源整合与服务工程的建设内容分解为“一个网络、一个数据中心、两个应用系统、三大支撑体系”。

（二）系统主要功能

1. 全省交通运输数据中心

厅数据中心建成了全省交通数据交换平台，实现了厅公路局、运管局等单位到厅数据中心的数据交换；搭建了公共地理信息服务平台，整合了省测绘局、厅公路局、航务局、运管局等GIS空间数据和属性数据，形成了全省一张交通共享地图的服务模式，为公众出行信息服务等应用提供了统一的地理信息服务；形成了统一的省级数据中心架构，建成了公路路网等5个基础数据库、公路建设等4个业务数据库以及综合分析和公路出行2个专题数据库；形成了统一的数据中心服务体系，利用数据资源目录服务、基础数据查询、共享数据推送服务等方式向全省交通系统提供数据服务。

在数据中心建设过程中，重点针对运政业务数据进行了数据质量分析，辅助运管部门完善数据，以从源头改进和保证数据质量，为部道路运输联网工程的数据清理提供了帮助。

2. 行业综合应用与分析系统

建项目监控与分析系统（图5-16）：针对四川在建高速量大面广的特点，为方便领导和业务部门及时了解高速公路建设项目进度情况，建设了在建项目监控与分析系统。整合了四川所有在建高速、已通车高速、规划高速空间与属性信息，通过电子地图直观展现所有高速公路空间分布情况；实现了与企业信用系统数据的关联，通过在建项目监控与分析系统可查询建设项目各合同段的施工、勘察设计、监理、检测单位的基本信息、资质、信用记录及业绩等信息；可按月查询分析单条在建高速的投资完成情况、形象进度。

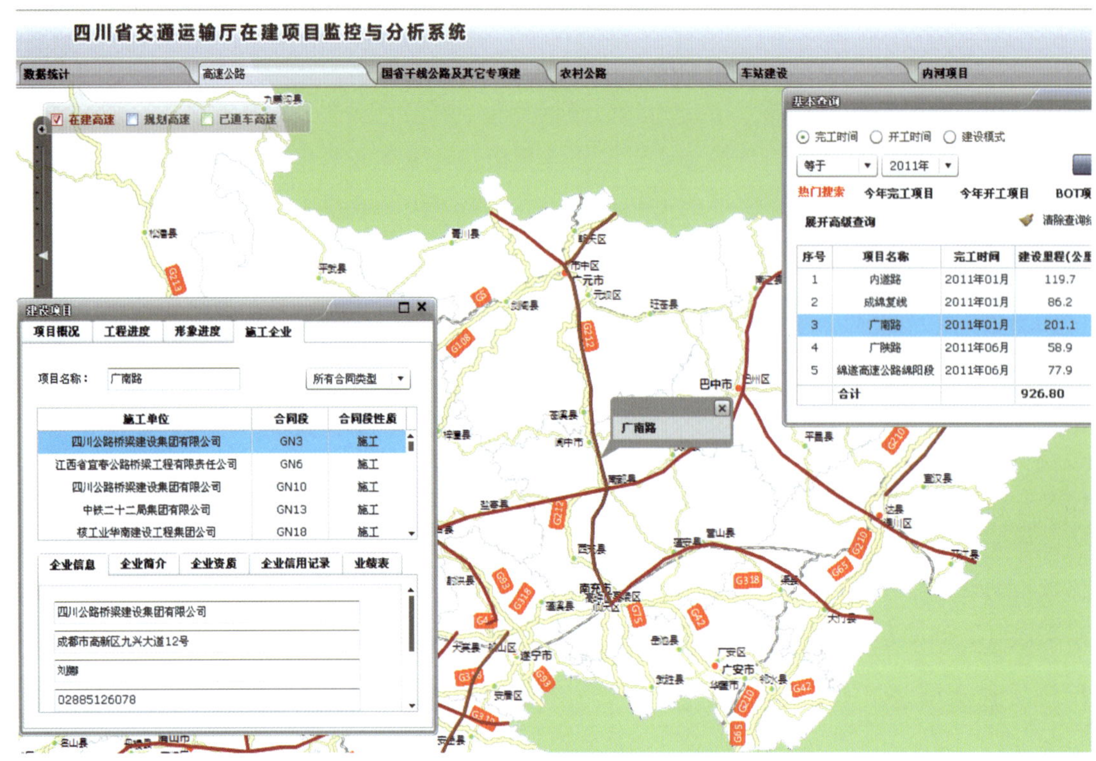

图5-16　在建项目监控与分析系统

执法数据交换、查询与分析：为方便高速公路执法、地方公路路政执法、运政执法间的数据共享，在厅数据中心建立了执法数据和行政审批数据库，实现执法数据和行政审批结果数据的共享交换，实现不同执法部门间的数据交换，并在此基础上新开发了超限运输审批系统、高速公路执法系统、修改完善了运政执法系统，为实现跨部门的联合执法、实现执法和行政许可的业务关联、提高交通运输执法水平提供了数据和技术支撑。

综合查询与分析系统：提供公路基础、从业人员、营运车辆、经营业户、公路建设、公路管理、公路养护、公路运输等若干主题的数据查询及分析展现功能。其中，重点针对执法数据、道路运输、公路基础数据进行了综合分析。

3. 四川公众出行交通信息服务系统

充分利用整合的公路路网、实时路况等动静态数据，注重利用交通部示范工程——成都区域客运和公众出行信息服务系统已有的建设成果，加强与交通系统外单位的数据交换共享合作，为公众提供综合的交通信息服务。四川公众出行交通信息服务系统灾区交通栏目见图5-17。

出行网站采取场景式服务模式，合理设置四川路网、路径策划、自驾出行等栏目。系统向客运出行人群提供四川省境内的各大客运站点的名称、地点、发班线路等信息，提供成都市九大客运站的实时售票信息，方便出行者了解班线信息；提供汽车客运、自驾、火车、民航等多种交通方式的综合比较，方便出行者根据自身需求合理选择出行方式；系统实现了交通线路信息与旅游局旅游景点信息的无缝链接，可查询全省的旅游景点与进出路线，充分发挥了交通和旅游信息化建设的整体优势；系统提供的“灾区交通”栏目，在抗震救灾期间向公众及时发布进出18个地震重灾区的实时路况和路径策划，为关心地震灾区建设、参与四川震后恢复重建的人群提供了准

确、实用的交通信息。

系统还以手机Wap网站、微博、广播、热线电话等多种方式向不同出行人群提供多层次、全方位的出行信息服务。新浪和腾讯官方微博关注人数超过了80万人。出行服务系统还被评为“2011年四川省科技进步三等奖”。

图5-17　四川公众出行交通信息服务系统灾区交通栏目

陕西：发展现代交通　奉献一流服务

2007年11月，交通部（现交通运输部）确定陕西省为西北唯一的推广工程承担单位，并以交规划发［2007］625号文件批复了工程可行性研究报告，2008年1月以交公路发［2008］8号文件批复了初步设计文件，明确了陕西省推广工程的建设内容：初步形成省级交通数据中心，开发综合运行分析、公众出行信息服务、公路建设综合管理和应急指挥四大应用系统。

推广工程的开展为陕西省交通信息资源整合工作的推进带来了良好契机，对加快陕西省交通信息化建设进程具有里程碑式的意义。

经过推广工程的建设，陕西省公路交通运输信息资源整合与服务平台“五大层面”与“三大体系”的总体框架已经形成。包括：网络平台层、主机系统及支撑软件层、数据资源层、应用系统层、前端展现层五大层面；建设与运营保障体系、信息安全保障体系、信息标准规范体系三大体系。

（一）整合全省行业网络资源

整合高速公路综合监控网，利用高速公路光纤资源将省交通行业专网拓展到高速公路沿线管理运营单位，将运营商链路与高速公路光纤链路相结合，实现了专网全行业无盲区覆盖，为业务整合应用夯实了基础。

（二）建成省级交通数据中心

1. 完善标准、明确交换共享规则

制定了《陕西省省级交通数据中心数据元标准》、《陕西省公路交通数据交换技术规范》等，在标准中明确了数据来源、交换规则和更新频率。

2. 建立省级交通数据资源共享目录体系

形成数据资源目录体系，开发了陕西省公路交通数据资源共享目录系统，为行业单位提供了双向数据交换共享服务。

3. 搭建省交通数据交换与共享平台

在省级交通数据中心及业务单位部署数据交换与共享平台（图5–18），通过数据交换平台抽取并分析不同业务应用系统的数据资源交换至省数据中心，初步形成省级交通数据中心。

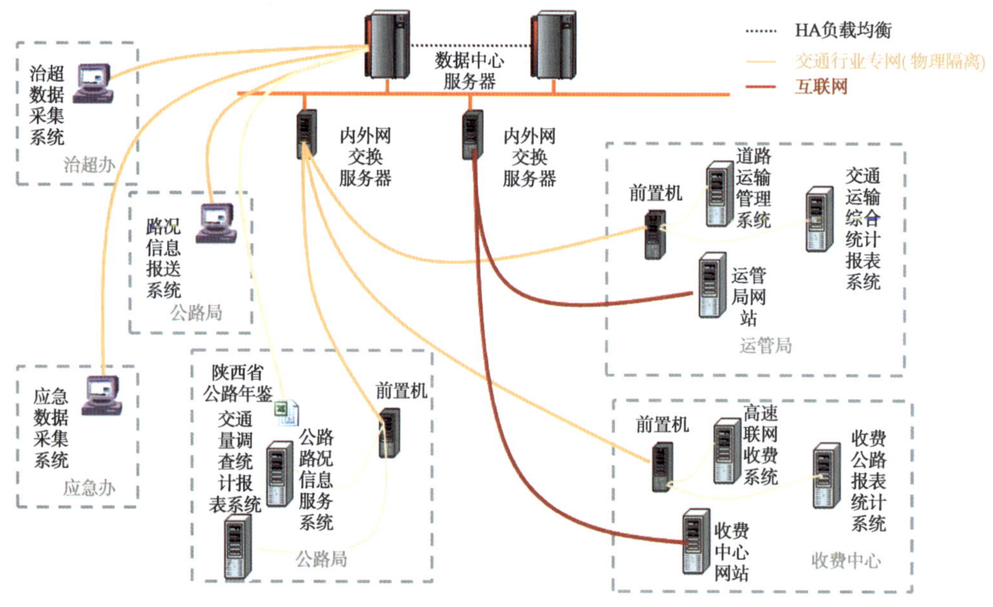

图5–18　省交通数据交换与共享平台

4. 整合建成全省统一公路电子地图

制定电子地图及相关基础数据更新技术规定，整合省测绘局1:5万基础地形图、已有公路电子图，新采集高速公路及服务区、客货运站等位置和属性数据，新增1:1万城市地图，形成了全省统一的公路交通电子地图，保障了空间数据的一致性，降低了数据维护成本。

5. 初步形成公路交通数据资源仓库

整合现有业务应用系统数据，并通过录入系统、人工录入方式采集，形成5个基础数据库、5个业务数据库、4个主题数据库；整合了GPS车辆和高速公路视频监控动态数据，形成公路交通数据资

源仓库。

6. 进行数据质量分析

开发数据检查分析软件，针对每个字段进行多维度的检查分析，发现数据质量问题，通过给各应用系统编发《数据质量分析报告》，提出完善功能、规范数据等指导性意见，既提高了应用系统的数据质量和应用效果，又提升了数据资产的整体价值和综合分析的准确程度。其中的累计当量轴次对比分析见图5-19。

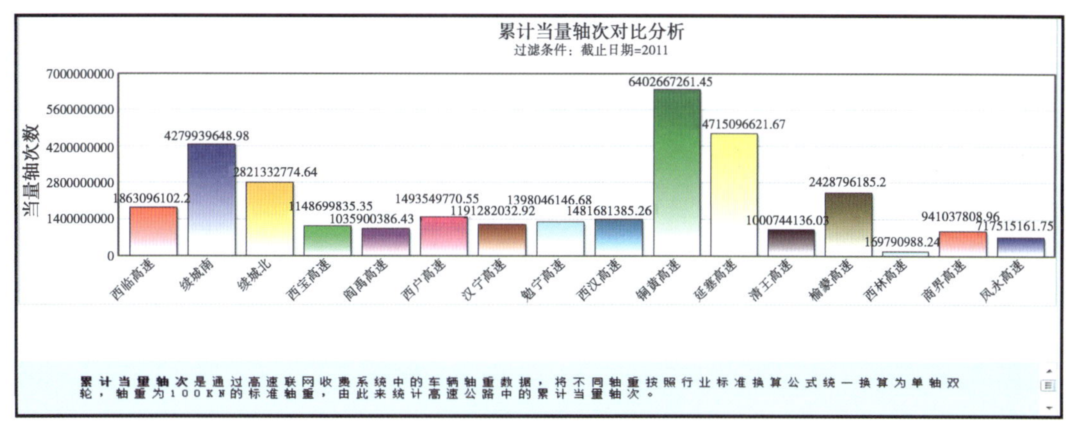

图5-19 累计当量轴次对比分析

（三）分析行业综合运行状况

以数据中心的数据资源为基础，通过数据挖掘建成“综合运行分析系统”，形成了高速路网、道路运输、公路建养、超限治理、公路收费5个方面主题分析。高速路网中的高速路线平均车速对比分析见图5-20。

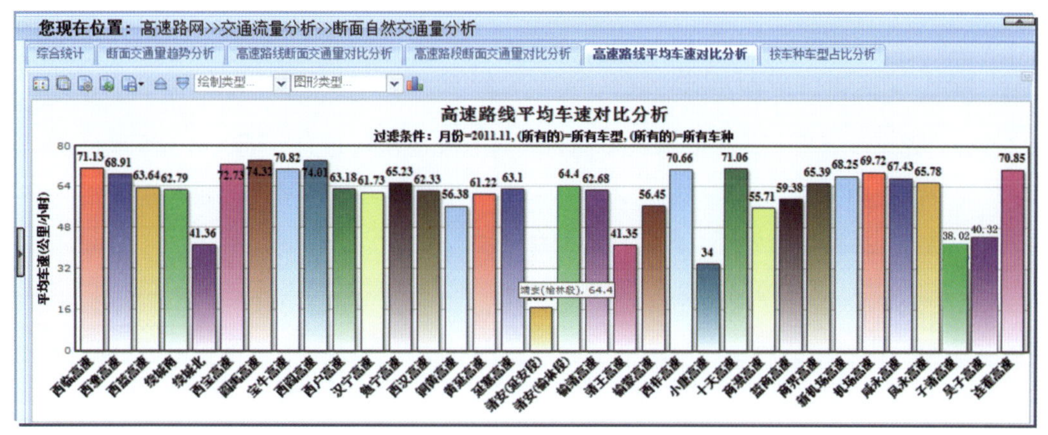

图5-20 高速路线平均车速对比分析

（四）实现建设项目综合管理

针对陕西省高速公路建设任务重、项目多的特点，亟需改进公路建设、投资计划、企业信用等管理方式，同时结合省委省政府专项治理要求，整合建设了高速公路建设项目信息管理平台、公路建设企业单位信用管理系统和投资计划与统计信息管理系统，实现了公路建设项目基础信息、企业信用信息、项目进度信息的共享共用。

（五）初步建成应急指挥中心

通过整合高速公路网监控、危货车辆GPS监控、应急资源信息、应急接报信息、高清视频会商等资源，建成了“陕西省交通运输应急指挥中心”，保证了在高速公路重点地域发生突发事件时，能够及时地将事件现场视频监控信号和GPS车辆监控信息切换至省厅，通过应急指挥辅助系统和应急会商系统辅助决策，提高了行业应急指挥能力。应急指挥中心架构示意图见图5-21。

图5-21　应急指挥中心架构示意图

（六）强化公众出行信息服务

通过整合公路路况、客运线路和班次、通行费等行业内出行信息，同时补充采集公路气象、交通旅游等行业外出行相关信息，建成公众出行信息服务系统，通过网站、交通服务热线“12122”、广播、短信、微博、可变情报板等方式向社会公众提供一站式出行信息服务。

二、以数据辅助决策，以信息化实现政务公开

信息化在辅助交通运输管理部门行政，促进政府政务工作的高效和公开上，起着不可小觑的作用。

“十二五”是加快发展现代交通运输业、构建我国综合运输体系的关键时期，我国交通运输业在继续扩大规模的同时，将更加注重转变发展方式、加快结构调整，实现由传统产业向现代交通运输业转型。转型期的交通运输业更加需要紧密跟踪行业的发展动态，准确把握行业发展的阶段特征

与新动向、新问题，为行业宏观管理决策提供科学依据；更加需要及时调整投资政策、优化投资结构、充分发挥中央财政资金的引导作用以促进行业健康发展。为此，交通运输部在《公路水路交通运输信息化“十二五”发展规划》中，明确提出将统一组织开展交通运输经济运行监测预警与决策分析系统重大工程建设。按照统一规划、分步推进的原则，交通运输部综合规划司率先启动了该项重大工程建设工作，委托交通运输部科学研究院作为技术支持单位开展交通运输统计分析监测和投资计划管理信息系统工程建设。

同样，在交通运输基础设施建设中，项目信息公开与诚信体系的建设也应该是一个系统工程，对信息公开的数据进行及时的更新和维护，不能仅依靠文件或者简单的数据上报要求来进行，只有将信息的维护建立在有可靠数据来源保障的基础上，才能保证信息更新的及时、可靠和长效，也就是说必须把信息更新与业务管理挂钩，以信息化手段搭建业务管理系统，让信息来源于日常的业务管理，实现信息的自动更新。

来自交通运输部科学研究院的案例就是这方面的典型样本。

交通运输统计分析监测和投资计划管理信息系统工程

交通运输统计分析监测和投资计划管理信息系统工程按部省两级进行统筹规划、同步推进、分期实施，目前，部级系统一期工程的前期工作已经全部完成，正在开展系统建设实施；省级系统建设采取先试点、后推广的策略，分期分批开展。交通运输部于2011年3月印发《关于印发省级交通运输统计分析监测和投资计划管理信息系统试点示范工程建设指导意见和省级交通运输统计分析监测和投资计划管理信息系统试点示范工程技术功能方案的通知》（厅规划字[2011]69号），正式启动试点示范工程建设，目前，第一批试点省份黑龙江和四川的省级系统工程前期工作已经全部完成，正在开展工程建设工作，第二批省级试点工程也即将启动。

“十二五”交通运输统计分析监测和投资计划管理信息系统工程建设将实现以下总体目标：建成纵向贯通、横向集成的全国交通运输统计和投资计划信息网络总体框架，基本实现行业统计数据处理和投资计划数据处理由单机离线操作向联网互动操作转变，形成部—省—地市—县四级联动的业务处理机制，数据管理由部门分散管理向综合协同管理转变，调查方式由定期报表统计向定期报表与动态监测相结合转变，实现交通运输统计数据的有效共享和行业运行状况的动态监测，提升交通运输统计工作的综合分析能力和对社会公众的服务水平，全面提高全行业的统计效率、质量、安全和信息服务水平。

（一）建设思路

充分利用交通运输行业既有的信息网络，并通过建设必要的网络传输条件，实现交通运输系统主要统计机构和计划管理机构专用传输网络，提高信息传输的安全性，并以此建立全国联动的行业统计和投资计划信息网络；加强统计信息系统与各业务管理信息平台的有效衔接，充分利用业务管理的相关信息资源；加强利用信息技术对统计数据以及投资计划数据的综合分析的能力，建立统计信息共享平台，提高统计工作服务水平。工作要求是：“纵向贯通、横向集成、信息共享、保障安全”。

1. 纵向贯通

推进部—省—市—县四级交通运输统计和投资计划信息联网，开展统计业务和投资计划管理业务在线操作，优化上下级机构间的业务流程，减少手工作业环节，提高统计和投资业务效率，规范行业管理。

2. 横向集成

推进综合统计与专业统计的数据集成，推进统计信息系统与业务信息系统的数据集成，加强业务管理数据向统计数据的转化，降低各级统计工作人员的劳动强度，并提高数据质量。

3. 信息共享

推进统计信息在交通运输部门内的充分共享，加强各级统计信息对公众的信息服务，提高统计信息的服务水平。

4. 保障安全

推进行业统计信息的合规传输，强化统计信息资源的安全管理，保障统计信息安全。

（二）总体构架

部省两级交通运输统计分析监测与投资计划管理信息系统总体逻辑架构类似，均可分为业务应用层、数据资源管理层、应用支撑层、数据采集层以及信息系统的安全保障体系与标准规范体系。总体构架具体见图5-22。

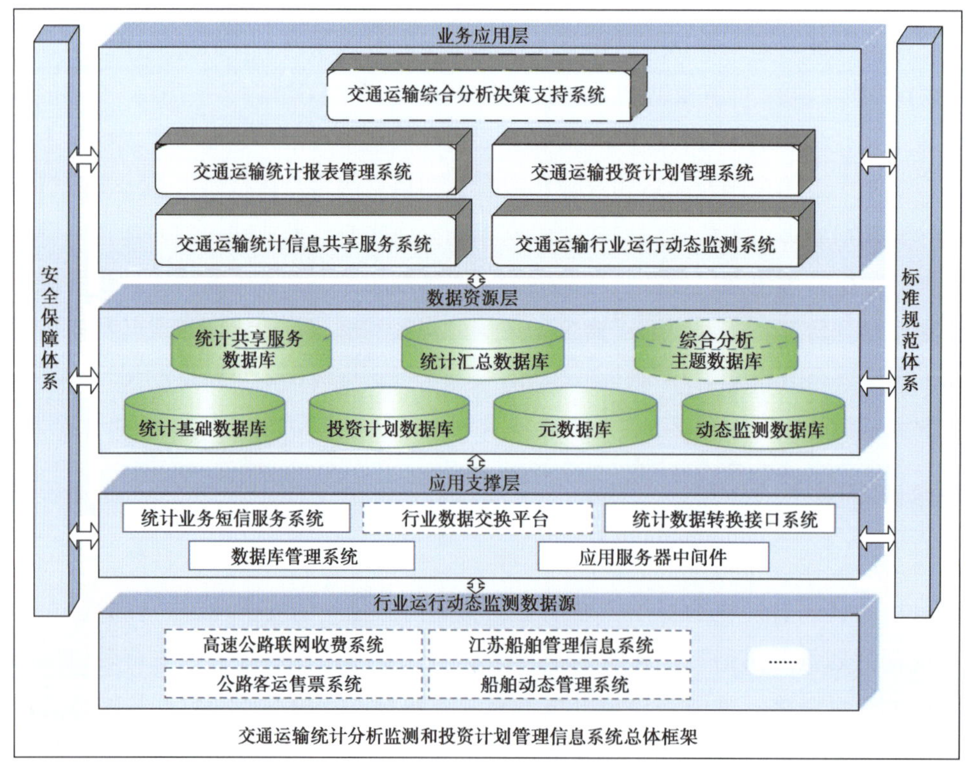

图5-22　总体架构图

省级工程建设内容在满足部级统一要求的基础上，可以结合各省实际情况，在统计、投资计划和交通经济运行监测的业务范围内进行扩展，增加建设内容。下面主要介绍部级系统一期工程的主要建设内容。

（三）部级一期工程主要建设内容

部级一期工程建设的系统主要包括部级交通运输统计报表管理系统、部级交通运输行业运行动态监测系统、部级交通运输统计信息共享服务系统、部级交通运输投资计划管理系统，各系统又分别包含若干子系统，应用系统总体框架见图5-23。

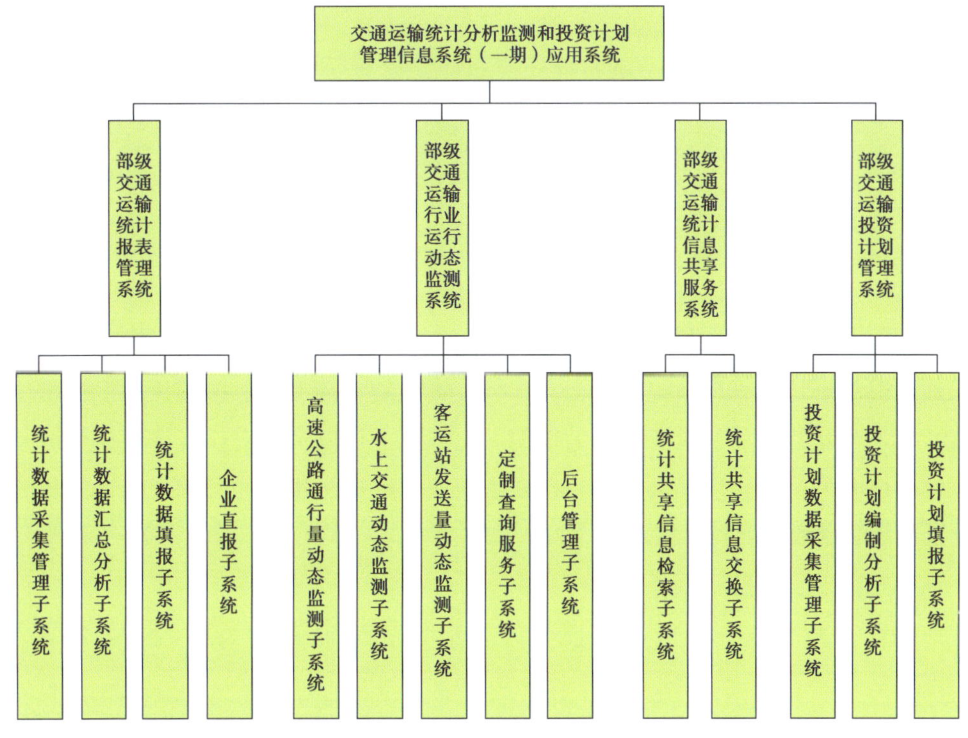

图5-23 应用系统总体框架图

1. 部级交通运输统计报表管理系统主要功能

部级交通运输统计报表管理系统主要是在部机关综合统计报表管理业务范围内，面向部级、省级、重点联系企业的相关用户，实现部省两级（部—省级交通运输主管部门/重点联系企业）统计报表业务的网络化管理。具体包括有报表的制作、发布；统计数据的收集、汇总、审核、处理等统计报表上报的全过程。

本期工程所建该系统将涵盖《交通运输综合统计报表制度》、《港口综合统计报表制度》、《交通固定资产投资统计报表制度》、《城市客运统计报表制度》和《交通运输能耗统计监测报表制度》所涉及的全部统计报表业务。

2. 部级交通运输行业运行动态监测系统主要功能

部级交通运输行业运行动态监测系统基于行业内相关企事业单位的业务运行动态数据，为部级交通运输主管部门提供交通运输行业运行动态信息的查询、分析服务，以及时掌握交通运输经济运行态势与特点，掌握相关业务领域变化情况，研判未来一段时期的运行趋势，以更加科学、高效地开展交通运输经济运行分析工作，同时也将为部级行业管理工作提供支撑。

部级交通运输行业运行动态监测系统将利用全国高速公路联网收费数据、全国主要客运站的旅客发送量数据以及全国海事船舶签证业务数据，从多角度对交通经济运行的状况进行监测。

3. 部级交通运输统计信息共享服务系统主要功能

部级交通运输统计信息共享服务系统将以统计数据共建共享为目标，包括各类统计历史资料、日常统计报表数据、各类统计分析报告，并结合实时高效的报表数据共享交换机制，为部机关各司局用户提供统一的统计信息检索与共享服务。

本系统所涵盖的统计数据资源主要包括三部分：一是《交通运输经济运行分析工作制度》规定的各司局需定期提供的统计数据和分析报告；二是交通统计信息综合查询系统已积累的数据资源，本期工程所补充采集入库的数据资源，主要包括交通运输部历年的统计汇编资料、普查和专项调查数据等；三是从交通运输部以外相关研究部门、行业协会购置的统计分析报告、专业数据库等。

4. 部级交通运输投资计划管理系统主要功能

部级交通运输投资计划管理系统主要面向部级投资计划管理人员、投资计划上报单位，以投资项目为主线，实现部管各类项目投资计划的编制、上报、下达以及针对投资计划执行情况、资金渠道与投入比例的综合分析，实现部机关投资计划管理业务的网络化作业与投资项目信息的数字化存储，提高投资计划管理效率与科学性。

（四）部级后续工程建设思路

1. 充分结合统计、投资数据资源开展综合分析，逐步实现辅助决策与预测预警功能

建设部级交通运输综合分析决策支持系统，充分结合一期工程所积累的各类投资计划、统计数据资源，构建数据仓库，建立数据分析模型，并相应建设综合分析主题数据库，针对专项资金和中央预算内资金投资规模、投资方向的安排提供辅助决策支持，针对行业重点业务领域发展动向开展预测预警工作。

2. 扩展完善部省市县四级交通运输统计数据报送系统，逐步实现从业务系统中提取统计原始数据

在一期工程所实现的综合统计网络化报送基础之上，根据专业统计报表报送工作的实际需要，逐步扩大系统所覆盖的报表范围，相应完善统计数据库。

加强对省级统计业务网络化报送系统的完善，建立省级统计基础数据库，与各省级交通运输主管部门相关统计信息化工程进行配合和衔接，形成部省市县纵向联通的统计数据报送体系。

根据各类业务特点，相应在部、省交通运输管理部门选择较为成熟的业务系统，通过建立数据抽取、清洗与转换接口等技术手段，逐步实现从业务系统中提取统计原始数据，使统计数据采集效

率、数据质量得到显著提高，彻底变革传统统计工作方式。

3. 进一步加强行业运行动态监测

针对一期工程已建立的动态数据监测体系进行完善，增加覆盖密度，优化数据采集方式；进一步发掘行业内可利用的数据源，扩大动态监测的覆盖范围。

4. 进一步扩大部机关统计数据共享范围

针对各司局数据共享需求，进一步扩大部机关统计数据共享范围，逐步建立完善基于业务系统的统计数据自动抽取共享机制。

三、大型活动与城市交通的共赢

城市交通不仅事关城中居民通行的便利，而且直观地反映着一座城市的现代化程度，从某种意义上可以说是一座城市的名片。近年来，我国不断承担起一些大型的国际化活动，例如2008年北京奥运会、2010年上海世博会以及2011年西安世园会等。这些盛会之所以能够选址在上述城市举办，与其有着过硬的交通运输能力息息相关；与此同时，城市也通过这些活动，寻找到了快速发展城市交通的一个契机。

北京市交通运行协调指挥中心

北京市交通事业的快速发展，极大地带动了信息化建设，为交通行业管理、运营、服务提供了更加便捷、高效的手段。以北京奥运会、残奥会及新中国成立60周年大庆为契机，北京市交通信息化应用水平不断提高，取得了显著成绩，具体表现在：①交通运输智能化管理、运营和服务水平明显提高；②城市智能化交通管理取得成效；③交通基础设施管理信息化水平显著提高；④政府行政管理、服务水平与应急处置能力稳步提升；⑤公众交通信息服务水平取得突破。

在取得大量成绩的同时，北京市交通领域信息化建设还存在行业信息化建设不均衡、信息资源整合有待加强等问题。政府与企业之间、企业与企业之间、城乡之间信息化发展不均衡，未形成完整的、协作高效的信息化支撑体系，不能发挥出信息化建设的整体效益。交通行业各部门、单位和行业企业建设的业务系统都是为满足自身业务管理、运营需要而建立的，在数据接口和业务关联上缺少总体规划和设计协调，同时缺少体制、法规、标准上的保障，因此系统之间数据交换共享存在困难，缺少面向行业综合、全面、深入的数据分析与应用，不能很好的满足公众信息服务、行业企业运营、综合业务管理和政府决策数据支持的现实需要。这些都制约着交通行业信息化的发展。

在此背景下，北京市交通委员会建设了交通运行协调指挥中心（Transportation Operation Coordinate Center，TOCC）（图5-24），建成了日常监测与运行协调指挥平台、交通安全应急指挥平台和决策支持与信息服务平台三大业务平台，网络系统、机房系统和运维系统三大支撑系统，指挥座席和系统迁移两大配套工程，形成了北京交通运行协调指挥信息化基础环境支撑，满足“绿色交通、科技交通、人文交通”行动计划实施的基础条件，实现对整个交通行业运行状况的全面监测，为交通管理、运营、服务各个层面的决策提供强有力支持。

图5-24 北京市交通运行协调指挥中心（TOCC）

（一）服务对象

TOCC建成后将服务于政府：支撑行业监管和精细化管理，提高政府服务、决策和应急处置能力；服务于行业企业：支撑行业企业间的数据共享、协调联动，提高企业服务水平和运行效率；服务于公众出行：支撑政府与公众的沟通、互动，超前服务，赢得共识。

（二）总体架构

TOCC包括综合运输协调指挥、交通安全应急指挥、决策支持与信息服务三大功能。每个功能都包容丰富的内涵，从不同层面实现TOCC协调指挥的理念。

综合运输协调指挥功能可实现对交通基础设施、综合运输、行业执法等状况的实时监测、趋势分析及异常情况预警，加强交通基础设施与运输、各种运输方式、城乡运输之间等的协调配合力度，为春运和黄金周、重大活动、大件运输、公共交通联动等协调指挥提供支持。

交通安全应急指挥功能可实现风险源、抢险物资及抢险队伍分布展示，相关图像信息统一接入及展示，综合通信，视频会议，应急预案管理，应急指挥调度等，通过信息化智能化手段实现对全市交通资源的监控和调配，为实现“信息交互、统一协调、分级指挥、一致行动”的应急联动机制提供强有力支撑。

决策支持与信息服务功能可实现对交通行业各类信息的整合，规范信息发布渠道与内容，以大屏展示、领导桌面、短信服务、网站、服务热线、动态导航等方式为政府决策与管理、企业运营与服务、公众出行提供准确、及时的信息服务。

为实现三大功能，TOCC建设了三大支撑系统：网络系统、机房系统和运维系统；两大配套工

程：系统迁移和指挥座席；三大业务平台：日常监测与运行协调指挥平台、交通安全应急指挥平台、决策支持与信息服务平台。具体见图5-25。

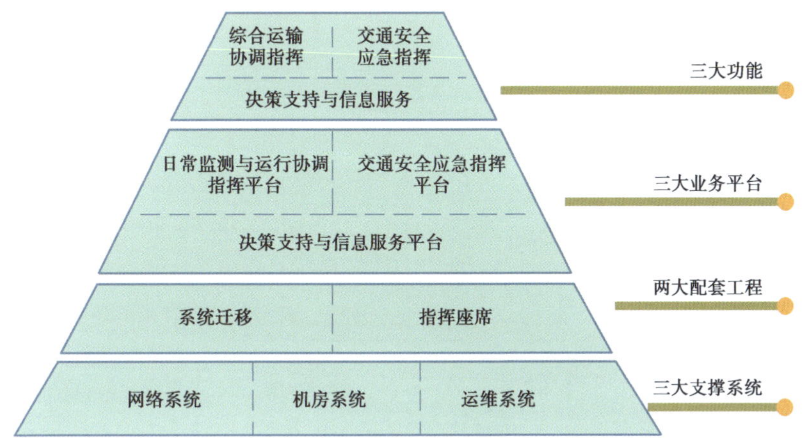

图5-25　TOCC系统功能框架图

TOCC在日常情况下，与民航、铁路、公安、交管、交通委系统、行业相关指挥中心、相关委办局之间实现协调联动和信息共享，并为交通委各业务处室提供决策支持；应急情况下，与上述单位、部门共同实现交通应急保障工作。具体关系见图5-26、图5-27。

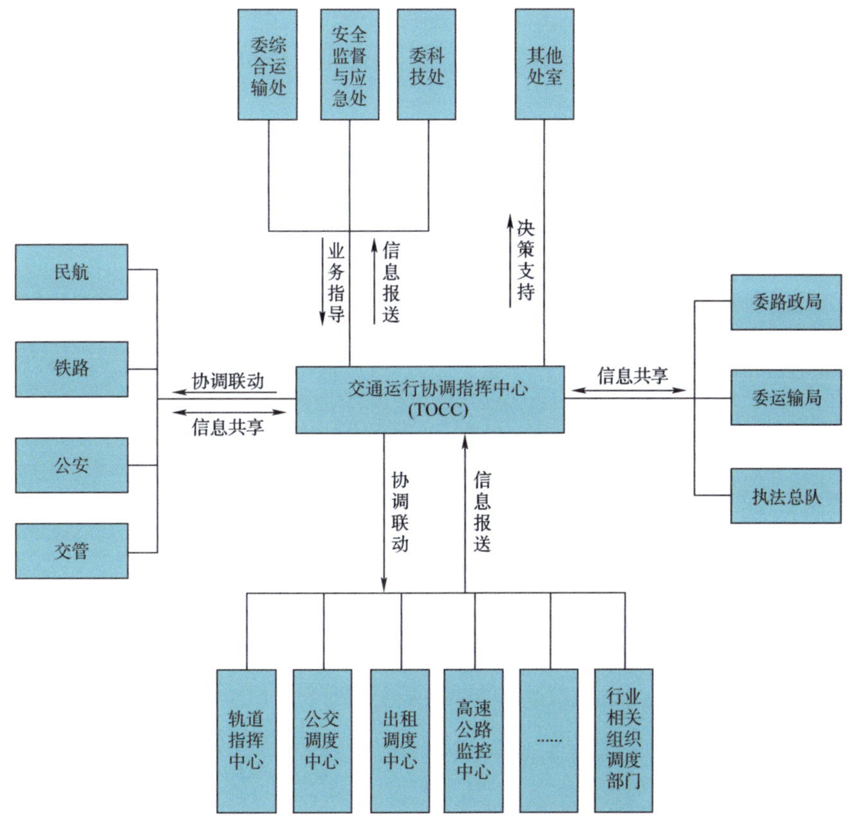

图5-26　TOCC与各单位间的日常协调关系示意图

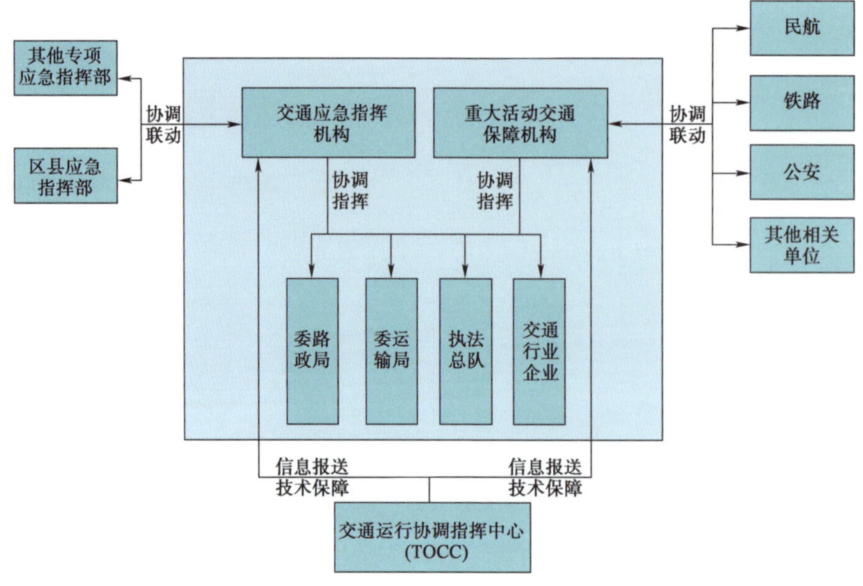

图5-27　TOCC与各单位间的应急协调关系示意图

（三）主要特色

TOCC为北京市交通行业数据共享交换中枢、综合运输协调运转中枢、信息发布中心、紧急情况下的交通安全应急指挥中心，初步建成了一体化、智能化综合交通指挥支撑体系，成为全国首个城乡一体化的交通运输综合指挥中心。

1. 日常监测与运行协调指挥平台

日常监测与运行协调指挥平台，以日常监测和协调指挥作为两个主要的功能，通过接入行业视频监控、路网运行情况与道路养护巡查、轨道交通运营信息化管理系统、营运车辆GPS、行业数据中心、政府管理信息化系统、地面公交运营信息化管理系统以及出租调度信息化系统等交通行业信息化系统及数据，实现对路网运行状况、地面公交、轨道交通、出租汽车、省际客运、危险化学品车辆、执法等行业的日常运行状况监测，以及在各部分功能基础上的预警处理，为决策支持工作提供依据。同时，在各相关行业和部门间实现快速响应和协调运行，达到日常监测基础上的运行协调。见图5-28。

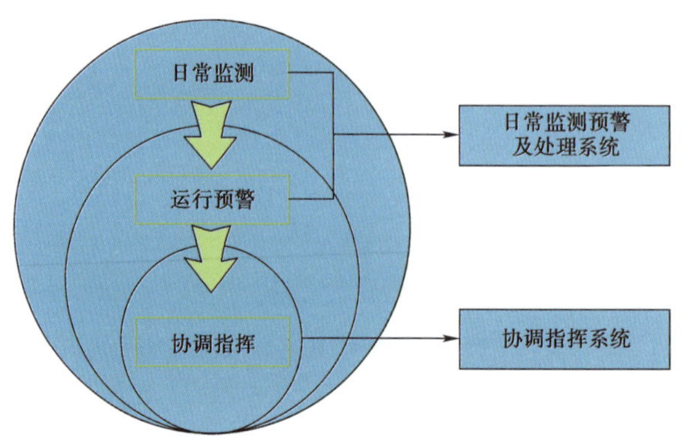

图5-28　系统功能示意图

2. 交通安全应急指挥平台

交通安全应急指挥平台功能框架见图5-29。

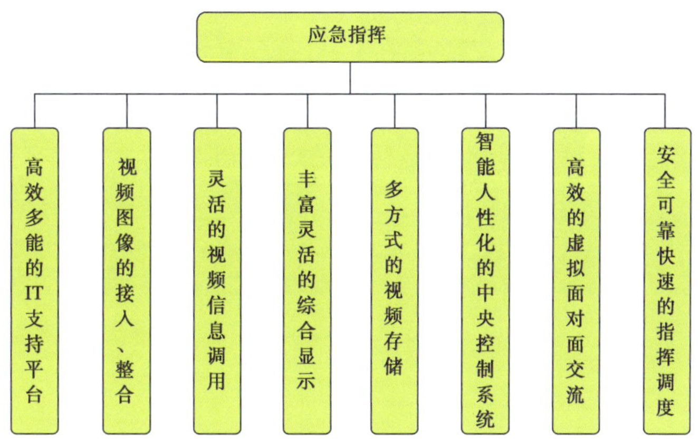

图5-29　交通安全应急指挥平台功能框架图

3. 决策支持与信息服务平台

决策支持与信息服务平台的主要功能是利用日常监测的系统和数据，通过分析与运算，为政府提供决策支持，为公众提供多元化的信息服务。决策支持与信息服务平台包括：决策支持子系统、信息服务及展示子系统、路网运行状况分析子系统、综合运输动态分析子系统四个子系统。

（四）主要成果

TOCC作为2010年市政府“折子工程”已于2010年10月初步建成并投入试运行，中心设有决策会商室、交通媒体发布间、呼叫中心、工作座席区等，共占地830平方米，指挥大厅共有72个工作座席。

TOCC以整合交通行业数据为基础，重点实现“日常监测、协调指挥、决策支持与信息服务”三大功能，实现缓解拥堵、提高交通运行效率和交通安全水平。

目前，TOCC已整合2800多项行业基础数据；接入6000多路监控视频，基本覆盖城市道路、高速公路、公交地铁场站、机场、火车站等重点区域；整合建设了包含轨道交通路网运行监测、城市路网运行分析管理、公路路网管理与应急处置、地面公交车辆监控调度、出租车监控调度、交通气象保障、行业数据综合统计等在内的15个行业重要的指挥、调度应用系统。

TOCC投入试运行以来，已在综合交通管理、春运保障、信息服务等工作中发挥了作用，获得了各级领导的肯定。在2011年春运保障工作中，TOCC实现了2004年以来春运数据、信息的电子收集存储、实时查询、综合分析，为北京市春运工作协调小组成员单位提供了统一工作平台，有力地保障了春运工作。2011年1月17日，国务院副总理张德江到TOCC视察春运工作，对北京市春运准备工作和系统运行情况给予了高度评价。

2011年1月11日，市委书记刘淇、市委副书记市长郭金龙来TOCC视察指导工作，刘淇书记对TOCC相关系统在交通管理中的作用给予了充分肯定，同时指出要进一步推广TOCC相关系统的应用，在精细管理上下工夫，充分利用TOCC平台的监测管理功能，挖掘现有交通设施的通行能力。

有关领导到TOCC视察工作见图5-30。

图5-30　国务院副总理张德江、北京市委书记刘淇、市委副书记市长郭金龙等领导视察工作

（五）经验总结

TOCC项目的建设是北京市交通精细化管理的有力支撑，为北京的城市管理、交通运输管理、交通基础设施建设提供了信息化管理手段，是北京市交通委员会实行交通运输精细化管理、服务于民的重要体现，为建设以“人文交通、科技交通、绿色交通”为特征的新北京交通体系提供了坚实的基础和强有力的保证。

本项目技术方案是在对北京市交通现状及信息化建设现状充分调研的基础上，采用成熟技术设计而成，同时，对项目实施组织方案进行的精心安排，为项目建设成功提供了保证。

TOCC成立了单独的机构，组织专职人员负责指挥中心的日常监测、决策支持、信息服务、应急指挥、运行维护等工作，极大地促进各部门、各单位间建立起资源共享、相互协调的运行机制，使TOCC能够充分发挥其效能，为北京交通的发展贡献力量。

西安世园会公共交通智能化服务平台

随着西安市城市经济社会的快速发展，城市交通拥堵问题日益突出，实施公交优先战略成为解决城市交通问题的有效手段；用信息化技术改造传统交通，提高公共交通出行效率和服务水平也迫在眉睫。同时，西安市承办的2011年世界园艺博览会，是陕西省、西安市承办的规格最高、规模最大的国际性盛会，对促进建设西安国际化大都市，提高西安在国内外的知名度、美誉度有着重要的推动作用，当时预计有105个国内外城市和机构参展，游客达到1200万人次。北京奥运会、上海世博会、广州亚运会都建立了智能调度系统的应用，充分证明了智能调度对大型活动的重要性。为适应西安市城市交通发展和保障世园会的公众出行，西安市确定对全市公交、出租车、客运汽车以及交通信息服务热线等信息系统进行整合，建立统一的公共交通信息服务系统，建设西安世园会公共交通智能化服务平台。

（一）建设目标

（1）通过对现有交通信息化项目的需求挖掘和升级扩建，实现对涉及的出租、公交、客运等交通信息化项目公共交通数据的接入。

（2）建成交通信息融合处理中心，对各数据源进行接入、融合和处理，形成综合交通信息。

（3）将综合交通信息通过网站、短信、广播、“96716”热线等方式向公众和交通参与者发布。

（4）用信息化手段为世园会提供基础支撑和信息服务。

（5）从源头化解城市交通拥堵，保障交通安全通畅。

（6）同时作为西安智能交通信息服务平台的雏形，为平台二期、三期的建设奠定基础。

（二）建设内容

城市公共交通智能化服务平台的建设包括一个数据中心、五大子系统：

（1）建设交通局数据中心。通过对现有交通信息化项目的需求挖掘和升级扩建，实现对涉及的出租、公交、客运等交通信息化项目公共交通数据的接入。建成交通信息融合处理中心，对各数据源进行接入、融合和处理，形成综合交通信息。

（2）建设西安世园会公共交通智能化服务平台（图5–31）。平台建设包含了5个部分：西安世园会公交智能调度服务系统、西安世园会公共交通信息服务平台、西安公路客运联网售票系统、西安市出租汽车服务管理信息系统，以及交通信息对外综合服务窗口——“96716”客服热线。其中服务西安世园会交通出行的有西安世园会公共交通信息服务平台和西安世园会公交智能调度服务系统。

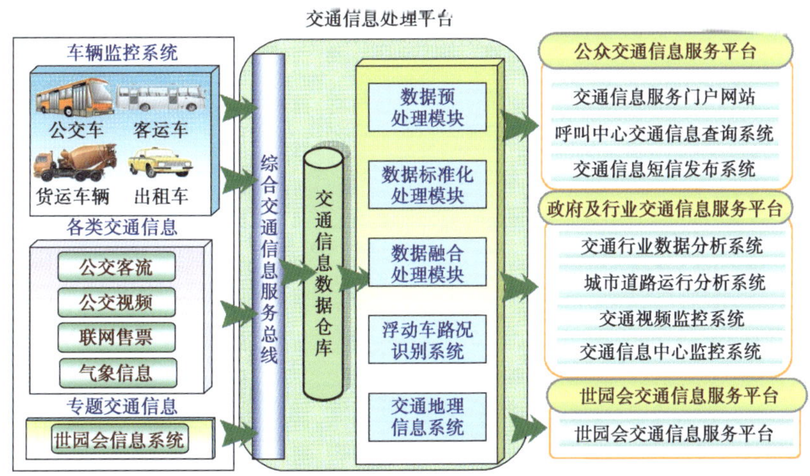

图5–31　西安世园会公共智能化服务平台系统构成示意图

通过接入整合6000多辆营运车辆GPS、11000多辆出租车GPS等速度、位置信息和6个一级客运站所有联网票务信息及24条227个班次网上订票信息，开通了xa96716.com交通信息服务平台，并接入世园会浐灞应急指挥中心，实时提供1300多城区主要道路路况，不仅为世园会来宾和观众，而且为后世园会西安市民出行提供快捷翔实的城区交通信息，一定程度上缓解了城市交通拥堵的压力，提高了交通公共服务水平。

（三）系统组成

1. 西安世园会公交智能调度服务系统

根据公交客流（通过公交客流计数器得到）、道路交通状况（通过出租车浮动车数据建模得到）的实时变化等对世园会公交车辆进行智能调度，规范公交运营组织，提升公交服务水平，改善公交调度运营效率，缓解世园会交通保障压力，合理调控公共交通资源，发挥公共交通在游客集散过程中的主导作用，科学组织游客出行。

系统部署见图5-32。

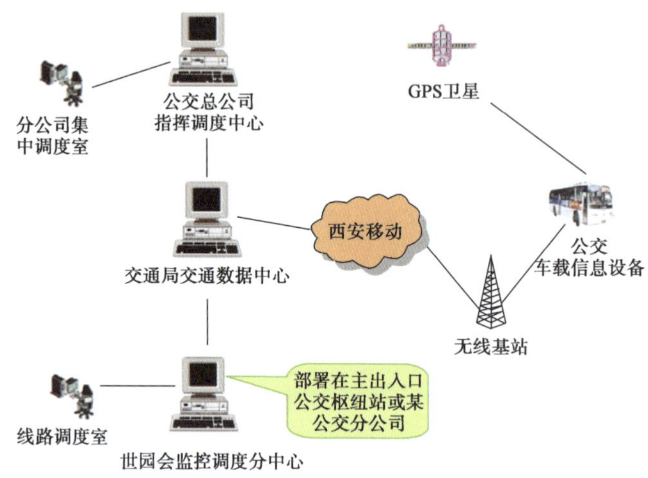

图5-32　系统部署示意图

公交线路见图5-33。

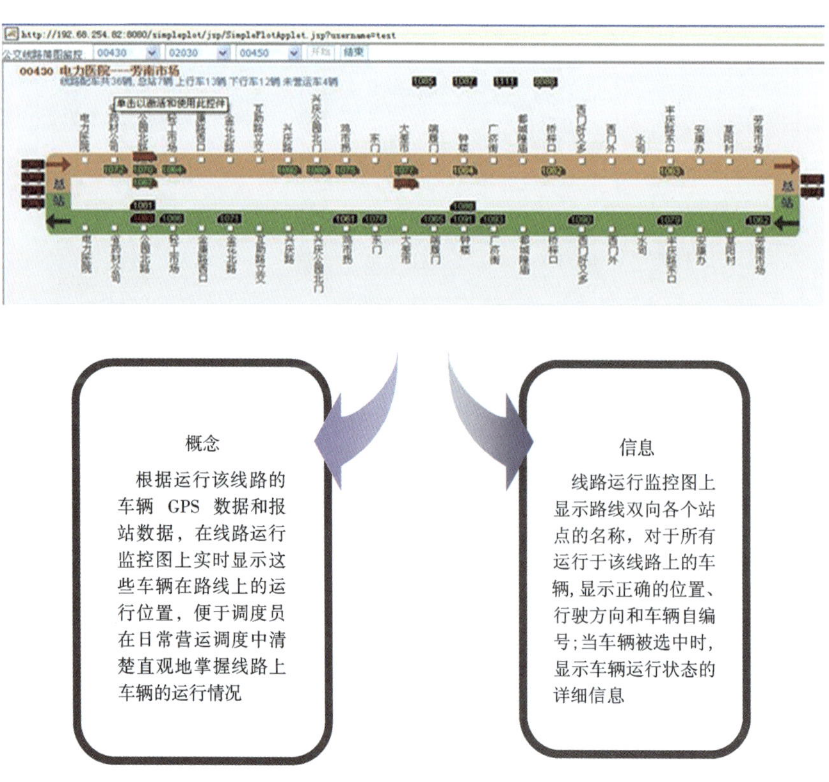

图5-33　公交线路示意图

车辆监控见图5-34。

图5-34　车辆监控

调度指挥中心见图5-35。

图5-35　调度指挥中心

2. 西安世园会公共交通信息服务平台

西安世园会公共交通信息服务平台主要包括以下几个平台：

（1）建设交通信息接入平台。完成包括西安市营运车辆GPS行业监管平台、西安市出租汽车监控调度系统、西安市公交智能调度系统（一期）、西安市公路客运联网售票系统等交通运输行业信息化项目的信息的采集和接入。

（2）建设交通信息处理平台。包括数据处理系统、浮动车路况识别系统、交通信息数据仓库及交通地理信息系统的建设。

（3）建设公众交通信息服务平台。包括交通信息服务门户网站（专项网站）、交通信息服务呼叫中心及交通信息短信发布平台等服务系统的建设。

（4）建设政府和行业交通信息管理服务系统。包括交通运输行业数据分析平台的一期系统、城市道路拥堵和运行分析平台的一期系统、交通信息中心监控系统及交通视频监控系统的建设。

（5）建设世园会交通信息服务平台。这个平台主要通过整合接入其他项目的信息，形成的信息资源充分共享，服务公众的交通信息发布体系。在世园会期间为行业主管部门和社会公众提供全方位的交通专业信息服务。实现了为广大出行者提供灵活快捷的实时交通路况，提升城市道路通行效率，减少城市交通拥堵，改善车辆运行环境，在一定程度上解决城市交通拥堵问题；实现了为交通信息主管部门提供准确及时的统计分析、决策支持服务，为世园会来宾和观众提供周到的世园会交通信息服务，保障运输行业稳定，保证城市与世园会公共交通有序、道路畅通，进而提高交通运输局智能化服务与管理水平，提高和改善城市交通系统的持续稳定运行能力和自我调节能力，使交通系统中的运输主体、运输工具、道路设施之间的关系变得更为和谐有效，同时为平台二期、三期的建设提供建设基础。

3. 西安公路客运联网售票系统

实现城南、城东、城北、城西、三府湾和西安市汽车站市区六个一级客运站（图5-36）联网售票（图5-37）。登录西安市公路客运网上订票系统或拨打交通客服热线“96716”，即预订长途公路客票。开通了上述客运站所有班次信息的实时查询及24条省际、省内长途客运线路共计227个班次的网上订票业务。

图5-36　客运站

4. 西安市出租汽车服务管理信息系统

对出租汽车运营信息的智能化采集，建立完整的出租汽车服务管理信息系统（图5-38），为政府决策和行业管理提供全方位的支持，为驾驶员和乘客提供多样化的服务。通过“96716”客服热线，为乘客提供预约电召、失物查找等服务；通过“96716”客服热线，为出租汽车驾驶员提供实时路况查询、外语翻译等服务。通过车载LCD触摸屏实现与乘客互动，为乘客提供服务评价、投诉举

报、信息发布等服务。

图5-37　客运联网售票系统

可全天24小时对出租车辆进行卫星定位跟踪、轨迹回放、紧急报警、紧急拍照、远程监听、数据存储、调度指挥、电子围栏、“一卡通”刷卡、IC卡从业资格证管理。

西安市出租汽车远程电子识别系统是以网格化智能稽查、监管平台为支撑，采用车载身份识别卡、手持终端设备和车辆信息登记硬件、软件管理平台，实现对套牌、空号等“黑出租汽车”的辅助稽查。

主要功能：一是可以实现对车辆的识别距离不低于100米的不停车稽查，对非法出租汽车能够及时进行声音报警；二是手持设备具有双频特性能，自动实现与车载系统的互联互通。

图5-38　出租汽车服务管理信息系统

5. 西安交通信息客户服务中心“96716”客服热线

该系统是在XCI QuickVoice平台基础之上，以CTI、数据库、计算机网络等技术为基础，采用开放性模块化设计，将电话交换功能、语音功能、短信功能、人工座席功能、录音功能无缝结合于一体的呼叫中心应用平台体系，通过数字中继线与电话公网联接，从而实现各个通讯系统之间的信息交换。

市民可以通过“96716”交通客服热线对公交线路及换乘查询、地理位置查询、各种行政许可事项办事程序查询，法规咨询、交通服务投诉、长途班线发车信息查询、公路路况信息查询及出租车失物查询等。“96716”开通以来，极大地方便了市民的出行，成为全市交通行业统一的投诉、咨询及业务办理的重要平台和交通行业对外的服务窗口。

四、流动中的经济发展

市场经济的模式下，社会的发展速度常常体现在“流动”的效率上，商流、物流、信息流、现金流……，这些“流动”形式几乎涵盖了现代商业社会的全部活动。随着我国经济的发展，注重效率逐渐成为了一种社会习惯，这同样也体现在了庞大的交通运输业上。

随着科学技术的发展，我们可以直观地看到，若要提升流动效率，信息化是其强大而关键的手段。在此，我们选取了具有代表性的客运以及综合性的物流平台来为此作出说明。

南京汽车客运南站信息化建设

南京汽车客运南站是京沪高铁南京南站配套工程的重要组成部分，首次在一个枢纽体内实现与铁路、地铁、公交、出租等其他运输方式的无缝对接和“零距离”换乘。在交通运输部的直接关心下，按照“枢纽运营管理智能化、应急处置决策科学化、出行信息服务人性化、综合客运体系运转高效化”的总体目标，南京主枢纽南站综合管理与信息服务系统完成了“一个平台、五大应用系统”建设，以管理调度平台为核心，综合运用RFID、GIS、GPS等技术手段，通过车辆智能识别跟踪以及枢纽内多种运输方式（民航、铁路、地铁、公交、出租、汽车）间数据交换、客流量监测分析，构建了信息化管理和服务体系，具体如下。

综合管理平台：提供对五大应用系统功能结构的柔性配置、自由裁剪、任意组合，实现系统统一门户、统一权限管理、统一登录。

智能站务管理信息系统：围绕车站生产运输服务的各项关联业务，综合利用各种信息技术实现对客流、车流及行包流的组织管理，从而实现了售检票、车辆管理、调度管理、行包管理、财务结算等日常站务管理工作的过程信息化、操作日志化、事务协同智能化，有效地提高了南京汽车客运南站的运行效率和服务水平。

站内诱导与枢纽综合信息服务系统：根据出行者的不同需求，综合利用电子显示屏、网站、问讯、触摸屏、站内广播、静态标识等多种信息发布手段，为乘客提供客运时空信息、临时变更信息、突发事件信息以及交通换乘等其他交通资讯和便民服务信息。

枢纽日常监测与联动支持系统：为联网售票中心、“96196”交通服务热线、“运政在线”、“交通电子公共服务平台”等行业管理服务系统提供数据支持。目前已实现了与民航、地铁、铁路等信息的对接，其中高铁进出南站的班次信息、民航当日进出港航班动态信息已在站内实时发布，地铁南站的视频信息已在调度指挥大厅的显示屏上展现。

安全管理与应急指挥系统：可实现对设备设施运行状况、火灾、恶劣天气、人流聚集、疫情等应急事件的信息采集、发布、响应及综合预警的设置，并可根据各类应急事件调用相应的处置预案。各子系统既能相对独立地履行各自的功能，又可通过相互的连接，实现基于事件的联动和功能集成。

枢纽综合运行分析系统：整合和共享枢纽内不同交通运输方式的信息资源，为实现业务协同、应急联动、综合信息服务及分析决策提供支持。

自2011年6月28日投入试运行的半年，经历了中秋、国庆假期高峰客流考验，特别是国庆高峰日

发量已达5.85万人次，系统运行稳定，各项功能均较好地达到了设计使用要求。

福建省交通物流公共信息平台

福建省交通物流公共信息平台作为交通运输行业支持物流信息服务的载体，通过实现港口、道路、货运枢纽的信息互通，构建覆盖全面、网状的交通物流公共信息服务体系，有效地支撑了运输实效服务体系的建立，为福建省“大港口、大通道、大物流”战略日标的实现提供有力的支撑和保障。

（一）服务对象

1. 行业监管部门

行业监管部门可以利用平台提供的运输政务管理、经济运行、交通运输市场诚信等行业专业公共服务，分析物流结构、流向，判断整体发展趋势，为政府制定物流业发展规划和扶持政策提供数据支持，同时为物流市场的监管提供技术平台，促进市场规范化。

2. 行业协会

为行业协会提供经济运行信息、运输市场诚信等公共服务信息服务，为协会发挥物流行业的协调发展作用提供帮助。

3. 物流企业

为物流企业提供一系列包括道路运输、临港运输、仓储等企业内部生产管理标准化系统，节省企业开发系统的成本，提升企业的信息化水平，同时通过平台连接上下游企业，实现物流信息资源的整合、交换与协同。

4. 物流枢纽

为物流枢纽节点提供交易信息服务、诚信信息等信息服务，依托物流枢纽建设，实现园区入驻企业与周边物流企业的信息化融合，实现不同区域物流园区间的无缝对接，畅通物流服务产业链信息。

5. 生产企业及商贸型企业

为生产企业及商贸型企业提供物流服务的标准对接接口，企业可通过该接口快速与物流供应商对接，实现货物运输过程的全过程跟踪，更合理配置企业生产资源，提高物流效率，节约物流成本。

6. 信息服务商

信息服务商可直接通过平台为物流企业或生产、商贸型企业提供物流信息服务或中介服务，由于该平台具有云计算技术框架，信息服务商还可应用平台上提供的软件开发环境及物流信息功能服务和信息服务，进行二次开发，挖掘有价值的资源数据，为社会提供咨询服务。

7. 其他类型企业

主要指银行、保险等其他类型的企业，可以根据自已需要利用平台聚集的物流资源提供各类服务。

（二）总体架构

福建省交通物流公共信息平台采用了先进的云计算技术框架建设，分为：基础设施服务（IaaS）层、平台服务（PaaS）层、应用软件服务（SaaS）层、前端展现层和用户层。见图5-39。

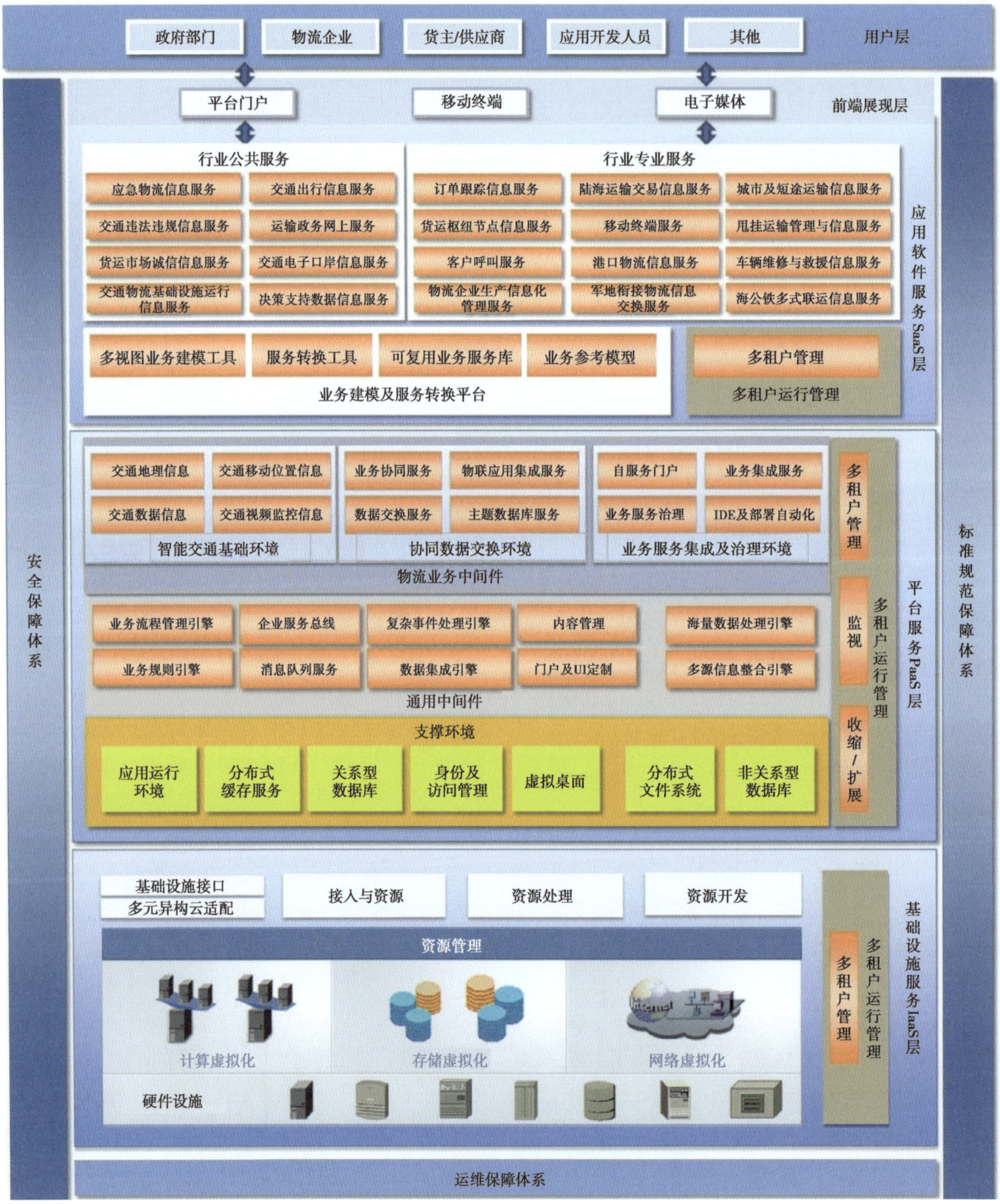

政府部门 物流企业 货主/供应商 应用开发人员 其他 用户层

平台门户 移动终端 电子媒体 前端展现层

行业公共服务

应急物流信息服务 交通出行信息服务
交通违法违规信息服务 运输政务网上服务
货运市场诚信信息服务 交通电子口岸信息服务
交通物流基础设施运行信息服务 决策支持数据信息服务

行业专业服务

订单跟踪信息服务 陆海运输交易信息服务 城市及短途运输信息服务
货运枢纽节点信息服务 移动终端服务 甩挂运输管理与信息服务
客户呼叫服务 港口物流信息服务 车辆维修与救援信息服务
物流企业生产信息化管理服务 军地衔接物流信息交换服务 海公铁多式联运信息服务

多视图业务建模工具 服务转换工具 可复用业务服务库 业务参考模型
业务建模及服务转换平台
多租户管理
多租户运行管理
应用软件服务SaaS层

交通地理信息 交通移动位置信息
交通数据信息 交通视频监控信息
智能交通基础环境

业务协同服务 物联应用集成服务
数据交换服务 主题数据库服务
协同数据交换环境

自服务门户 业务集成服务
业务服务治理 IDE及部署自动化
业务服务集成及治理环境

物流业务中间件

业务流程管理引擎 企业服务总线 复杂事件处理引擎 内容管理 海量数据处理引擎
业务规则引擎 消息队列服务 数据集成引擎 门户及UI定制 多源信息整合引擎
通用中间件

支撑环境
应用运行环境 分布式缓存服务 关系型数据库 身份及访问管理 虚拟桌面 分布式文件系统 非关系型数据库

多租户管理 监视 收缩/扩展 多租户运行管理
平台服务PaaS层

基础设施接口
多元异构云适配
接入与资源 资源处理 资源开发
资源管理
计算虚拟化 存储虚拟化 网络虚拟化
硬件设施
多租户管理 多租户运行管理
基础设施服务IaaS层

安全保障体系
标准规范保障体系
运维保障体系

图5-39 总体架构图

1. 基础设施服务IaaS（Infrastructure as a Service，基础设施即服务）层

它是整个平台的硬件基础，包括各种服务器（如x86服务器、小型机等）、存储设备（如SAN、NAS等）、网络设备（如网络、核心路由器、接入路由器、负载均衡设备、防火墙等）等。IaaS层实现硬件资源的虚拟化聚合管理，即资源池化。

运行管理，构筑了一个可运、可维、可管、可控的云服务环境，实现平台信息和过程的全面监管。

2. 平台服务PaaS（Platform as a Service，平台即服务）层

它是整个平台的软件基础，包括虚拟机中的操作系统、运行时环境、数据库和中间件等软件。它依托于IaaS层的动态基础架构具有随需应变的优势，为应用软件服务SaaS层的应用软件提供丰富的应用开发及运行支持。此外，第三方用户也可以通过各自角色的从服务门户实现自助服务。从应用角度看，应用平台服务层提供了交通移动位置信息、交通地理信息、交通基础设施信息、物流协同数据交换和物联网应用五大类基础业务服务。其中物流协同数据交换服务主要涵盖业务协同、数据交换和数据存储三个方面。数据交换提供接入并进行数据交换的对象主要包括：物流标准软件、政府监管平台（口岸、海关等）、国家和外省物流平台、地方上的物流平台、交通视频监控平台。

3. 应用软件服务SaaS（Software as a service，软件即服务）层

它为平台提供了用户最终所需要的业务应用功能，分为政府服务及企业服务两类：政府服务为政府监管和决策提供相关应用；企业服务为物流企业提供了SaaS软件和相关的物流业务信息服务。

4. 前端展现层

它为用户提供使用平台服务的各种方式，除了传统的Web浏览器接入门户外，还提供了手机等移动终端接入门户。

5. 用户层

它代表所有使用平台的用户类型，即：货主/供应商、物流企业、政府部门、其他用户四类平台使用者。

6. 标准规范体系

它保证了平台与外部系统的数据交换，其中主要包括：数据标准、代码标准、接口标准，此外还包括平台管理标准、服务标准等，这些标准将由一个对代码和标准进行管理的工具来生成和维护。

7. 信息安全保障体系

它保证了平台所有用户的信息安全，其中在硬件上由内外防火墙设备等组成，在软件方面由用户身份CA认证、用户账户安全管理、用户权限管理、数据权限管理、数据传输安全等组成。

（三）建设内容

平台建设围绕“一套标准、一个中心、两类应用、两大服务、六项保障”展开。

1. 一套标准

统一国际标准、国家标准或行业标准，具体包括：代码标准、存储标准、传输标准、接口标准以及单证标准、管理统计标准等并提供标准及代码管理工具，方便企业下载应用及更新。

2. 一个中心

协同数据交换中心，也是交通物流“云计算”平台的基础，负责基础设施服务层（IaaS）、开发环境层（PaaS）的搭建以及应用服务层（SaaS）模块规范及标准的制定。

3. 两类应用

一类是公共应用模块，包括交通物流基础设施运行信息服务模块、运输政务网上服务模块、交通违法违规信息服务模块、交通电子口岸信息服务模块、决策支持数据信息服务模块、货运市场诚信信息服务模块、交通出行信息服务模块、应急物流信息服务模块8项；另一类是专业应用模块，包括港口物流信息服务模块、物流企业生产信息化管理服务模块、订单跟踪信息服务模块、陆海运输信息交易服务模块、货运枢纽节点信息服务模块、甩挂运输管理与信息服务模块、海公铁多式联运信息服务模块、城市及短途运输信息服务模块、军地衔接物流信息交换服务模块、车辆维修与救援信息服务模块、客服呼叫服务模块、移动终端服务模块12项。

4. 两大服务

即两大对外服务平台，分别是“物流云服务平台”和“物联港平台”。

5. 六项保障

即从政策、机制、评价、资金、宣传、培训六个方面平台建设进行保障，保证平台良性可持续发展。

（四）应用成效

该项目厘清了政府、企业各自在交通物流信息服务方面的边界，建立了可考核、可利用的政府监管和市场诚信一体化物流诚信服务体系；通过对电子运单建立各类价值模型，支撑行业管理部门运行监控、运行数据统计汇总，可有效提升物流信息资源的利用程度和科学决策水平，促进交通物流运输信息资源共享和开发利用水平的提高，为其他省份的交通物流公共信息平台建设提供示范作用。

同时该项目还创造性地提出区域性、行业性、开放性的物流信息服务平台可持续运行、可复制的建设、运营和推广模式，有利于联合社会信息服务企业共同建立交通物流信息服务产业链，形成围绕信息服务多实体共生、多方共赢的局面，支持物流信息化服务与发展，解决了政府投资项目后续维护的信息化发展困惑。该项目的设计理念、关键技术、运行模式和标准编制，也可为其他省份建设类似项目提供相关经验、建设思路和技术模型参考。

目前平台已进入运行阶段，对接省内盛辉、盛丰等14家物流企业，日单据交换量5万条，电子运单交换量800条，初步实现物流企业间、物流企业与政府间的有效信息协同与交换。实现物流企业货物运量、运向、类型分析统计，可为公路、水路、运输经济运行分析提供数据支撑。

平台同时通过试点实施标准化的货运枢纽节点专业信息服务，为三明公路港打造信息化平台，半年来实现了货物日吞吐量由建港初期的12300吨提高到目前的18400吨，货物实载率由建港初期的87%提高至目前96%，取得较好的经济效益。三明公路港及其信息化建设得到了省委书记孙春兰、代省长苏树林高度的评价。

平台所取得的成效得到了福建省发改委的重视，被列入福建省“十二五”服务业发展规划，并明确作为福建省物流信息服务的支撑载体。

五、工作效率的飞跃

“十二五”公路水路交通运输信息化发展思路是，从注重部门办公自动化、业务电子化，转向注重职能使命和政务目标的实现；从注重提高政府管理水平和工作效率，转变为更加注重提升科学决策水平和公共服务能力及政务效能；从各自为政、相互封闭，转向注重顶层设计、加强总体规划、落实协同机制、实现资源共享的开放模式，行业信息化将步入整体化、集约化的可持续发展新阶段。

从辽宁、云南省提供的几个案例来看，这样的发展思路的转变正在成为行业共识，也正在引领着行业的实践。

辽宁省交通科技信息资源共享子平台建设

辽宁省交通科技信息资源共享子平台以促进交通科技信息资源共享为主线，重点整合全省科技项目、科技成果、科技人力资源、科技基础条件、科技文献、科学数据等资源，建成上联交通运输部、以省市级交通主管部门为主体以及科研单位、高等院校、交通企业等单位共同参与的科技信息资源中心，形成统一的资源共享服务网络，开发科技信息管理系统和科技信息服务系统，为科研人员、科技管理人员和社会公众提供“一站式”科技业务导航、科技文献查询、仪器设施共用、科技咨询、技术成果推广、科技创业孵化、学术交流等服务，全方位满足行业科技创新与发展的战略需求。

辽宁省交通科技信息共享平台作为2011年度辽宁省交通厅信息化项目，计划投入包含软件开发费用、设备费用等共计50万元，项目于2011年4月开始建设，经历需求分析、系统设计、开发、部署与测试后，2011年末正式完成验收。

（一）需求分析

通过需求调研，项目组确定了辽宁省交通科技信息共享子平台由科技项目申报系统、科技信息管理系统、科技信息服务系统和数据交换接口组成。其中，科技项目申报系统负责项目建议书的申报与审批；科技信息管理系统是核心，包括科技项目、科技成果、科技人力资源、科技机构等科技资源的采集和管理；科技信息服务系统是展示，将科技信息资源发布出来，为社会提供科技资源服务；科技数据交换接口满足交通部数据交换的要求，部署前置机数据库与信息中间件，传送共享数据。

（二）系统设计与实现

1. 总体设计

辽宁省交通科技信息资源共享子平台建设内容包括4个方面，分别是科技项目申报系统、科技项目管理系统、科技信息服务系统和数据交换接口。这4个部分共用一个数据库，采用Oracle 10g，科技项目申报系统、科技项目管理系统采用三层架构，分为数据库操作层、业务逻辑层和表示层。数据交换接口依赖于科技信息管理系统的数据库，采用Kettle进行数据交换，将数据输出到指定的前置数据库上。系统架构见图5-40。

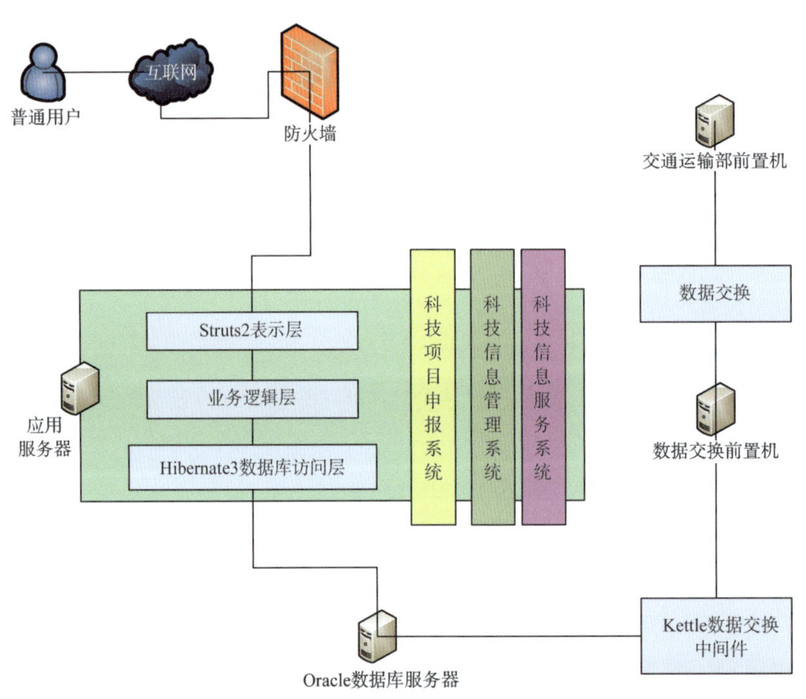

图5-40　系统整体架构设计示意图

在实际开发与应用中，课题组采用Eclipse作为开发工具，Tomcat6作为应用服务器，Oracle 10g作为应用服务器。数据访问层采用开源的数据库ORM组件Hibernate3，组件自动生成了数据库访问层DAO类，加大了开发速度。业务逻辑层采用Spring管理，方便了对象的引用。表示层采用Struts2处理用户的请求与转发，模块化的管理使代码更加规范、易于维护。

2. 科技项目申报系统

科技项目申报系统在项目建议书申报期间服务于广大科技工作者。经过项目组调研，采用如下的数据库设计与类设计。

在科技项目申报系统中，采用Struts2处理用户的请求与转发，编写处理用户请求的Service类，交给Spring管理，数据库操作采用DAO管理，详细的设计类图见图5-41。

图5-41　科技项目申报系统设计类图

3. 科技信息管理系统

科技项目管理系统包括科技项目管理与科技实验室等信息管理。科技项目管理包括项目计划任务书、工作大纲、进度汇报（中期检查）、验收申请、鉴定申请与科技成果提交等。

在科技项目管理系统中，采用Struts2处理用户的请求与转发，编写处理用户请求的Service类，交给Spring管理，数据库操作采用DAO管理，以计划任务书为例，详细的设计类图见图5-42。

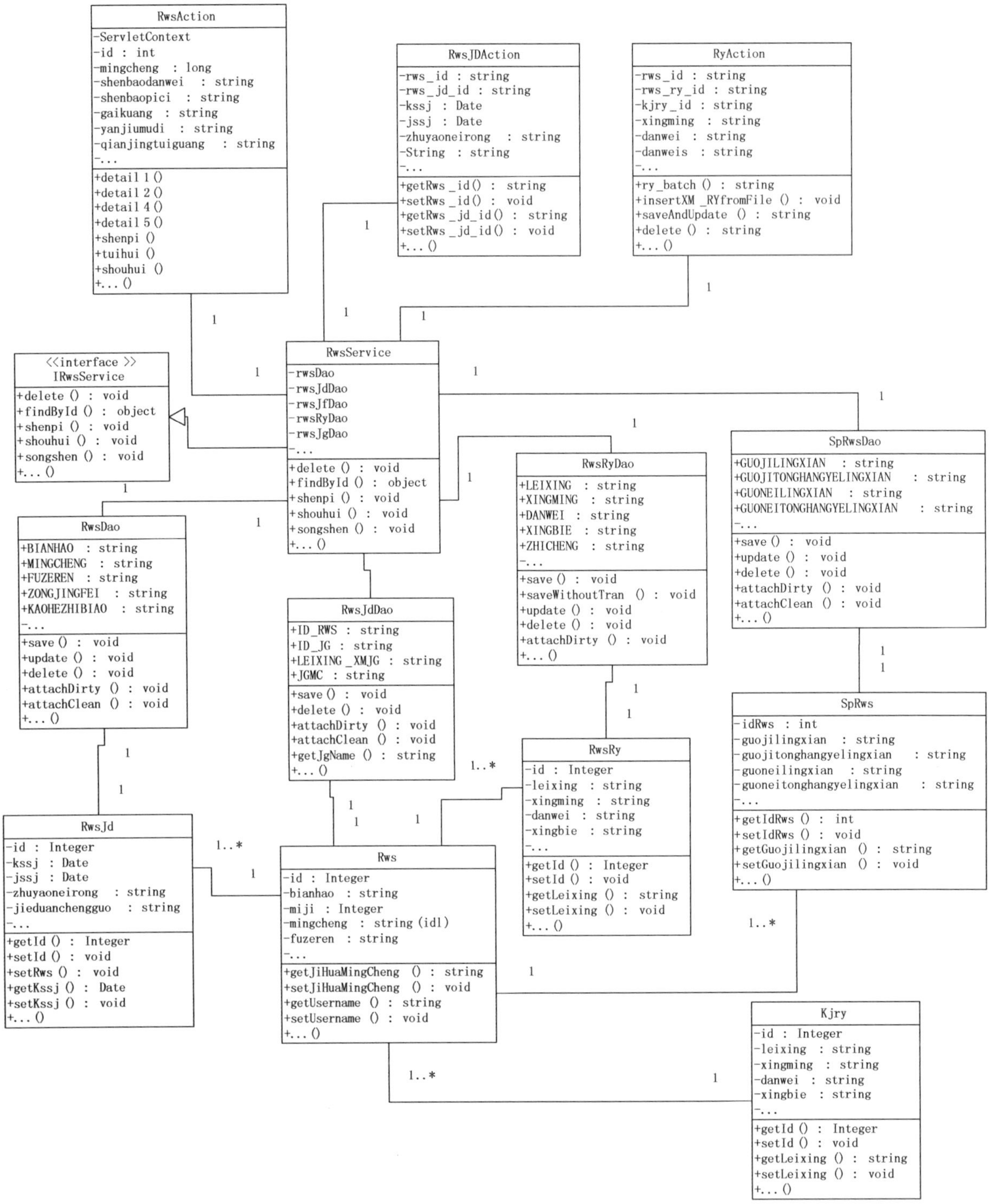

```
RwsAction
-ServletContext
-id : int
-mingcheng : long
-shenbaodanwei : string
-shenbaopici : string
-gaikuang : string
-yanjiumudi : string
-qianjingtuiguang : string
-...
+detail 1 ()
+detail 2 ()
+detail 4 ()
+detail 5 ()
+shenpi ()
+tuihui ()
+shouhui ()
+... ()

RwsJDAction
-rws_id : string
-rws_jd_id : string
-kssj : Date
-jssj : Date
-zhuyaoneirong : string
-String : string
-...
+getRws_id() : string
+setRws_id() : void
+getRws_jd_id() : string
+setRws_jd_id() : void
+... ()

RyAction
-rws_id : string
-rws_ry_id : string
-kjry_id : string
-xingming : string
-danwei : string
-danweis : string
-...
+ry_batch () : string
+insertXM _RYfromFile () : void
+saveAndUpdate () : string
+delete () : string
+... ()

<<interface >>
IRwsService
+delete () : void
+findById () : object
+shenpi () : void
+shouhui () : void
+songshen () : void
+... ()

RwsService
-rwsDao
-rwsJdDao
-rwsJfDao
-rwsRyDao
-rwsJgDao
-...
+delete () : void
+findById () : object
+shenpi () : void
+shouhui () : void
+songshen () : void
+... ()

SpRwsDao
+GUOJILINGXIAN : string
+GUOJITONGHANGYELINGXIAN : string
+GUONEILINGXIAN : string
+GUONEITONGHANGYELINGXIAN : string
-...
+save () : void
+update () : void
+delete () : void
+attachDirty () : void
+attachClean () : void
+... ()

RwsRyDao
+LEIXING : string
+XINGMING : string
+DANWEI : string
+XINGBIE : string
+ZHICHENG : string
-...
+save () : void
+saveWithoutTran () : void
+update () : void
+delete () : void
+attachDirty () : void
+... ()

RwsDao
+BIANHAO : string
+MINGCHENG : string
+FUZEREN : string
+ZONGJINGFEI : string
+KAOHEZHIBIAO : string
-...
+save () : void
+update () : void
+delete () : void
+attachDirty () : void
+attachClean () : void
+... ()

RwsJdDao
+ID_RWS : string
+ID_JG : string
+LEIXING _XMJG : string
+JGMC : string
+save () : void
+delete () : void
+attachDirty () : void
+attachClean () : void
+getJgName () : string
+... ()

SpRws
-idRws : int
-guojilingxian : string
-guojitonghangyelingxian : string
-guoneilingxian : string
-guoneitonghangyelingxian : string
-...
+getIdRws () : int
+setIdRws () : void
+getGuojilingxian () : string
+setGuojilingxian () : void
+... ()

RwsRy
-id : Integer
-leixing : string
-xingming : string
-danwei : string
-xingbie : string
-...
+getId () : Integer
+setId () : void
+getLeixing () : string
+setLeixing () : void
+... ()

RwsJd
-id : Integer
-kssj : Date
-jssj : Date
-zhuyaoneirong : string
-jieduanchengguo : string
-...
+getId () : Integer
+setId () : void
+setRws () : void
+getKssj () : Date
+setKssj () : void
+... ()

Rws
-id : Integer
-bianhao : string
-miji : Integer
-mingcheng : string (idl)
-fuzeren : string
-...
+getJiHuaMingCheng () : string
+setJiHuaMingCheng () : void
+getUsername () : string
+setUsername () : void
+... ()

Kjry
-id : Integer
-leixing : string
-xingming : string
-danwei : string
-xingbie : string
-...
+getId () : Integer
+setId () : void
+getLeixing () : string
+setLeixing () : void
+... ()
```

图5-42 科技信息管理系统设计类图

4. 科技信息服务系统

科技信息服务系统向社会公开科研项目、科技成果、科技机构、科技人力、实验室等科技信息，科技项目、成果、人力资源等信息据来源于科技信息管理系统，科技咨询如获奖、公告等信息以科技信息管理系统为后台。

科技基础信息中的实验室、试验系统的设计类图见图5-43。

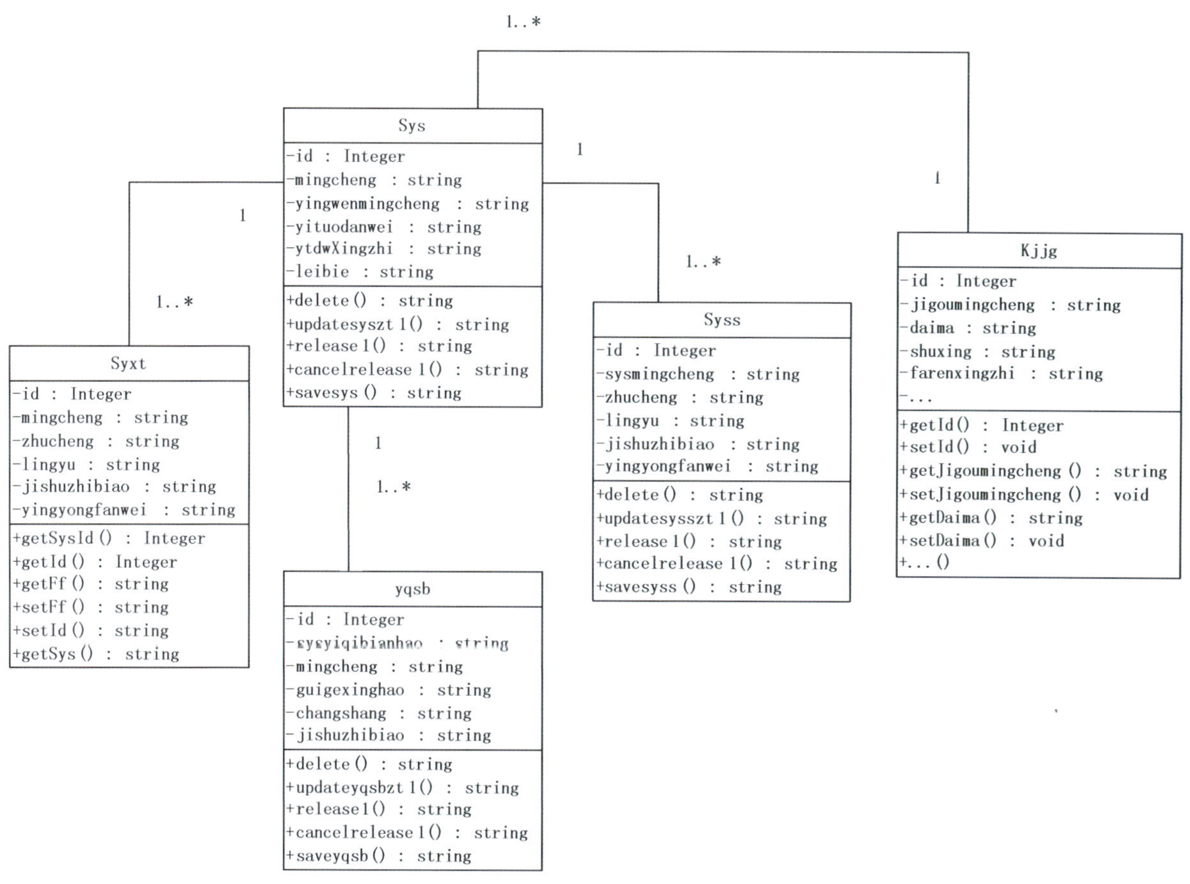

图5-43　科技信息服务系统设计类图

5. 数据交换接口

项目组采用开源的ETL工具Pentaho Kettle中的Data Integration来完成数据交换，将业务系统中的数据交换到前置数据库机上。为了完成每个数据交换，需要建立多个转换（Transformation），见图5-44，为科技机构—科技成果关联表与实验室仪器设备表的数据交换流程。

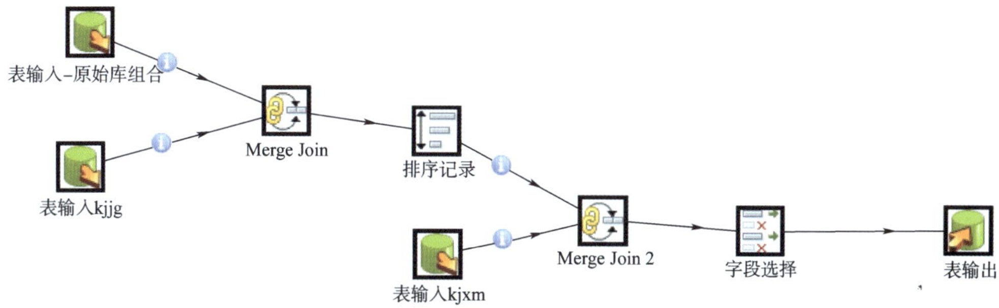

图5-44　科技机构—科技成果关联表与实验室仪器设备表的数据交换流程

（三）效益分析

1. 社会效益

科技信息管理系统能够提升科技管理水平，将文档资料电子化、流程化，极大地方便了项目申报与科技管理者的工作，科技管理者与项目承担方可以从历年的科技项目中查询所需要的项目。科技信息服务系统发布了近十年的科技项目、科技成果、全省科技人力资源等信息，实现信息共享，促进了合作，为辽宁交通科技的发展提供强有力的支撑。

建设科技资源共享平台可以提高决策水平。科技共享平台集成了科技项目、科技成果、科技人才、科技基础信息与实验室等信息，经过基本信息的加工、统计与分析，可以为科技管理者提供有力的决策支持。

科技资源共享平台可以提高科技创新能力。科技创新需要大量的人才、文献、实验数据与基础实验设备。共享平台的建设宗旨就是共享人才、数据与科技基础条件设施。通过提供科技资源信息，为科研工作者提供了有力的支持与保障。

科技共享平台也是宣传交通科技发展的有效手段。将科研成果、科技基础条件信息作为科普栏目发布，对于交通行业人员具有教育和普及的作用；其他行业科研人员的阅读与查看，对于产生新的研究领域、新项目具有启迪作用。

2. 经济效益

交通科技共享平台开设成果转化与应用专栏，将交通行业的科研成果进行发布，各企业可以通过本平台浏览专利与成果，双方进行专利与成果交易，促进成果的转化与应用。

此外，交通科技资源共享平台避免了交通科技研发的重复投资与建设。

云南省公路局电子政务系统建设

2011年是云南省公路局信息化建设大发展的一年，特别是电子政务建设更是取得了重大的突破。2011年云南省公路局深化电子政务建设之始，首先即对全省公路管养信息化建设做出顶层设计研究，采用系统论的方法，对信息化建设的各个方面、各个层次、各种参与力量、各种正面的促进因素和负面的限制因素进行统筹考虑，理解和分析影响信息化建设的各种关系，从全局的视角出发，对信息化建设的基本问题进行总体的、全面的设计，提出公路管养信息化软、硬件系统建设必须采用开放性、兼容性标准的总体技术路线，从总体架构入手，以牺牲部分效率换取最大开放性和兼容性的方式搭建全局信息化软硬件平台。该平台的搭建，一是能够保障以往信息化投资；二是能最大限度地保障未来多系统、多功能、多应用的信息化需求，避免信息化投资的低效率，降低信息化投资风险，保护信息资产安全。

（一）公路专网建设

云南省公路局的电子政务系统建设首先是云南公路电子政务专网的建设。云南公路电子政务专网依托云南省交通运输行业专网实现了全局公路专网的建设。2011年已建设开通完成覆盖到全局18

个州市公路管理总段和126个县级公路养护段的广域网，全面覆盖了云南省三级公路管理养护单位，有力地推进了云南省公路局信息化的建设，使云南省公路局在公路业务系统建设、信息资源整合、信息服务等方面的能力得到了提升。

行业专网的拓扑结构简图见图5-45。

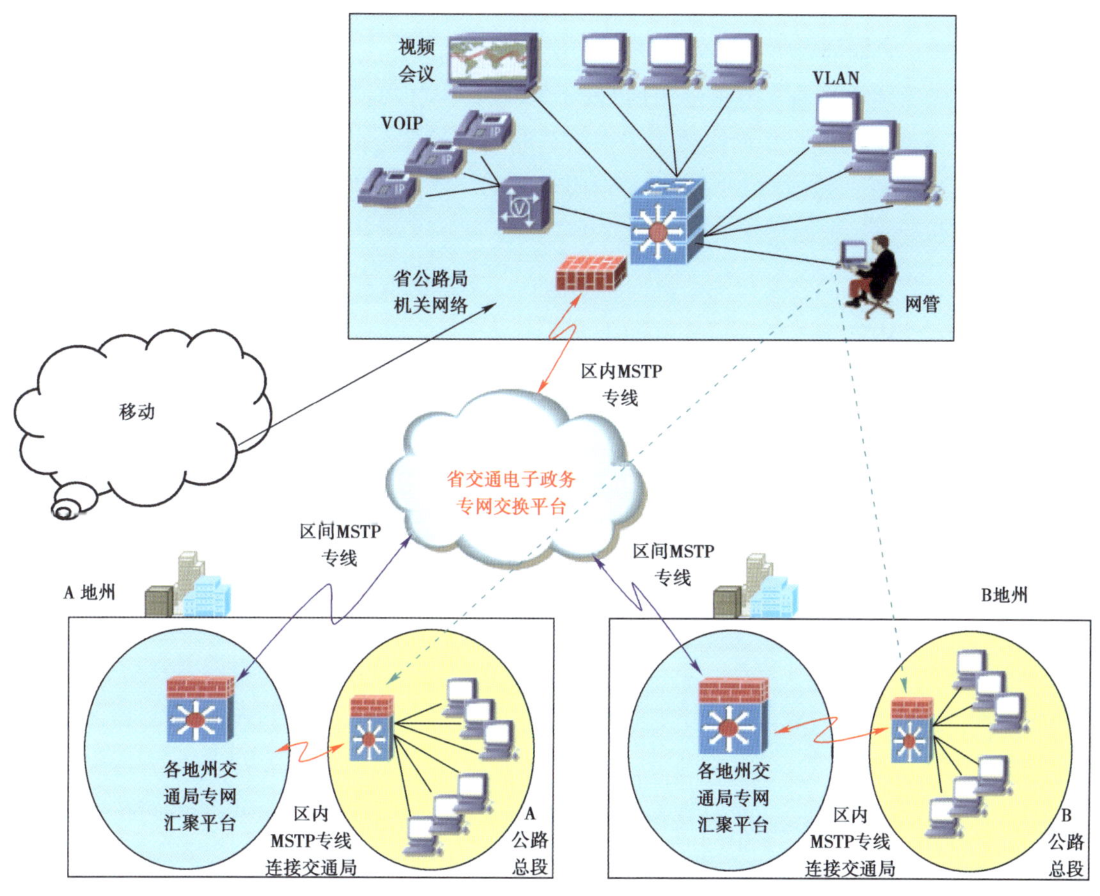

图5-45　行业专网的拓扑结构简图

如图5-41所示，在各局属单位配备相应的交换机，通过联通的MSTP专线，接入到当地联通的机房，利用省交通运输厅已建好的“交通行业专网”实现云南省公路局公路行业专网的广域网建设。

针对云南省公路局各级领导干部经常到下级单位调研指导工作、上路巡查，现场办公的业务特点，公路专网还将建设以VPDN信道加密技术为基础的“省公路局移动专网”，一是满足各级领导上路巡查时的办公需要，同时也为各公路业务管理系统提供移动信息互动的基础平台；二是加快公路业务信息更新频率，为道路突发事件处理上报、道路保通抢险提供网络信息支撑平台。

（二）应用业务系统建设

随着覆盖全省的公路专网建设完成，为使专网在为各级单位提供及时、准确、权威的公路管养信息等方面充分发挥作用，在行业内加大推广应用的力度，扩展到公路日常的业务工作中去，公路管养业务需求应用中不断地完善和深化。

1. 行政业务系统建设

2011年，在应用系统建设上，结合公路局以养护管理为主业的发展思路，结合云南省山高路险、沟壑纵横的地形特征；在总体建设步骤上，云南省公路局信息化建设首先进行的是行政业务系统建设，从公文传输、办公OA、办公会议等业务需求出发，在经费十分紧张的情况下，局党委还是决定投资2000多万元，全面建设云南省公路局行政业务信息系统。

2011年期间，先后建设开通了覆盖全局140多个单位的公文传输系统、办公自动化系统和全局高清视频会议（职工培训）系统。从而保障了云南省公路局行政命令的快速、安全、准确传达的全局各单位，提升了各级单位、部门科学决策和管理服务效能，同时也通过信息化手段节省了大量的行政办公经费，为公路事业发展提供了有力支撑。

2011年6月1日，省公路局公文传输系统已正式运行。系统覆盖全省16个州市及下属126个县级公路管理段，在全局系统内实现了公文传输电子化。系统采用B/S结构，是通过J2EE技术构建的多层、跨平台的应用。系统利用电子公文传输系统提供的中间件接口功能，很好地将电子公务传输系统与公路局机关及各下属单位的办公自动化系统进行集成，将电子公文传输系统的核心功能嵌入到用户自己的办公自动化系统中。用户可以在自己的办公自动化系统中直接调用公文处理核心功能完成文件的加密、盖章、分发、打印、浏览等操作。

2011年12月31日，省公路局视频会议系统建设完成。系统覆盖局机关、全省各州市管理总段、公科院、沥青油料中心、126个县级公路管理段等共140多个下属单位。在系统设计上，要求视频会议软、硬件系统具有最大的开放性，视频会议管理软件系统具有SOA构建支持云处理等功能和接口，能够方便融入未来公路局信息化大平台；硬件系统要求能够支持最多的视频标准协议，能够与省交通运输厅原有视频会议系统的互联互通，并充分考虑到系统将来的扩展性，具有统一管理，维护简单，易于扩展等特点，同时要求具有良好的升级服务与安全措施，为未来重点道路、重点构造物远程监测、监控系统预留足够扩展空间和接口。

通过系统建设主要实现了以下功能：

（1）远程视频会议应用。从局机关到18个下属单位以及126个县级公路段实现了视频会议的应用。

（2）指挥调度。通过有线与无线设备的接入，将系统的前端由会议室延伸至公路管理与养护工作现场，实现现场养护施工作业与总部之间的视频、图像、音频及数据的传输，以实现异地工作现场调度与指挥的功能。

（3）异地协同工作。通过进入系统提供的共享区域，实现远程、异地的协同工作。如：在昆明局机关和各下属单位以及下属单位相互间不分地域进行异地的资料共享（电子文档或纸质文件）、图纸会审等。

（4）远程培训。时空限制与有限资源目前仍然是制约培训工作的主要因素，视频会议系统的实施将极大地方便各局会场异地之间的各种培训和教学，提高培训工作的时效与降低成本。系统在应用上能够满足在全省范围内进行远程、异地培训的功能。

系统拓扑结构简图见图5-46。

2. 基础数据存储系统建设

信息化的产物是各式各样的数据信息，无论是个人办公文案还是业务系统数据都是信息化的核心产物，这些数据信息可以称作信息资产。而信息资产的安全、信息资产整合和深度开发利用都离不开集中数据存储系统的建设和安全。

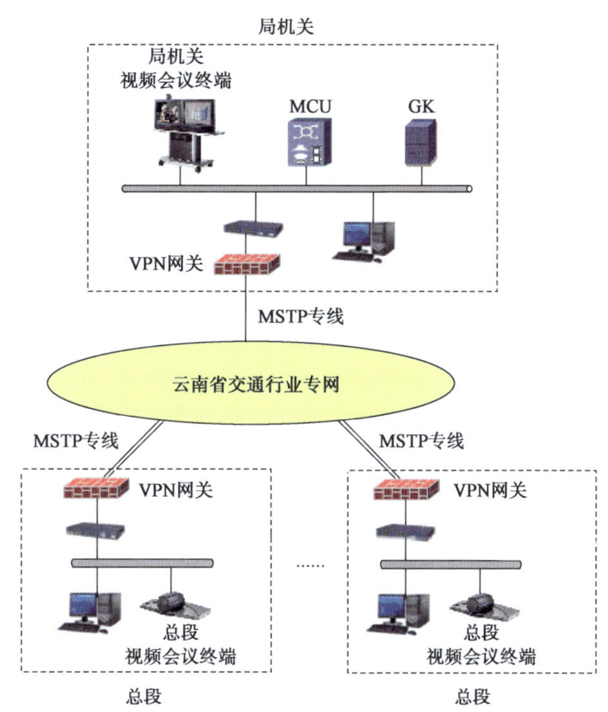

图5-46　系统拓扑结构简图

信息数据作为最重要的财产之一，理应受到最好的保护，而不是任凭其随意、无序地躺在并非为存储数据而设计的服务器中。服务器虽然身为信息化最重要的设备之一，但并非是为存储、保护信息数据的数字财产而设计。为了更好地保护信息数据，应该使用专业存储系统，系统化、规范化、专业化地对各种信息数据进行存储和保护。只有专业的存储系统和动态信息基础架构解决方案，才能够通过专业的数据存储、数据保护、数据合规、数据备份恢复、数据精简压缩等技术，提供最佳的数据存储和保护。

2011年，云南省公路局在行政业务系统建设的同时，为保护信息数据资产安全，专门拿出自有资金搭建省公路局数据存储系统。在规划上，系统将不仅为局机关服务，还将为局属各单位服务。为此要求存储系统：一是能够与省交通运输厅将要搭建的存储系统进行连接；二是具有极高的数据安全性，这包括不丢失数据和不泄露数据；三是具有强大的空间扩展能力；四是应具有支持多标准的能力，同时支持NAS、SAN、IPSAN等存储技术标准；五是为方便、安全、开放的存储管理软件系统。

第一期建设，云南省公路局建设完成100TB容量的数据存储系统，将逐步做到数据集中存储的信息整合战略目标。存储系统必须为行政、业务应用系统提供最佳的数据存储和保护的同时，还为每位局机关职工提供300GB的存储备份空间，避免个人计算机发生硬盘故障或计算机重装时，导致数据丢失。目前系统建设已开始实施。

（三）总结

经过2011年信息化的建设，云南省公路局信息化程度得到了较大提升，信息化水平得到了进一步扩展。通过一年的建设，云南省公路局信息化建设能够取得显著的成绩，总结经验如下。

1. 离不开局党委的正确决策和建设该项目的决心

早在2010年云南省公路局局领导就先后召开了多次会议，专项协调解决信息化建设资金、方案、人力配置等问题。在建设过程中，还多次督查项目建设情况，现场解决建设协调问题。

2. 高度重视信息化建设过程中的顶层设计

信息化是一个系统工程，顶层设计关系信息化建设全局乃至成败。因此，在顶层设计的过程中，需要考虑和协调的因素较多，必须处理好全局与局部、现实与长远、系统与系统的关系。在信息化建设过程中，信息化规划和信息化实施两个层次需要有机衔接。规划时必须实现理论上一致、功能上协调、结构上统一、资源上共享、部件标准化。只有从全局的视角出发，对信息化建设的基本问题进行总体的、全面的设计，确定信息化建设目标，选择和制定实现目标的路径和战略战术，坚持开放性的原则，尽量规避规划的缺陷和不足，才能从根本上减少信息化建设风险，建设好信息化系统。

3. 加强应用培训保障应用系统发挥应有效益

2011年上半年系统建设期间，云南省公路局即通过多种方式花费40多天时间，对各级单位250多人进行了信息网络系统维护管理、公文系统应用等内容的培训。培训时要求每个参加人员必须完全掌握培训内容，并能自己动手实现正常应用、日常维护和常见故障排除等工作。通过大量的多种方式的培训，保障了云南省公路局公文传输系统的按时开通，同时也保障了信息化建设任务的顺利推进。

4. 让每位职工切身感受到信息化带来的工作便利，为信息化建设提供合力

信息化建设的目的之一是提高工作效率，因此无论在系统功能设计和系统平台搭建上，我局坚持以人为本的设计思想，要求各应用系统在功能上和操作上，在满足电子政务建设各项法规的同时尽最大可能满足每位职工的办公习惯和方式，让各种系统操作更加人性化、直观化、便利化，让广大职工能够很快掌握和应用各个应用系统。通过实践我们认为，只有让广大职工切实感受到信息化带来方便、实用、快捷和信息安全，才能让广大职工充分理解、支持信息化建设，才能在信息化过程中形成合力，从而推进信息化建设工作，提升公路养管信息化应用水平。

六、交通运输的监与控

未来10年是我国全面实现小康社会奋斗目标的关键时期，是深化改革开放、加快转变经济发展方式的攻坚时期。交通运输业将按照“适度超前”的原则，构建便捷、安全、经济、高效的综

合运输体系，为国民经济和社会发展提供强有力的支撑和保障。智能交通作为实现交通现代化的重要技术手段之一，应该重点解决既有设施和运输系统的运行效率问题、提高对基础设施和运输工具的安全监管能力、提高对交通出行者和客户的服务质量、提高运输系统的能源利用效率并减少排放。

要实现以上的目标，就需要明确我国智能交通的发展需求，要建立以人为本的出行服务体系，要提升交通安全监管和应急处置能力，要提高既有基础设施的运行效率，而这一切，几乎都离不开交通运输的监测与控制。这一点也明确地体现在了各地提供的案例上面，从大部分案例中可以看出，对于交通运输的监与控，各地的交通主管部门均投入了大量的资金和精力，充分利用了现代信息技术，为提高交通运输综合管理水平和服务水平提供了有力的支撑。

山西省路政及应急指挥移动视音频传输系统

山西路政及应急指挥移动视音频传输系统工程的总体建设目标为是建成路政、应急移动视音频传输系统，通过车载设备、单兵设备、路政、应急手持客户端和交通移动视音频专用管理平台的网络互连，建成覆盖全省11个公路分局、11个市交通运输局、11个市运管局（处）、31个高速公路路段的路政、应急移动视音频传输系统网络；并组建应急手持用户端之间以及系统运行所需的其他固定电话、2G/3G手机的全省综合语音VPN网络。

1. 建成路政、应急指挥视音频传输系统

实现路政、应急指挥中心、监控终端和路政应急指挥终端的接入，实现终端与系统间的视音频稳定、安全、实时传输。

2. 改造业务车辆，配发车载设备

将现有路政、应急车辆改造为能够实现视音频移动采集、传输、存储的多用途车辆。

3. 配发单兵终端

配发单兵终端给相关人员，实现突发事件现场单人独立进行路政、应急指挥视音频采集传输的能力。

4. 配发路政、应急手持用户端

配发路政、应急手持客户端给相关人员，实现通过WCDMA—3G网络，随时随地查看突发事件现场视频。

（一）建设方案

1. 系统部署

山西省交通运输厅路政、应急指挥视音频传输系统分为5个部分，即指挥控制中心、业务承载网络及监控平台、手持单兵监控、车载监控和路政、应急指挥客户端。系统结构见图5-47。

路政、应急指挥中心配备一台高性能的PC，安装视频监控平台客户端软件，管理路政、应急车辆及单兵上传的图像数据，并能将上传的图像投射到指挥中心的大屏上。业务承载网络及监控平台为远端上传的图像提供传输通道，根据预先设定的策略传输至指挥中心并对路政、应急客户端（3G手机终端）的请求进行响应。路政、应急车辆均配置专业红外车载摄像机捕获现场的视音频数据，存入车载DVR，并通过3G链路和视频监控平台，上传到指挥中心。同样，现场人员可以通过单兵设备，上传现场视音频信息到指挥中心。在3G信号覆盖的区域内，路政、应急指挥管理者可以通过安装了监控平台客户端的路政、应急指挥客户端按照设定的策略查看现场的图像，并根据权限对车载和单兵设备进行控制。

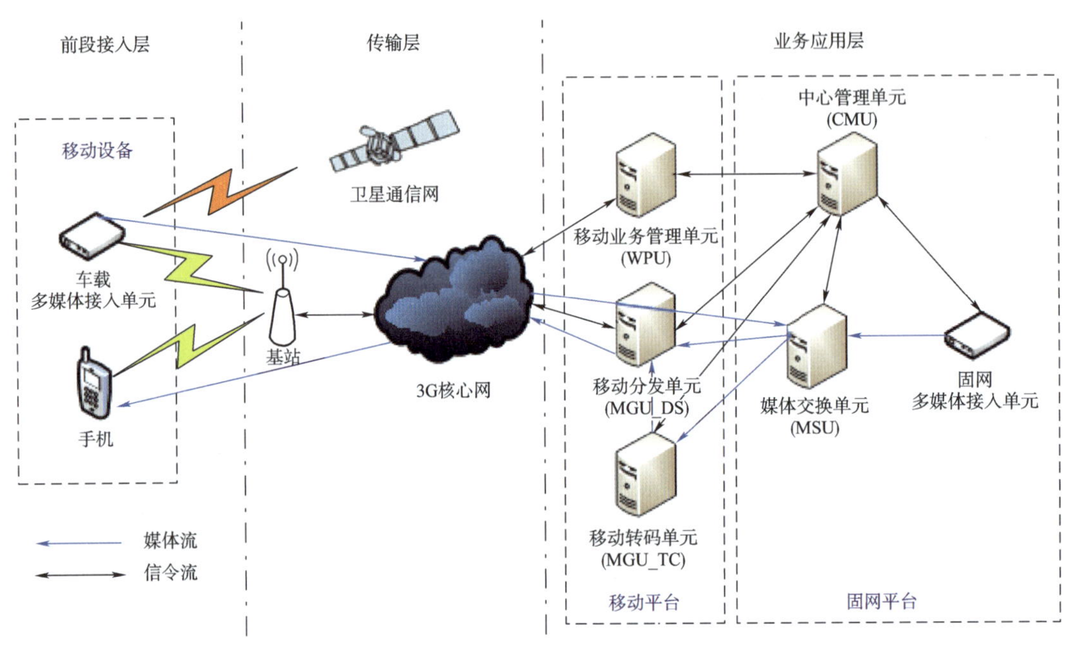

图5-47　系统结构图

2. 主要功能

路政、应急指挥视频传输系统以全数字化方式建设，涵盖了从实时视频浏览、远程实时控制、存储管理、录像管理、音频管理、告警管理、远程参数设置、电视墙管理到用户权限管理、设备管理、状态管理、日志管理、报表管理的各大功能模块，拥有播放模式、播放列表、场景管理、局部放大、焦点窗口播放、翻页、争控、自动清洗/风扇/加热控制、中心语音广播、双向语音对讲、系统拓扑查看、电子地图、手机视频监控等特色功能，而且支持前端/中心/客户端存储三级视频存储方案，支持定时/手动/告警联动存储三种触发手段，支持多种告警事件触发机制（外接开关量/异常/视频丢失/移动侦测/镜头遮挡告警）和三级告警联动预案管理（前端/中心/客户端告警联动）、告警级别自定义、告警过滤等专业的视频监控业务功能。

（二）建设成果

经过历时5个月的建设，山西省路政及应急指挥视音频传输系统一期项目建设完成了建设任务，达到了预期建设目标。主要成果如下：

1. 搭建了省级监控平台

实现了省级监控平台（图5-48）与车载设备、单兵设备和移动手持终端的互联互通，可以实现视频浏览、远程实时控制、存储管理、录像管理、音频管理等各项功能。

图5-48　省级监控平台

2. 完成了第一批车载设备安装

为全省11个市交通运输局、11个公路分局、11个市运管局（处）、31个高速公路路段共计73辆路政车辆进行了改装，并完成了车载设备（图5-49）的安装。

图5-49　车载设备

3. 配发了单兵设备

为全省部分交通运输局、公路分局、运管局（处）、高速公路路段配发单兵移动视音频设备（图5-50）30余套。

4. 手持终端配置

为省厅相关厅领导、职能处室领导、全省部分交通运输局、公路分局、运管局（处）、高速公路路段路政管理及应急管理相关工作人员配发手持终端设备120余台。

5. 建设了手持终端VPN网络

将所有系统建设配置的手持终端设备进行了虚拟局域网建设，实现了手持终端之间的短号免费通讯。

图5-50　单兵设备

（三）使用效果

山西省交通运输厅路政及应急指挥视音频传输系统一期工程于2011年9月底建设完成，10月13日进行了系统应用培训，整个系统进入试运行阶段。系统的建设与运营对促进行业管理，提高应急处置能力，保障路网畅通，确保人民生命财产安全有重要作用，具有良好的社会效益和经济效益。

（1）路政及应急指挥视音频系统充分发挥了路政及应急车辆移动、灵活、快速的特点，在突发意外事件发生时，确保了第一时间到达现场、获取信息、处置应对，提高了信息采集、处理、发布和存储的及时性。

（2）利用电信运营商已建WCDMA网络和视音频传输平台，实现了视频、语音、数据等各类信息的高效、安全传输；与省厅已建应急指挥调度系统实现了无缝衔接，在完善信息采集、发布的同时，最大限度地提高了科学应急指挥调度的能力。

（3）系统建设充分体现了整合与共享理念，对已建系统、软硬件和网络进行了共享复用，避免重复建设，最大限度地减少了投资，实现了投资效益最大化。

（4）利用远程视频监控先进管理手段，使交通路政、应急管理工作更加具有针对性，减少了交通路政、应急管理部门的人力投入，使有限的人力资源发挥更大的效益。

（5）现场实时视频传输以及双向语音指令指挥功能的实现，全面提升了山西省交通路政、应急管理水平，大大提高了指挥效率和准确性，提升应急状态下对人民群众的生命财产的保障能力，提升了山西省交通行业形象。

广东省交通综合监控中心

（一）建设情况

1. 项目概述

广东省交通综合监控中心的建设以需求为导向，在不增加人力资源、充分利用现有设备的前提下，整合交通监控系统向区域化和网络化以及交通信息服务等方向发展，促进广东省交通行业各部

门、各企业信息共享与交换，为确保公路、水路交通的安全畅通，满足交通行业应急管理提供技术支持和管理手段。目前省综合监控中心完成了一、二期的建设内容。

2. 监控范围

目前通过3G无线网络、交通虚拟专网、互联网等方式纳入交通综合监控中心的监控范围包括以下几个方面：

（1）高速公路：广东交通集团和非集团所属高速公路视频监控信号。

（2）客运站场：广州市、深圳市、珠海市、江门市、佛山市顺德区等重要客运站场的视频监控信号。

（3）货运港口码头：接入广州港、深圳港、惠州港、湛江港等沿海主要港口的视频监控信号。

（4）移动视频监控：全省21个地市均配备了1台或1台以上的单兵移动视频监控设备，同时向清远市、梅州市、揭阳市、汕头市交通运输执法单位和省交通执法局各配备1套车载移动视频设备。

3. 移动视频监控系统

移动视频监控系统主要作用是加强重点国省道、高速公路、客运站场、港口码头等区域的视频监控管理，弥补固定摄像机的视频盲区。在发生突发事件或者发生灾害性天气的情况下，当呼叫中心接到报警后，监控中心人员可根据监控车辆的位置，指挥各分属路段的监控车辆及时赶往现场，通过便携式摄像机采集到的视频图像通过无线传输方式传输到监控中心，尽快得到现场画面，便于指挥人员及时准确的分析、判断发生的情况，提高各级公路管理部门在公路抢险保通工作中的应急反应能力，保证事故信息和救援指挥命令的畅通。同时能够在监控中心移动视频监控服务器存储远程图像，便于以后备查取证。最后，移动视频具有灵活发布的能力，例如指挥人员可以随时随地用手机观看视频监控图像。

目前已配备了一定数量的移动视频设备到各个地市，同时颁布了《广东省交通移动视频监控系统管理办法》（初稿），对设备的管理和应用提出了具体的操作指引；建立定期的演练制度，以确保移动视频监控系统在有突发事件情况下能快速有效地运行。

4. 无线视频监控系统

随着水运船舶及人流量逐年增加，给管理带来很大的压力，水运安全管理要逐步转变为科学管理。在管理上引入高科技产品，特别是视频监控系统很有必要，其在减轻管理人员负担、加强应急处置能力、规范船舶及人员的管理上有着非常重要的作用。

视频监控区域主要是加强对码头船只、客运站场、售票处、码头停车场等的监控管理。目前在广东省部分地市的水运管辖区域安排了视频监控系统，但存在视频信号不稳定、带宽不够、监控点少等问题。

由于水运安全管理涉及码头、船舶、航道等，监控范围比较广，视频点比较分散，为解决有线传输不灵活的瓶颈，无线视频监控应运而生。

随着3G移动通信网络技术的迅速发展，利用3G网络传输移动视频可以发挥灵活、快速、覆盖面广、性价比高等多种优势，可为广东省主要的航道、港口码头视频监控信号的接入选用技术领先的无线视频设备，克服无线网络干扰与资源受限等因素的影响。

无线视频编码设备安装在暂时没有接入省交通厅虚拟专网的地方，利用比较完善已经覆盖大部分地区的3G网络信号来传输视频信号，省交通综合监控中心可利用安装好移动视频客户端软件的计算机接受无线视频编码设备传输的视频信号接入到省交通综合监控中心，便于统一管理。

目前，分别在河源万绿湖、茂名放鸡岛、清远小北江、珠海北堤码头、台山山咀港、顺德大良航道测绘站安装了无线视频监控系统，根据各点实际需求情况，共安装及接入了26个视频点。

（二）使用情况

广东省交通综合监控中心建设目前正在不断完善中，如：进一步扩大视频监控图像接入范围，形成覆盖全省高速公路视频监控系统，国省道重点路段视频监控系统，城市交通视频监控系统，客运站场视频监控系统，港口、码头、泊位、航道视频监控系统以及琼州海峡视频监控系统的视频监控联网体系；建立有线、无线相结合的视频监控系统。利用分布在交通运输行业的各个领域的视频点，可有效地支撑日常行业管理及出现突发事件时直观显示现场情况。

在黄金周及节假日期间，为省厅及相关业务单位及时了解当地道路车流情况提供了便捷的监看平台，对全省高速公路、国省道、港口、码头进行全方位的指挥调度，以大交通的视角疏导交通、增强应急反应的能力。

在台风、暴风雨等自然灾害期间，及时巡查重要路段，港口等防预措施实施情况，有效指挥调配有关防预、救灾的人力物力。

利用移动及无线监控系统，弥补了固定摄像机的视频盲区。在发生突发事件或者发生灾害性天气的情况下，各地市设备使用单位监控车辆及时赶往现场，通过便携式摄像机采集到的视频图像通过无线传输方式传输到监控中心，尽快得到现场画面，便于指挥人员及时准确的分析、判断发生的情况，提高各级公路管理部门在公路抢险保通工作中的应急反应能力，保证事故信息和救援指挥命令的畅通。

（三）下一步建设情况

（1）建立可以支撑视频监控大流量的骨干网络。

（2）完善监控平台整合，将各地市及有关单位的视频监控信号整合到综合监控平台上。

（3）建立快速检索视频信号系统，结合GIS地图等有效直观浏览方式。

（4）通过汇集、分析、整理各种信息，提高领导部门的决策能力和效率。

（5）省高速公路、国省道、港口、码头进行全方位的指挥调度，以大交通的视角疏导交通、增强应急反应的能力。

（6）及时为民众提供交通信息，提供便民服务，增强政府的服务能力，实现交通流量的均衡和资源配置的最优化。

四川省高速公路应急管理综合应用系统试点建设

高速公路因里程长、跨度大等特点，在紧急事件及交通执法处置中，现场人员与管理、决策人员的信息交流和互通成为能高效、准确完成各项工作的重点和难点。为此，四川省交通运输厅高速公路管理局（高速公路交通执法总队）提出了高速公路应急管理综合应用系统试点建设。该试点建

设主要从管理、决策人员与现场人员的直接沟通和及时掌握第一手现场情况两方面开展。

（一）通过车载无线视频监控系掌握第一手现场情况

为了能在第一时间为管理、决策人员提供第一手的现场视频，经过调研、分析和设计，分别在高速公路交通第二支队、三支队和五支队的三台交通执法车上安装了车载无线视频监控系统。该系统通过3G无线网络，将道路现场图像实时回传局（总队），有效地弥补了固定监控设备覆盖面的不足，也可以监督路政执法过程、有效调度执法车辆。通过试点测试，为下一步细化技术标准、扩大配置规模积累经验。

2011年12月26日，在沪蓉高速公路成南段南充往成都方向1771公里处水泥罐车撞垮人行天桥事件中，车载无线视频监控系统及时向局（总队）传回了现场视频图像，为局（总队）领导的决策提供了有效的支撑。

（二）通过天翼无线语音通信系统全覆盖直接指挥

为了能即时与现场进行信息交互，提高应急指挥调度的通信能力，局（总队）在原有无线语音通信系统基础上进行整合建设了全省高速公路天翼无线语音通信系统。

系统通过运营商无线网络，形成了覆盖全省所有高速公路交通执法支队、大队及监控结算中心的具备全省范围内点对点、点对面的直接语音通信及定位能力，为高速公路管理、执法、应急指挥提供了高效的语音通信平台，为实时掌握现场人员分部和调度、指挥提供了系统支撑。同时，为了下一步的管理，系统预留了各运营公司以及高速公路公安交警部门的接口。

群组管理体系见图5-51。

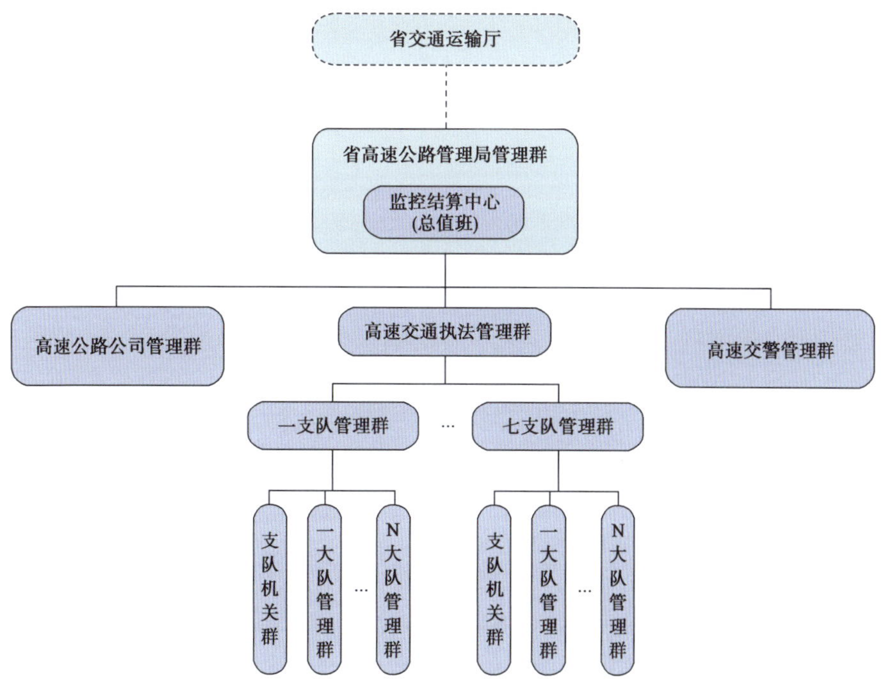

图5-51　群组管理体系示意图